함께 읽는 체육·스포츠 이야기

송 형 석 지음

계명대학교출판부

서 문

이 책은 이제 막 체육계열학과에 입학한 신입생들과 체육에 관심이 많은 일반 학생들에게 체육과 스포츠에 관한 기본적인 내용을 소개할 목적으로 만들어졌다. 저자는 1999년부터 계명대학교에 재직하면서 체육원리 과목을 담당해왔다. 이 과목은 원래 체육계열학과 신입생들에게 체육 및 체육학의 원리적인 내용을 전달하기 위해서 개설된 것이다. 그러나 2004년부터 계명대학교 교과과정이 개편되면서 이 과목은 체육전공자를 위한 전공과목으로 뿐만 아니라 일반 학생을 위한 교양과목으로도 개설되었다.

저자는 지난 2년간 교양과목으로 개설된 체육원리를 강의하면서 다소 애를 먹었다. 그 이유는 이 과목을 수강한 일반 학생들의 기대가 체육전공 학생들의 기대와는 달랐기 때문이다. 체육전공 학생들의 관심도 해를 거듭할수록 달라지고 있다. 따라서 기존의 '체육원리' 과목에서 다루어온 내용만으로는 학생들의 지식 욕구를 충족시켜줄 수 없게 되었다.

체육원리는 저자가 25년 전 대학에 입학한 후 첫 번째로 접한 과목이었다. 당시 이 수업시간에는 해부학, 운동생리학, 스포츠심리학을 전공한 세 분의 교수님이 들어오셔서 각각의 전공영역과 체육이론에 관한 개요적인 이야기를 전해주셨다. 교재는 C. A. Bucher의 *Foundation of Physical Education*(1979)과 이 책의 일부 내용을 발췌하여 작성한 김종선 · 정정희의

『체육원리』(1980)였다. 내용은 주로 체육학에 대한 개요, 체육의 의미 및 가치에 대한 설명, 체육의 철학적 기초, 체육의 목적과 목표, 그리고 생리학, 사회학, 심리학 등의 관점에서 본 체육 등이었다.

당시의 교재들을 25년이 지난 지금 다시 읽어 보아도 내용이 꽤 괜찮다는 생각이 든다. 그럼에도 불구하고 이것을 강의교재로 사용하자니 선뜻 내키지가 않았다. 그 이유를 곰곰이 생각해 보니 그동안 체육과 체육학의 내용이 많이 변해왔는데, 이 책은 이렇게 변한 내용을 충분하게 반영하고 있지 못하기 때문인 것 같다. 특히 현대 사회의 키워드라고 할 수 있는 스포츠에 관한 내용이 미흡한 점이 가장 마음에 걸렸다. 1964년 초판이 발행된 Bucher의 저서는 그동안 꾸준하게 개정판이 나왔으며, 1983년판부터는 제목이 *Foundation of Physical Education and Sport*로 바뀌었다. Bucher 역시 스포츠의 중요성을 인식했기 때문일 것이다.

이러한 인식이 계기가 되어 저자도 기존의 체육원리 내용에 스포츠에 관한 내용을 추가하여 강의교재를 출판하려는 생각을 갖게 되었다. 교재의 내용을 선정하는 데 있어서 체육전공자와 일반 학생들의 관심 사항을 골고루 고려하였고, 그 결과 체육과 스포츠의 개념적인 내용, 역사적인 내용, 그리고 현재 스포츠와 관련된 주요 이슈를 주요 내용으로 선택하였다. 책의 제목 역시 체육과 스포츠에 관심이 있는 사람이면 누구나 가벼운 마음으로, 편하게 읽을 수 있는 내용이라는 점을 강조하기 위하여 『함께 읽는 체육·스포츠 이야기』라고 붙여보았다.

서둘러 책을 만들다보니 미흡한 구석이 한두 군데가 아니다. 그럼에도 불구하고 이 책이 체육과 스포츠에 관심을 지닌 사람들 모두에게 좋은 안내자 역할을 해준다면 더 이상 바랄 것이 없겠다.

이 책이 나오기까지 많은 분들이 관심을 가져주셨다. 먼저 계명대학교 출판부의 신두식팀장님께 감사의 말씀을 전하고 싶다. 신팀장님의 강력한 권고가 없었다면 이 책의 출판은 한참 뒤로 미루어졌을 것이다. 이 책의 원고 작성과 교정에 적지 않은 시간을 할애해준 계명대학교 체육대학 스포츠철학연구실의 조형근군과 나채만군에도 감사의 말을 전한다. 마지막으로 지난 수년간 체육원리 강의를 경청해주고, 깊은 관심을 보여준 계명대학교 학생들에게 감사의 마음을 전한다. 그들의 관심과 성원이 없었다면 이 책의 저술은 불가능했을 것이다.

2006년 2월
송 형 석

제1장 체육과 체육학

체육이란 무엇인가? 체육이란 말을 자구대로 풀이하면 "몸(體)의 기름(育)"이라고 할 수 있다. 그렇다면 체육학은 "몸의 기름(교육)"을 연구하는 학문일까? 그렇다고 할 수도 있고 아니라고 할 수도 있다. 긍정과 부정이 어떻게 동시에 가능할까? 전통적 체육학의 입장에서 볼 때 체육은 "몸의 기름(교육)"을 연구하는 학문이라고 할 수 있고, 최근 체육학의 입장에서 볼 때 꼭 그렇지만은 않다고 할 수 있기 때문이다.

전통적 체육학과 최근의 체육학은 어떻게 다른가? 전통적 체육학은 몸 활동의 교육에 관한 이론이라고 할 수 있고, 최근의 체육학은 몸에 관한 교육학의 차원을 넘어선 매우 포괄적인 이론분야라고 할 수 있다. 왜 체육학의 영역이 이렇듯 넓게 확대되었을까? 그 이유는 체육학의 연구대상인 체육의 의미가 협의에서 광의로 크게 확대되었기 때문이다.

전통적으로 체육은 교육활동의 한 부분이었다. 즉 체육은 교육의 일환이었고, 체육학은 체육을 교육학적으로 정당화하는 이론체계였다. 이러한 체육의 개념을 협의의 체육이라고 할 수 있다. 그러나 오늘날 체육은 놀이, 게임, 스포츠를 포함하는 포괄적인 신체문화를 지칭하는 개념으로 그 의미가 확대되었다. 이러한 체육의 개념을 광의의 체육이라고 할 수 있다. 그 결과 교육학의 한 분야였던 체육학은 이제 신체문화를 포괄적으로 탐구하는 종합적인 학문분야로 탈바꿈하였다. 명칭도 체육학에서 스포츠과학으로 점차 바뀌고 있는 추세이다. 그럼에도 불구하고 체육은 여전히 교육적인 의미로 사용되기도 한다. 교육적 의미의 체육을 광의의 체육과 대비하여 협의의 체육으로 칭하기로 하겠다. 이 장에서는 협의의 체육 개념이 어떻게 변화되어왔고, 체육학은 어떤 과정을 거치면서 발달하여왔으며, 그 문제점은 무엇인지 알아보도록 하겠다.

1. 체육 개념의 이해

인간의 역사를 살펴보면 '체육'이란 개념이 형성되기 이전부터 인류는 오늘날의 '체육' 형태와 유사한 활동을 하여왔음을 알 수 있다. 그러나 지금과 같이 체육이 교육의 일 분야로써 '체육(physical education)'이란 용어로 정착된 것은 19세기 초이다. 워렌(Warren)이 1831년에, 피어슨(Pierson)이 1840년에 physical education이란 용어를 저서의 타이틀로 처음 사용했으며, 그 후 1861년에 스펜서(Spencer)가, 1861년에 맥클라렌(Maclaren)이 사용함으로써 일반화되었다.

이와 같이 체육이 교육의 한 분야로 정착하면서 그 목표는 교육의 목표를 지향하게 되었으며, 이러한 교육적 체육의 이론적 배경인 체육의 개념을 규정하려는 운동이 활발히 진행되었다. 그동안 체육의 교육적 가치를 해명하기 위해 체육학자들이 채택한 이론은 수 없이 많지만 여기서는 현재의 체육을 논의하는 데 있어서 의미를 가질 수 있는 대표적 유형들만을 언급하겠다. 즉 현재까지 일반적으로 받아들이고 있는 '신체의 교육(education of the physical)'과 '신체를 통한 교육(education through the physical)' 두 가지 개념을 중심으로 각각의 설명 논리와 한계점을 알아보겠다.

1) 신체의 교육

1881년 미국인 히치가 암헤스트(Amherst)대학에서 '일반 평의원의 체육과 건강분야의 20세기 실험 보고서'를 발표한 후 체육은 학교체육의 프로그램으로 인식되어져서 신체의 발달과 건강, 위생을 목표로 하는 '신체의 교육(education of the physical)'이 개념의 핵심을 이루게 된다.

신체의 교육은 20세기에 들어서면서 본질주의의 영향을 받게 되며, 신체활동을 통한 신체 발달 및 운동기능 숙달에 그 목표를 둔다. 즉, 이 체육 개념은 "신체적으로 발달된 인간"을 육성한다는 목표에 따라 체력 증진과 운동기술, 즉 근력, 지구력, 순발력, 유연성, 스피드 등의 발달을 강조한다. 체육을 '신체의 교육'으로 이해한 맥클로이는 체육이란 "신체가 적절하게 기능할 수 있도록 생리적 조건을 체계적으로 형성시켜주는 교육"(McCloy, 1936)이라고 함으로써 체육에서 신체의 발달과 건강 위생을 중요시하였다. 또한 1960년대에 웨버는 체육을 "신체의 안전과 발달에 대한 적용으로서의 체력운동학"(Weber, 1995)이라고 하면서 신체활동을 통한 신체의 발달과 안전을 강조한 바 있다.

이와 같이 '신체의 교육' 개념은 체육을 건강과 체력이라는 한정된 틀 속에서 이해하려고 하기 때문에 교육이라기보다는 트레이닝이라는 비판을 받게 된다. 즉 프로그램의 초점이 너무 협소하며, 체육이라기보다는 건강 교육이라고 칭하는 것이 타당하다고 비난을 받았다. 또한 트레이닝과 신체의 발달을 강조하는 운동기술 습득을 포함한 체육은 사고가 필요하지 않고, 정신적인 요소는 참여됨이 없다는 의미를 내포하기 때문에 주지주의 전통을 가진 문화적 맥락에서 무지의 존재라는 비난을 받기 쉽다. 주지주의의 전통 하에서 신체는 정신과 상반되고, 교육 받을 수 있는 것은 의식을 구성하는 정신뿐이라고 말할 수 있으며, 물질로서의 신체는 본래 사고할 수 없는 것이고, 결국 교육 받을 수 없는 존재로 폄하될 수 있다.

이상에서 설명하였듯이 '신체의 교육' 개념은 자체 내의 설명 논리에서 신체는 교육받을 수 없는 물질이라는 점을 내포하고 있기 때문에 '신체의 교육'이라는 말 자체가 모순점을 갖는다.

2) 신체를 통한 교육

체육이 가치 있는 교과의 하나로서 그 위치를 확보하고자 하는 시도는 새로운 체육 개념인 '신체를 통한 교육(education through the physical)'이 등장하면서부터 본격화되었다고 할 수 있다. 19세기 말부터 20세기 초에 이르기까지 진보주의 교육의 영향을 받은 루터(Luther), 굴릭(Gulick), 토마스 우드(Thomas Wood), 헤더링톤(Hetherington) 등은 체육을 신(新)체육(new physical education)의 개념으로 발전시켰다. 신체육 개념은 '신체의 교육' 개념을 비판하면서 당시의 주도적 사상인 이원론적 인간관을 버리고, 인간을 신체적, 심리적, 사회적으로 통합된 유기체로 보는 일원론적 인간관을 받아들였으며, 이러한 인간관을 토대로 체육을 통한 전인교육을 표방하였다. 따라서 당시의 체육 개념의 구성내용이던 독일식 체조와 스웨덴식 체조를 배격하고 놀이, 게임, 스포츠 등을 장려하였다.

신체육의 교육 방침은 1930년대를 전후하여 내시(Nash)와 윌리암스(Williams) 같은 학자들에 의해 확립된다. '신체를 통한 교육'이라는 용어를 처음 만든 윌리암스는 "The Great Debate: Education through the

Physical"(1930)이라는 논문을 통해서 신체의 교육 개념을 비판하였는데, 그 이유는 첫째, 신체의 교육 개념은 근육과 운동신경, 기술을 과대평가하는 경향이 있으며, 둘째, 완전한 삶을 위한 교육의 진보적 이상과 비교될 수 없으며, 셋째, 정신과 신체는 뚜렷이 분리된 실체라는 인간의 이원론적 관점을 의미하기 때문이라고 하였다. 그는 '신체의 교육' 개념과 대비하여 "신체를 통한 교육은 정신과 신체의 생물학적 조화에 기반을 두고 있다."고 역설하였다. 그는 이러한 주장을 "모든 교육은 신체활동을 매개로 하여 완성된다."는 데까지 확장시킨다. 즉, 그의 신념은 정신의 교육은 신체를 통해서만 얻어질 수 있다는 것이다. 이러한 체육 개념은 '신체의 교육' 개념에서 야기된 모든 문제를 해결해주고 있는 것 같은 느낌을 준다.

그러나 '통한'(through)이란 언어의 의미를 분석해 보면 최소한 두 가지 이상의 어떤 의미 대상이 그 문법 속에 전제하고 있음을 알 수 있다. 즉, '통한'은 무엇에서 무엇으로 통한다는 뜻일 것인 즉, 그 통함이 걸쳐질 수 있는 차안(此岸)과 피안(彼岸)이 전제되어야만 유의미한 말이 될 수 있기 때문이다. 이에 대한 해명이론 중 가장 새로우며, 동시에 영향력이 큰 접근방법은 '통한(through)'의 양안을 신체적인(physical) 것과 정신적인(mental) 것의 대치로 파악하고 '통한'에 대한 설명을 신체와 정신에 대한 관계의 해명으로 환원시키고자 하는 노력이라고 할 수 있다. 이러한 접근에 대하여 교육(education)이 정신적인(mental) 것으로 대치되어도 좋으냐의 문제와 신체적인 것(the physical)이 신체 자체로 환원될 수 있느냐의 문제가 제기될 수 있다.

한편, 체육을 하나의 교과로서 그 위치를 뚜렷이 하고, 교육적 가치를 보다 높이기 위한 노력의 산물로서 등장한 것이 '움직임 교육(movement education)'이다. 그러나 '움직임 교육' 개념이 먼저 도전 받은 것은 이 이론이 내세우고 있는 개념 형성의 가능 폭이 너무나 좁고 또 그 개념들이 지나치게 기초적인 수준이라는 것이다. 이 점에 대한 응답이 움직임 교육에 대한 개념적 접근(Gallahue/Werner/Luedke, 1981)으로 나타났다. 이 접근은 움직임을 통하여 수학적 개념, 생물학적 개념, 물리적 개념, 언어적 개념 등이 학습될 수 있다는 주장이다. 그러나 체육에서 과연 그러한 과학적 개념을 다룰 필요가 있는 것인지, 또한 그것이 실제로 가능하다고 할지라도 능률면에서 볼 때 과학 교과나 수학 교과와 비교할 때 과연 효율적일지 의문이 제기될 수 있다. 이와 관련하여 우리는 '체육의 유리한 고지(vantage point)' 확보를 위해서 체육의 인식 특성을 새롭게 고찰할 필요가 있다.

3) 스포츠와 체육

교육활동의 일환으로서 체육(협의의 체육)은 그 의미에 있어서나 활동형태에 있어서, 또는 내용에 있어서 스포츠(또는 레크리에이션이나 레저)와 동일한 의미를 갖지 않는다. 그러나 앞서 언급했듯이 오늘날 일상에서 뿐만 아니라 학계에서도 이 두 용어는 서로 구별되지 않고 쓰이는 경우가 자주 있다. 예컨대 한국어로는 사회체육이라고 쓰면서 영어로는 Sport for All이라고 표기한다. 지금은 없어졌지만 한때 존재했던 정부 부처인 체육부 역시 영문표기에서는 ministry of physical education이라고 쓰지 않고, sport-ministry 또는 ministry of sport 라고 표기한다. 그리고 전국체육제전의 준말인 전국체전은 실제로는 스포츠행사인데 그 명칭은 체육행사로 표기되고 있다.

체육이 스포츠와 혼용되고 있는 이유는 체육이 좁은 의미뿐만 아니라 넓은 의미로도 쓰이고 있기 때문이다. 넓은 의미의 체육은 일반적으로 놀이, 게임, 스포츠, 레크리에이션 등을 포함하지만 협의의 체육은 이 개념들과는 전혀 다른 의미를 갖는다. 이하의 논의에서는 좁은 의미의 체육(이하에서는 체육으로 표기)과 스포츠의 상호관계를 분명히 하고, 각각의 기능과 역할을 명확하게 밝히도록 하겠다.

체육은 의도적이고, 계획적인 인간형성을 목적으로 하는 교육의 한 영역으로, 스포츠는 운동종목을 총칭하는 용어로 이용되고 있다. 체육은 스포츠를 교재로 이용하지만 그렇다고 체육이 스포츠인 것은 아니다. 체육을 지배하는 것을 교육의 논리이지 스포츠의 논리가 아니다. 체육에 있어서 스포츠는 어디까지나 수단이고 매개체이기 때문에 스포츠를 하는 것이 체육을 하는 것일 수는 없다. 스포츠에는 스포츠 자체의 논리가 있고, 체육에는 체육의 논리가 있다. 예를 들면 테니스경기(스포츠)에서 어떤 선수의 태도가 어느 정도 비스포츠맨적(비교육적)일지라도 그것을 이유로 그가 얻은 득점을 무효화할 수는 없다. 즉 스포츠경기에서는 태도의 좋고 나쁨, 도덕적·비도덕적임에 관계없이 규칙에 저촉되지 않는 한 득점이 많은 사람이나 기록이 좋은 사람이 승자로서 인정된다. 테니스경기를 지배하는 것은 지극히 사실적인 득점을 토대로 승자와 패자를 나누는 스포츠의 논리이지 규범적으로 올바른 인간의 형성을 목적으로 하는 교육의 논리는 아닌 것이다.

한편 동일한 테니스일지라도 체육의 수단으로 이용되는 경우에는 그것을 지배하는 논리는 철저하게 교육이 된다. 여기에는 원칙적으로 교사가 존재하며, 그는 인간교육을 목적으로 테니스를 지도하게 되며, 득점의 많고 적음, 또는 경기에서의 승패는 크게 중요하지 않게 된다. 승패경험은 오직 교육적으로 의미 있을 때에만 중요하게 여겨질 뿐이다. 즉 교육활동으로서의 테니스는 스포츠의 논리에 지배되어서는 안 되며, 거기서 스포츠의 논리는 오직 교사가 인정하는 범위와 조건에 따라서 도입되어질 수 있고 이용되어질 수 있는 것이다. 결국 체육이란 기본적으로 교육이라는 것과 의도적이고 계획적인 인격형성을 목적으로 한다는 의미를 내포하는 것으로 설령 교사가 부재중일지라도 학습은 중심적인 위치를 차지하는 것이다.

체육은 스포츠, 레크리에이션, 레저 등과는 구별되는 학습에 의한 인격형성을 목적으로 하는 교육의 한 영역으로서, 그것이 이루어지는 시간이나 공간, 또는 연령층이나 학습형태의 조건 등에 따라서 학교체육, 평생체육, 사회체육, 생활체육, 직장체육 등으로 분류된다. 따라서 체육은 활동형태상 스포츠, 레크리에이션, 레저 활동 등과 유사한 점을 갖고 있다고 할지라도 의도적이고, 계획적인 교수 및 학습을 그 기본 조건으로 하기 때문에 이것들과는 본질적으로 구별된다. 학교체육은 물론이고 평생체육이나 사회체육, 직장체육 등도 그것이 체육이라고 불리는 한 인격형성을 목적으로 하는 학습을 주축으로 이루어져야만 한다. 여기서 말하는 인격형성이란 신체형성에만 중점을 두는 것이 아니라 현대 사회의 스포츠, 레크리에이션, 레저 활동 등이 거대 산업조직에 들어가 향락적 경향이 강한 사회적 현실에 대하여 생산적인 전환을 전망해 실천하는 인격의 육성 등도 포함한다는 의미이다.

유희, 스포츠, 무도 등의 신체활동은 어디까지나 체육의 교재가 될 수 있을 뿐이지 그 자체가 체육활동은 아니다. 학습 중에 운동욕구를 만족시키는 것이나 기능향상이 요구되는 것이 있다고 해도 그 자체는 역시 인격형성을 위한 수단이 되는 것이며 여기에 체육과 스포츠의 다른 점이 있는 것이다. 바꾸어 말하면 체육은 항상 교육목적에 따라 교육 논리에 종속되는 것이기 때문에 활동형태가 비슷하다고 스포츠나 레크리에이션, 레저 활동 등과 혼동해서는 안 된다. 학교의 운동부 지도도 학교교육의 일환인 점에서 분명 체육활동임에 틀림없으나 대체로 교사자격을 갖추지 못한 트레이너(즉 철저하게 스포츠의 논리를 따르는)에 의해 지도되어지고 있는 현실은 문제가 아닐 수 없다. 유럽의 여러 국가에서 스포츠활동은 지역사회에 의해 주도되고 있기 때문에 체육과 스포츠의 역할은 분명하게 구별된다. 그러나 체육과 스포츠의 역사가 그다지 길지 못한 사회에서는 학교가 이 두 가지를 동시에 책임지고 있기 때문에 양자의 구별은 종종 애매하게 된다. 그러나 체육과 스포츠는 분명히 다른 것이며, 마찬가지로 체육교사와 트레이너의 역할 역시 상호 이질적인 것이다. 양자의 구분이 모호해질수록 체육의 개념 및 체육과 스포츠의 관련성은 더욱 불투명하게 된다.

2. 체육학의 이해

1) 체육학의 성립

체육에 대한 학문적 관심은 고대 그리스시대까지 거슬러 올라간다. 고대 그리스인들은 오늘날 스포츠의학이라고 칭하는 분야에 꽤 넓고도 깊은 식견을 가지고 있었으며, 이러한 지식을 선수들의 기량향상에 응용하기도 했다. 당시의 운동경기는 지금과 달리 선수들의 안전을 보장하기 위한 규칙 같은 것이 없었기 때문에 유혈이 낭자했고, 때로는 사망자가 생겨나기도 했다. 부상당한 선수들을 치료하는 것은 의사들의 몫이었다. 의사들은 부상자의 치료에 그치지 않고 재활과 체력강화에까지 신경을 썼다고 한다. 어떤 학자는 고대 그리스의 의학이 운동경기에 응용되면서 더욱 발달할 수 있었다고까지 주장한다. 한편 플라톤 같은 철학자는 체육이 인간교육에 매우 중요하다는 점을 글로 남겼다.

그리스인들의 체육에 대한 학문적 관심은 중세 시대와 근대 시대로까지 이어져 오늘에 이르고 있지만 현대의 체육학은 과거 시대의 체육이론들과 비교할 때 대단히 방대하고 종합적이다. 양적으로뿐만 아니라 질적으로도 괄목할만한 성장을 이룩했다는 말이다. 사실 체육학이 하나의 종합과학으로서의 면모를 갖추기 시작한 것은 20세기 중반에 들어서이며, 이에 대한 초석을 제공한 사람은 미국인 프랭클린 헨리(Franklin Henry)였다.

1960년대 중반 미국을 중심으로 시작된 체육 학문화 운동은 대학과 대학원 체육전공 프로그램의 성격을 바꾸는 촉매 역할을 하였다는 점에서 대학체육에 있어서 하나의 획기적 전환점이 되었다. 소련의 인공위성 스프트니크호의 발사에 위협을 느낀 미국의 정치가와 교육자들은 '학문중심' 교육과정을 새로이 채택하여, 특히 수학과 과학과목에 교육적 투자를 집중시켰다. "스프트니크 인공위성 발사 이후의 미국 교육개혁운동은 보다 많은 과학자를 길러내고, 모든 교육기관의 수준을 향상시키는 것을 목적으로 한 것이었다."(Siedentop, 1990, p.61) 교육적 본질주의가 학교와 대학에 만연하게 된 것이다. 이런 일반적 분위기 속에서 1961년 캘리포니아 주정부는 주내에 소재하는 모든 대학교에 소속되어 있는 모든 학과들로 하여금 '학문적' 근거를 마련하도록 요구하는 피셔법안(Fisher Act)을 통과시켰다. 당시에 체육은 '학문분야(a discipline)'라기보다는 직업훈련을 주로 담당하는 '전문분야(a profession)'로 분류되고 있었기 때문에, 이 법안의 통과는 캘리포니아 주내에 소재한 체육과 교수들의 긴장된 이목을 끌게 되었다(Siedentop, 1990).

하버드대학 총장을 역임하였던 제임스 코난트(James Conant)는 체육분야에 가장 치명적인 공격을 가했다. 코난트(Conant)는 저서 *The Education of American Teachers*(1963)에서 체육은 음악이나 미술과 같이, 신체

기능을 유일한 교육내용으로 하는 '기능중심학과'라고 규정하였다. 그는 모든 기능중심학과는 대학교육과정에서 제외되어야 한다고 주장하였다.

> "저는 체육 분야의 대학원과정에서 행해지고 있는 연구내용을 읽고 또 들어 본 것 중에 깊은 인상을 받은 것은 하나도 없습니다. 만약 교사교육을 가장 형편없는 용어들로 묘사한다면, 저는 주저 없이 이 체육 분야에서 제공하는 대학원 강좌들의 수업내용 중에서 인용하고 싶습니다. 저의 견해로는 어떤 대학에서든지, 이 분야의 대학원 프로그램을 폐지해야 합니다."(Conant, 1963, p.201)

체육 분야는 위기를 극복해야만 했으며, 만약 실패할 경우 고등교육 분야에서의 불투명한 장래를 감수해야만 했다. 헨리는 1964년 미국 대학체육교육협회 모임에서 이러한 비판들에 대응적 변론을 준비한 한 사람이었다. 그의 응전 내용은 그 모임의 참석자들로부터 강력한 호응을 받았으며, 체육 분야를 하나의 학문분야로 시급히 성립시키려는 체육계의 적극적 노력을 불러 일으켰다. 헨리는 체육이라고 불리는 학문적 지식체계가 존재한다고 주장하고, 만약 아직 체육학이 "존재하지 않는다면, 어서 만들 필요가 있다"(Henry, 1964, p.9)고 하였다.

이후부터, 체육을 하나의 학문영역으로 발전시키려는 많은 노력이 있어왔는데, 특히 1960년대 중반과 1970년대 초반에 체육학의 성격이 무엇인가에 대하여 많은 체육학자들이 관심을 기울였다. Fraleigh(1966)는 체육학 분야에 어떤 통합된 개념체계가 존재하지 않음에 주목하고 체육학을 건설하는 기반으로서 '인간 움직임(human movement)'의 개념을 채택할 것을 주장하였다. 라릭(Rarick, 1967)은 Quest지에 실린 "The Domain of Physical Education as a Discipline"이라는 글에서, 체육학은 다른 학문분야에서 다루지 않는 지식의 체계를 가지고 있다고 말하였다. *Tones of Theory*에서 울리히와 닉슨(Ulrich & Nixon, 1972)은 체육을 '인간 움직임학(the discipline of human movement)'이라고 규정하였다. 최근 들어 니웰(Newell, 1990a; 1990b; 1990c)과 몇몇 학자들(Bain, 1991; Locke, 1990; Wade, 1991)이 이 이슈에 새로운 관점을 제공해 주고 있다.

헨리의 주장이 나타나고 25년이 지나는 동안 체육의 성격은 '신체를 통한 교육' 또는 '신체의 교육'으로서 간주되는 '교육의 이미지'에서 이론적 연구를 주된 목적으로 하는 '학문의 이미지'로 탈바꿈하였다. 이 학문 이미지에 담겨져 있는 기본적 가정은 체육은 다양한 학문적 관점들로부터 탐구되어질 수 있는 학문분야라는 것이다. '학문으로서의 체육'을 강조하게 됨에 따라 대학과 대학원 체육 프로그램들이 강한 영향을 받게 되었다. 생체역학, 운동생리학, 스포츠사회학, 운동학습 등과 같은 하위학문영역이 개발됨에 따라, 기존 및 신설 대학과 대학원 체육학과들은 점차 이 분야의 지식들을 교육과정에 반영하기 시작하였다.

이후 체육학은 발전에 발전을 거듭하면서 하위분과가 20개에 이르는 방대한 종합과학의 면모를 갖추게 되었으며, 대학마다 체육관련 학과가 개설되지 않은 곳이 없을 정도로 보편화된 학문분야가 되었다. 연구 활동과 연구 실적도 결코 타 학문분야에 뒤지지 않는다. 그럼에도 불구하고 체육학에는 많은 문제들이 산적해 있다. 이어지는 내용에서는 오늘날 체육학이 안고 있는 문제점을 네 가지로 요약해서 살펴보고자 한다.

2) 체육학의 문제

첫째, 기존의 체육학에서 인간은 기계론적으로 이해되고 있다.

체육학은 인간을 탐구대상으로 하는 학문이다. 구체적으로 말해 체육이라는 활동에 직접 및 간접적으로 참여하는 인간을 다양한 관점에서 이해하고 설명하는 학문이다. 그럼에도 불구하고 지금까지 체육학은 체육활동에 참여하는 인간을 오직 자연과학적 관점에 국한시켜 이해하고 설명하려는 경향에 집착하여 왔다. 이러한 경향은 비단 체육학에만 국한되어 있지 않으며, 실증적 세계관을 밑바탕에 깔고 있는 자연과학 및 사회과학 제 분야의 경향이기도 하다. 인간을 과학적 관점에서 이해하고 기술한다함은 무엇보다도 인간과 인간의 행위를 통계와 수식에 의해 이해하고 설명함을 의미한다. 자연과학적 사고가 맹위를 떨치기 시작하던 18·19세기에 근대 유럽인들은 그때까지 신비하고, 신성한 그 무엇으로 여겨왔던 자연을 계량화하고, 수식화함으로써 예측가능하고, 인간의 의지에 따라 변경 가능한 대상이라고 믿게 되었다. 19세기 말엽 독일의 철학자 훗설은 이러한 자연관의 변화를 한마디로 "자연의 수학화"라는 말로 적절히 개념화하였다. 자연현상 자체가 계산과 계측으로 대표되는 수학적 방법론의 지도 아래 이념화된다는 것이다. 따라서 당시 서양인들에게 있어서 자연법칙은 수학적 언어로 구성되어 있으며, 자연에 있어 양적으로 계측될 수 있는 것만이 실재하는 것으로 간주되었다. 결국 자연은 물체들의 단순한 운동으로 이루어진 거대한 기계에 지나지 않게 되었다. 시간이 지남에 따라 자연과학적 사고는 곳곳에서 큰 성공을 거둘 수 있었으며, 이러한 성공에 힘입어 그 세력을 인간을 탐구하는 학문분야에까지 확장할 수 있었다. 그 결과 자연 뿐만 아니라 인간까지도 통계와 수식을 통해 수학화되는 경향이 나타나게 되었다. 인간마저도 기계론적으로 이해되어지는 추세가 된 것이다. 이러한 경향은 오늘날 실증적 방법에 강하게 의존하고 있는 체육학의 학위분과, 예컨대 스포츠사회학, 스포츠심리학, 운동생리학, 생체역학 등에서도 어렵지 않게 목격되고 있다.

둘째, 기존의 체육학은 체력, 건강, 운동기능 등과 같은 체육의 양적 측면에만 집중적으로 관심을 기울이고 있다.

전통적으로 체육에 대한 학문적 관심은 효율성의 동기에서 출발하였다. 이러한 체육학의 동기는 당시 사회에 만연되어 있던 '체육관(體育觀)'과 깊이 관련되어 있다. 체육은 전통적으로 노동의 연장선상에서 이해되고, 실천되어왔다. 여기서 노동은 행위 자체에 목적이 있지 않고, 다른 외부적 목적에 봉사하는 수단적 활동을 의미한다.[1)] 체육을 자기목적적 행위, 즉 놀이의 한 유형으로 이해하는 학자들도 있다. 그러나 특수한 경우(상류계층의 체육활동)를 제외하고 최근까지 인간의 실제적인 삶에서 체육은 노동의 연장선상에서 이해되어 왔고, 실천되어 왔음은 부인하기 어렵다. 예컨대 적지 않은 사람들이 건강과 체력의 유지·증진, 운동기능습득을 목표로 체육 활동에 참여하는데, 이것이 곧 체육이 노동의 연장선상에서 이해되고 있다는 증거이다. 일반 개개인이 체육활동 참여를 통해 체력과 건강을 향상·유지시키려는 실제적인 이유는 무엇보다도 자신의 일을 지속적으로 해 나가기 위해서이며, 선수들이 운동기능을 습득하고 향상시키려는 이유도 운동 자체가 즐거워서라기보다는 대학에의 진학이나, 국제대회 입상을 위한 것이었다. 기업 또는 국가의 차원에서 체육을 지원하고 진흥시켰던 이유 역시 같은 맥락에서 이해할 수 있다. 이러한 노동 중심의 체육관에 부응하여 체육에 대한 학문

1) 아리스토텔레스는 인간의 활동을 이론(Theorie), 실천(Praxis), 노동(Poiesis)으로 삼분하였다. 여기서 실천은 행위 그 자체가 목적을 가지는 개념인 반면에 노동은 다른 외부적 목적에 봉사하는 수단적 의미를 가진다. 행위 자체가 목적인 실천의 대표적인 예는 놀이이다.

적 관심 또한 체육에 주어진 기대, 즉 체력과 건강을 향상, 유지시키고, 운동 기능을 극대화시켜주는 일을 어떻게 하면 가장 효과적으로 수행할 수 있을까 라는 효율성 문제에 집중되었다. 따라서 체육학은 지금까지 산업공학과의 연계 하에 생산기계로 전락한 인간이 고장 없이 잘 기능할 수 있는 조건으로써 체력과 건강에, 그리고 우수 선수라고 불리는 운동로봇이 자신의 능력을 최대한 발휘할 수 있는 물리적, 화학적, 심리·사회적 조건에 깊은 관심을 보여 왔다.

셋째, 기존의 체육학은 체육현상을 탐구하는데 있어서 대체로 실증적 연구 방법에만 의존하고 있다.

금세기 중반에 체육학이 독자적 학문분야로 성립되는 과정에서 급히 대답되어야 할 물음 가운데 하나는 체육이라는 현상을 어떻게 연구할 것인가라는 연구방법에 관한 물음이었다. 일반적으로 연구대상과 함께 연구방법은 특정 분야가 하나의 독자적인 학문으로 성립하기 위해 갖추어야 할 필수 요인으로 간주되었기 때문이다. 당시 체육학자들은 가장 적합한 연구방법으로 과학적 방법을 모델로 하는 실증적 방법을 채택하였으며, 이를 통해서만 체육현상이 올바르게 기술되고, 설명될 수 있다고 믿었다. 그렇다면 왜 당시 체육학자들은 실증적 방법을 그토록 신뢰하였으며, 그것을 선택하였을까? 이 물음에 대해 두 가지 이유를 생각해 볼 수 있다. 실증주의적 사고가 팽배한 당시 학문 일반의 전반적인 분위기가 첫째 이유로 고려될 수 있다. 20세기는 실증적이지 않은 학문은 참된 학문이 아니라는 실증주의적 사고가 지배하는 시대였다. 실증적 연구방법은 자연을 대상으로 하는 학문분야에서 뿐만 아니라 인간을 대상으로 하는 학문분야에서도 크게 각광받게 되었으며, 그에 따라 인간의 몸과 정신, 그리고 삶까지도 생리학, 심리학, 사회학 분야에서 각각 실증적으로 탐구되는 경향이 확산되었다. 이와 같은 학문의 대세는 체육학이라는 새로운 학문분야에도 그 영향을 미쳤을 것으로 추측된다. 체육학에서 실증적 연구방법이 주류를 이룰 수 있었던 두 번째 이유는 체육의 학문화운동을 추진했던 초기의 학자들이 대부분 실증주의적 세계관을 소유하고 있는 자연과학분야 전공자들이라는 사실에서 찾아질 수 있다. 이들의 노력으로 체육학은 오늘날 학문공동체내에서 뚜렷한 위치를 확보할 수 있었으나, 동시에 체육학 연구방법을 실증적으로 획일화시키는 결과를 가져왔다.

실증주의는 19세기 중엽 이후 전적으로 선험적 방법에만 의존하고 있던 전통적 학문을 비판하면서 발달한 학문적 방법론으로서 경험을 크게 강조하는 자연과학적 연구방법을 그 이론적 모델로 삼고 있다. 실증주의의 선구자 어거스트 꽁트(A.Comte)는 종래의 학문이 신학적·형이상학적 단계에 머물렀었다고 비판하고, 진정한 학문은 경험과학적 실증성이 있는 것이어야 한다고 주장함으로써 추상적 실재의 가정을 철저히 배격하고, 현상을 현상으로 관찰하며 그 현상간의 법칙을 파악하는 일을 중시하였다. 실증주의는 학문적 탐구의 대상이 되는 모든 사물과 현상(인간을 포함한)은 일정한 법칙에 의해 지배되고 있으며, 이 법칙은 오로지 실험 및 관찰 등의 경험적 방법을 통해서만 발견될 수 있다는 믿음에서 출발한다. 다시 말해 실증주의는 실증적 방법만이 지식을 얻는 가장 올바른 방법이라고 믿는 방법론적 배타주의인 것이다.

넷째, 체육학은 세분화·이질화되고 있다.

1980년대 말부터 '체육학의 위기', 보다 정확히 말해 '체육학의 정체성 위기'가 여러 논문들을 통해 거론되고 있다. 위기의 근원은 무엇보다도 체육학 하위영역의 세분화에 있다. 체육학의 세분화는 체육의 학문화 운동과 함께 시작된 현상이다. 본래 체육은 대학 내에서 교사교육을 담당하는 전문분야에 속해 있었다. 그러나 시대의 흐름에 따라 대학의 학문적 기능이 부각되면서 체육 분야 역시 내적 및 외적으로 학문화의 요청을 받게 되었다. 이러한 요청에 부응하여 체육을 학문화하려는 움직임이 나타났는데 이것을 체육학문화 운동이라고 부른다. 체육학문화 운동의 선두주자인 프랭클린 헨리는 기존의 학문들, 예컨대 해부학, 물리학, 생리학, 심리학, 문화인류학, 역사학 등의 이론틀을 토대로 체육학을 독자적 학문분야로 성립시킬 수 있다고 주장하였다. 이러한 주장은 "체육의 하위분과 형성을 위한 프로젝트(Big Ten Body of Knowledge Project in Physical Education)"를 통하여 구체화되었으며, 그 결과 체육학의 하위영역은 운동생리학, 생체역학, 운동학습 및 스포츠심리학, 스포츠사회학, 스포츠 역사 및 철학, 스포츠 및 체육 관리 등의 6개 분야로 세분화되었다. 이러한 세분화 경향은 더욱 가속화되어 오늘날 체육학의 하위분과는 십여 개에 달하고 있다. 2006년 현재 한국체육학회는 14개의 하위 분과로 구성되어 있다.[2] 하위영역의 세분화가 체육학의 양적 팽창에 기여한 점은 인정되어야만 한다. 하지만 세분화는 체육학 하위 영역들 간의 의사소통을 단절시키는, 결코 긍정적으로만 볼 수 없는 결과를 야기시키기도 하였다는 점을 분명하게 인식해야만 한다. 하위영역들은 제각기 모학문의 언어를 빌어 체육현상을 이해하고, 설명한다. 따라서 오늘날 체육학내의 하위분과들은 똑같이 체육현상에 관하여 말하고 있지만 사용언어가 다르기 때문에 서로를 이해하지 못하고 있는 실정이다.

---

2) 한국체육학회의 14개 하위 분과는 체육사, 스포츠철학, 스포츠사회학, 스포츠심리학, 스포츠(운동)생리학(스포츠의학, 운동처방), 운동역학, 운동영양학, 스포츠교육학, 체육측정평가, 스포츠산업 · 경영, 사회체육, 여가레크리에이션, 특수체육, 무용 등이다.

이러한 이질화 추세는 체육학의 하위분과들이 세분화되고, 전문화될수록 더욱 심각해질 것으로 예상된다.

3) 체육학의 과제

첫째, 체육학은 기계론적 인간관을 극복해야만 한다.

지금까지 체육학에서 인간은 기계론적으로 이해되어 왔는데 여기서 기계론적으로 이해한다 함은 인간을 기계와 똑같이 조작가능하고 예측가능한 대상으로 다루는 것을 의미한다. 기계는 조작하는 사람의 예측과 기대를 잘 충족시켜 준다. 체육학에서도 기계론적으로 이해된 인간은 이와 같은 기계 이상의 의미를 갖지 못한다. 지금까지 체육학이 건강과 체력에 관심을 가졌던 일차적인 이유는 노동기계로써 인간이 자신에게 주어진 기대와 역할을 차질 없이 완수할 수 있도록 하기 위함이었다. 운동기능의 향상에 관심을 보이는 체육학자의 경우도 인간관의 관점에서 보면 이와 큰 차이가 없었다. 이들은 선수라는 기계의 효율성을 높이기 위해 각종 물리적·화학적 처치를 가하기도 하는데 도핑은 그 대표적인 예라고 할 수 있다. 흥분제, 근육강화제, 피로회복제, 이뇨제 등이 인간기계의 기능을 강화시키기 위하여 주기적으로 인체에 투입되고 있다. 이상에서 언급한 인간관을 근거로 노동생산성과 운동 경기력은 과거에 비하여 크게 향상되어질 수 있었던 반면, 다른 한편으로는 인간이 대상화되고 조작되며 상품화되는 비인간화 경향이 갈수록 심화되고 있다. 자유로운 존재로써 인간상은 현대 체육학에 만연된 사고방식 속에서 소리 없이 노동기계·운동로봇으로 변신해 버렸다. 기계에는 자유가 없고, 자기 목적이 없다. 그저 외부에서 주어진 과제를 달성하기 위한 수단으로써 기능할 뿐이다.

여기서 우리는 인간의 존재의미와 과학·기술의 목적에 대하여 심각하게 반성해 볼 필요가 있다. 계몽시대 이후 인간은 이상사회, 즉 인간이 인간답게 살아갈 수 있는 사회의 건설을 꿈꾸며 살아왔다. 이와 같은 목적을 달성하기 위해서는 무엇보다도 경제를 부흥시키고 과학과 기술을 발달시켜야만 했다. 왜냐하면 당시 사회에서 빈곤은 인간다운 삶을 가로막는 주요한 요인으로 인식되었기 때문이다. 목적에 도달하기 위한 수단의 증식과정에서 인간은 애초의 목적을 잊어버리고 수단 증식에만 집착하게 된다. 수단 증식에의 집착은 인간을 도구화시키고 상품화시킴으로써, 오히려 삶의 비인간화 경향을 야기시켰다. 인간다운 사회건설을 위해 필요한 수단 증식의 과정은 아이러니컬하게도 삶의 비인간화 과정이 되어 버린 것이다. 지금은 전도된 목적과 수단을 제 위치로 전도시켜야 할 때이고, 이러한 작업은 인간관의 변화에서부터 시작되어야 한다. 인간을 더 이상 기계적 존재로 보지 않고 자율적이고 자유로우며 자기목적을 지닌 존재로 보게 될 때 체육학도 본래 모습을 찾게 될 것이다.

둘째, 체육학은 체육의 질적 측면에도 관심을 기울여야 한다.

흔히 사람들은 체육을 체력을 기르거나 운동기술이나 기능 또는 스포츠와 운동경기라는 의미로 해석하거나, 레크리에이션 활동이나 건강을 유지하는 수단쯤으로 이해하는 경향이 있다. 이렇게 체육을 생각하는 것은 굳이 일반인들만이 아니라, 체육정책을 입안하고 행정을 관리하는 사람들이나 체육을 전문직으로 삼고 있는 사람들의 성향이기도하다. 이런 경향은 아마 체육(Physical Education)이라는 개념이 갖고 있는 '체(體)'라는 말 때문일 것이다. 우선 체육하면 정신이라는 개념과 대응되는 '체(體)를 육(育)한다'는 의미가 가장 가깝게 해석되기 때문이다. 즉 '체(體)'

를 '육(育)'한다는 말은 신체적 힘의 증대 · 체격 발달 · 신체적 건강 · 신체적 기능이나 기술 등과 관련하여 생각하는 것이 쉽기 때문이다. 지난 수십 년 동안 체육학자들 사이에까지 유행해 온 체육의 목적과 가치에 관한 원칙이 하나 있다. 그것은 바로 신체건강과 기술(skill)교육으로서의 체육의 모습이다. 그러나 이러한 원칙은 체육의 본질 및 그 가치를 제대로 설명해주지 못하고 있다.

체육은 신체발달만을 돕고, 체격을 보기 좋게 만들어 주며, 근력을 강하게 함으로써, 신체적 건강을 증진시키거나 어떤 운동기술이나 기능을 연마하는 내용을 가르치고 연구하는 것만이 아니다. 체육은 바로 인간 움직임의 현상과 그 움직임의 길을 이해하고 깨달으며, 그 의미를 자신의 움직임으로 실천하는 것이다. 체육학은 학문적으로 이러한 내용을 연구하는 분야이며, 교육적으로 그 내용을 운동수행과 함께 가르치고 깨우쳐주는 것이다.

체육과 스포츠에 참여하는 동기 역시 점차 바뀌어가고 있다. 노동을 계속하기 위한 조건으로써 체력과 건강보다는 체육활동 그 자체를 즐기려는 경향이 늘어간다. 체육의 유희적 속성이 강조되고 있는 것이다. 유희적 체육활동에서는 개인의 독특한 운동체험과 이러한 체험을 통해 느끼게 되는 개인적 의미에 관심의 초점이 맞추어진다. 이러한 경향은 복지사회를 지향하는 21세기에 들어서면서 더욱 늘어나고 있다. 따라서 체육학도 체육의 양적 측면에만 치중해 왔던 지금까지의 관행을 버리고 그 관심의 폭을 운동체험과 의미 등으로 확대시켜야만 할 때이다. 이러한 체육의 체험과 의미는 그 성질상 수량적으로 환원시킬 수 없는 특성을 지니고 있기 때문에 지금까지 체육학의 주류를 이루던 실증적 방법론의 수정과 새로운 방법론의 보완이 함께 요청된다.

셋째, 체육학은 방법론적 복수주의를 지향해야 한다.

이미 앞에서 살펴보았듯이 체육학의 연구방법은 지금까지 실증적으로 편향되어 왔다. 실증적 방법이 체육학의 발달에 기여한 점은 적지 않지만, 체육의 학문적 탐구가 실증적 방법에만 지나치게 의존할 경우 앞에서의 경우와 같이 많은 문제점이 야기될 수 있다. 실증적 방법의 문제점은 역설적이게도 그 이론적 모체인 물리학분야에서부터 제기되기 시작했다. 현대물리학은 고전물리학을 비판, 보충, 수정하면서 형성되었다. 이러한 과정에서 실증적 방법에 전제되어 있는 고전물리학의 세 가지 공리는 위기에 봉착하게 된다. 절대공간과 절대시간의 개념은 아인슈타인의 상대성이론에 의해 수정을 강요당하게 되었고, 실험과정의 통제 가능성에 대한 믿음 역시 하이젠베르크의 양자역학에 의해 혹독히 비판받았으며, 법칙 발견을 통해 미래를 예측할 수 있다는 라플라스가설은 최근 카오스 이론가들에 의해 환상임이 드러났다.

이러한 인식은 체육의 학문적 탐구와 관련하여 방법론적 복수주의를 강요한다. 복합적이고, 다의적이며, 변화하는 존재인 인간은 여러 각도, 다양한 시각에 의해 이해되고 설명될 때 그 윤곽이 드러날 수 있다. 따라서 체육학은 실증적 방법만 고집하지 말고 인간과 인간의 삶을 역사와 사회의 맥락에서 이해하려는 해석학적 방법과 세계를 변화의 시각에서 보는 변증법적 방법, 개인적 체험세계의 비밀을 열어 줄 수 있는 실존주의적·현상학적 방법 등에도 문을 열어야만 한다. 방법론의 복수화는 종합과학으로서 체육학이 지속적으로 발달하기 위하여 성취해야 할 중요한 과제중 하나이다.

넷째, 체육학은 하위영역의 세분화와 통합화라는 두 가지 과제를 동시에 수행하면서 전일적 연구가 이루어져야 한다.

현재의 추세로 미루어 볼 때 체육학의 세분화는 앞으로도 계속될 전망이며, 이러한 경향은 체육학의 하위분과에까지도 파급될 것으로 예상된다. 다시 말해 체육학의 개별 하위분과가 또다시 여러 하위분과들로 세분화되는 경향이 나타날 수도 있다. 이러한 가능성은 현재 체육학의 개별분과들이 모델로 삼고 있는 모학문들 자체가 세분화되고 있는 추세로 미루어 볼 때 멀지 않은 미래에 현실로 나타날 것이다. 우리는 이와 같은 세분화 경향을 어떤 시각에서 보아야만 할까? 이에 대하여 상이한 두 가지 시각이 존재하고 있다.

첫째 시각은 세분화하는 체육학의 통합필요성은 인정하지만, 세분화 자체를 긍정적으로 보는 입장이다. 이 입장에 따르면 체육이라는 현상은 너무나 다양한 면을 갖고 있기 때문에 '우선' 다양한 관점에서 분석적으로 이해되어야 하며, 이러한 이해를 토대로 '추후에' 종합적으로 이해되어야 한다. 그러나 종합화의 노력은 분석적 작업이 끝난 후에 비로소 시작되는 그런 작업이 아니며, 흔히 말하는 대로 철학자들만이 할 수 있는 그런 작업도 아니다. 체육학계에 몸담고 있는 모든 사람들의 지속적인 관심과 문제의식을 필요로 하는 일인 것이다.

체육학의 세분화를 보는 두 번째 시각은 부정적이다. 이 입장에 따르면 세분화는 체육학의 발달에 기여했다기보다는 오히려 체육학을 정체성의 위기로까지 몰고 간 주요인이다. 세분화가 가속화되면 될수록 체육학의 하위영역들은 모학문으로 환원될 것이며, 결국 남는 것은 텅 빈 공간밖에 없을 것이라는 걱정이 세분화에 대한 부정적 시각이다. 이와 같은 체육학의 공동화 현상을 미연에 방지하기 위해 하위영역들이 모일 수 있는 구심점, 즉 체육학의 정체성을 보장해 줄 수 있는 '확고한 틀'을 만들어 보자는 것이 통합화의 요지이다. 체육학의 분화와 통합에 관한 문제는 다음 장에서 보다 상세하게 논의하도록 하겠다.

제2장 체육학의 분화와 통합

1. 체육학의 분화, 어떻게 볼 것인가?

1980년대 말부터 우리 체육학계에서 '체육학의 위기', 보다 정확히 말해 '체육학의 정체성 위기'가 몇몇 학자들에 의해 거론되어 왔다. 이들은 대부분 위기의 근원을 체육학 하위영역의 세분화, 과학화, 전문화에서 찾고 있다. 따라서 세분화된 분과학문들을 통합, 정리하고 과학적 방법이 아닌 체육학만의 독자적인 연구방법을 개발해야만 하며, 전문화를 지양해야만 위기가 극복될 수 있다고 주장한다(김동규, 2002; 김영환, 1998; 김정명, 1989; 1995; 신현군, 1999; 오정석, 1994; 유진, 1996; 전태원, 1997; 정응근, 1987; 1992; 정철수, 1996).

체육학이 위기의 상황에 직면해 있으며, 이러한 위기는 체육학이 갖는 학문적 성격의 애매함 또는 불명료한 정체성에 기인한 것이고, 이러한 위기의 원인이 체육 분과학문의 세분화, 과학화, 전문화라는 이들의 주장은 많은 의문을 불러일으킨다. 또한 이들이 제시하고 있는 해결방안 역시 의문의 여지가 많다.

주변을 아무리 둘러보아도 체육학이 위기에 직면해 있다는 징후를 쉽게 포착할 수가 없다. 오히려 현실은 정반대로 나타나고 있다. 한 학문의 자명성은 그 학문에 대한 사회적 인정도, 대학 내에서 그 학문이 차지하고 있는 위치, 학술 진흥기관의 인정여부 등에 의해서 규정된다. 현재 체육학은 사회적으로 큰 인기를 끌고 있는 학문분야이다. 타학문분야의 경우 매년 대학원신입생의 수가 줄어드는데 비해 체육 분야의 경우는 매년 늘어만 가고 있다. 또한 대부분의 대학들은 체육관련 대학원과정을 개설해 놓고 있어 대학 내에서의 위치 또한 매우 안정적이다. 한국학술진흥재단의 학문분류표를 보아도 체육학은 확실하게 하나의 학문영역으로 자리를 잡았고 연구비지원을 받는 학자들도 매년 늘어나고 있다. 이렇듯 체육학은 날로 발전해만 가는데 왜 체육학이 위기에 처해 있다고 말하는 것일까?

또한 세분화하고 있는 체육학의 분과학문들을 정말로 통합할 수 있을지, 그 과정에서 마찰과 갈등은 발생되지 않을지, 과학적 방법 자체도 제대로 소화해내지 못하고 있는 체육학자들이 기존의 과학적 방법과는 다른 학문적 방법을 개발해 낼 능력을 갖추고 있을지, 체육학의 개별분과에서 활동하고 있는 학자들 가운데 걱정할 만큼 전문화된 학자가 얼마나 있는지도 의문이 드는 것은 마찬가지이다.

체육학의 세분화, 전문화, 과학화가 어떤 면에서는 부정적인 결과를 야기 시켰을 수도 있을 것이다. 그러나 상황을 종합적으로 고려할 때 이러한 경향이 오히려 체육학의 발전에 긍정적인 영향을 주었음은 어느 누구도 부인할 수는 없다. 그리고 저자가 판단하기에 현재 체육학은 너무 전문화되고, 과학화되어 문제가 아니라 오히려 아직 덜 전문화되고 덜 과학화되어 문제다. 체육학의 전문화와 과학화 부분에 대한 논의는 다음 기회로 미루고 이 장에서는 우선적으로 체육학의 '분화'에 관하여 논의를 전개하고자 한다. 논의 순서는 먼저 체육학의 분화가 어느 정도나 진행되었는지 그 현황을 알아보고, 체육학의 분화가 가속화하고 있는 이유를 두 가지 관점에서 설명할 것이며, 이러한 분화를 보는 체육학자들의 부정적인 시각을 비판적으로 검토할 것이고, 마지막으로 분화로 인해 야기될 수 있는 실질적인 문제를 언급하고, 그러한 문제를 최소화하기 위한 보완책을 제시하도록 하겠다.

2. 체육학 분화의 가속화: 현황

체육학의 분화는 1960년대에 미국에서 시작된 체육의 학문화 운동과 함께 나타난 현상이다. 본래 체육은 교사교육을 담당하는 전문분야였지만 시대의 흐름에 따라 이 분야 역시 내적·외적으로 학문화의 요청을 받게 되었다. 이러한 요청에 따라 체육을 학문화하려는 움직임이 나타났으며, 이러한 움직임의 선두에 섰던 헨리는 기존의 학문들, 예컨대 해부학, 물리학, 생리학, 심리학, 문화인류학, 역사학 등의 이론 틀을 토대로 체육학을 독자적 학문분야로 성립시킬 수 있다고 주장하였다(Henry, 1964, 32). 이러한 주장은 "체육의 하위분과 형성을 위한 프로젝트"를 통하여 구체화되었으며(Zeigler/McCristal, 1967), 그 결과 체육학의 하위영역은 운동생리학, 생체역학, 운동학습 및 스포츠심리학, 스포츠사회학, 스포츠 역사 및 철학, 스포츠 및 체육 관리 등의 6개 분야로 세분화되었다. 이후 체육학의 분화는 더욱 심화되어 1980년 AAHPERD 주최로 열린 국제체육학술회의에서 하위분과의 수가 10개로 늘었고, 1988년 서울에서 열린 국제올림픽 학술회의에서는 다시 12개로 증가하였다(Kim, 1989).

대미의존적 경향을 보이고 있는 한국 체육학의 경우도 이와 같은 미국 체육학의 추세에 힘입어 꾸준히 분화되는 양상을 보여주고 있다. 한국체육학회의 경우 1980년대까지 그 하위영역을 인문사회분야와 자연분야로 양분하여 학술대회를 개최하고 학회지를 발간하여 왔으나 1990년대 들어서면서 다양한 분과학회가 발족되고 하위학문의 분화가 가속화되면서 극심한 분화 양상을 보여주고 있다.

한국체육학회지의 경우 1995년까지 인문사회와 자연분야로 양분하여 편집되었으나 1996년부터는 분과학문별로 세분화하여 편집되기 시작했다. 현재 한국체육학회에 소속된 하위학문분과는 체육사학, 체육철학, 스포츠사회학, 스포츠심리학, 스포츠교육학, 운동생리학, 운동영양학, 운동역학, 체육측정평가학, 스포츠산업/경영학, 사회체육학, 여가레크레이션학, 특수체육학, 무용학, 발육발달학 등 모두 15개 분야이다.

한편 한국학술진흥재단의 학문분류표에는 2004년 현재 체육관련 하위학문이 체육일반(스포츠철학, 스포츠교육, 체육사, 스포츠심리학), 경영학, 사회학, 의학, 체육측정평가, 특수/장애자 체육, 사회/생활 체육, 운동생리학/처방, 운동역학, 운동해부학, 운동생화학, 여가레크리에이션, 건강교육, 운동영양학, 무도학, 기타체육 등 모두 19개로 세분화되어 있다.

이외에도 여성체육학회, 유아체육학회, 무도학회, 태권도학회, 국제선무학회, 레크레이션교육학회, 스포츠법학회, 안전교육학회, 유산소운동과학회, 스포츠인류학회, 스포츠정책학회, 한국걷기과학학회 등과 같은 다양한 체육관련 학회들이 발족되어 학회지를 발간하고 있으며 한국체육학회의 하위분과로 편입하려고 부단히 노력하고 있다.

체육학에서 발견되는 분화의 형식은 크게 두 가지로 정리될 수 있다. 첫째는 연구방법에 따른 분과학문적 분화이고, 둘째는 연구대상에 따른 주제중심적 분화이다. 체육사, 스포츠철학, 스포츠사회학, 스포츠의학, 스포츠심리학 등과 같은 분과학문의 분화가 전자에 해당된다면, 사회체육학, 여성체육학, 무도학, 태권도학, 무용학 등과 같은 영역의 분화는 후자에 해당된다고 할 수 있겠다. 전자의 분과학문적 분화가 전통적인 체육학의 분화형식이었다면 후자의 주제중심적 분화는 비교적 최근에 나타난 현상이다.

학문 일반의 분화 경향과 사회 제 영역의 지속적인 작업분화 경향 등을 종합적으로 고려할 때 체육학의 분화는 앞으로도 계속될 전망이며, 이러한 경향은 체육학의 하위분과에까지도 파급될 것으로 예상된다. 다시 말해 체육학의 개별 하위분과가 또다시 여러 하위분과들로 세분화되는 경향이 나타날 수도 있다. 또한 체육분야에서 고령인구의 증가, 장애와 재활, 건강, 여가, 웰빙 등과 같은 새로운 주제들이 중요시되면서 이와 같은 주제를 중심으로 한 새로운 분과학회의 출현은 피할 수 없는 추세가 될 것이다.

3. 체육학 분화의 가속화: 원인

앞 장에서 체육학이 계속해서 분화해왔고 이러한 경향은 앞으로 더욱 가속화할 것이라고 했다. 그렇다면 분화가 가속화하고 있는 동인(動因)은 무엇일까? 아마도 우리는 분화의 동인을 학문이론적 관점과 정치적 관점에서 설명할 수 있을 것이다.

첫 번째의 학문이론적 관점에서 볼 때, 가속화하고 있는 체육학의 분화는 학문 일반의 지속적인 분화와 체육현상의 복잡화(내적 구조) 및 복합화(외적 연관)가 동시에 작용한 결과이다. 앞 장에서 설명하였듯이, 체육은 교사교육을 담당하는 전문분야였지만 시대의 흐름에 따라 학문화의 요청을 받게 되었다. 이후 체육의 학문화과정은 철저하게 기존 학문들의 이론틀을 도입하여 체육현상을 기술, 설명, 예측하는 방식으로 이루어졌다. 이 과정에서 기존 학문에 기대지 않고 체육학만의 독자적인 방법과 이론틀을 개발해야만 한다는 이견도 나타났지만 큰 결실을 얻지는 못하였다. 기존 학문의 이론틀을 도입하여 체육현상을 연구하는 경향이 일반화되면서 체육학은 기존 학문의 수만큼이나 많은 분과학문으로 세분화되었다. 이와 같은 경향은 더욱 가속화하고 있는데, 이 경향과 관련하여 두 가지 변화에 주목할 필요가 있다.

먼저, 체육학이 이론틀을 공급받고 있는 모학문의 영역에서 나타나고 있는 변화를 언급할 필요가 있다. 학문의 분화는 많은 경우 사회의 변화를 반영한다. 사회 자체가 학문의 대상이기에 사회의 분화는 곧 학문의 다양성으로 이어진다. 근대사회는 고대나 중세사회와는 달리 구조가 극히 복잡다단하다. 사회혁명·시민혁명·산업혁명과 더불어 자본주의가 발전하는 과정에서 사회의 제반 현상들이 눈과 코를 뜰 사이도 없이 격변하였다. 이런 와중에서 복잡다기한 사회현상의 분화가 진행되는 것은 당연했다. 그 때부터 현재에 이르기까지 전체로서의 사회를 구성하는 모든 종류의 요소, 즉 법률·정치·경제·문화 등에서 체제에 대한 외적인 작용의 결과로 인한 변화가 아니라, 체제 자체의 내부에서 발생하는 변화를 쉽게 그리고 반복해서 관찰할 수 있는 여건이 조성되었다. 그 결과 체계내부적 현상들을 따로 떼어서 전문적으로 연구하는 분과학문들이 속속 생겨났다(장상호, 2003, 429-439). 학문의 분화과정은 20세기 후반부에 접어들면서 더욱 가속화하였다. 우리는 이러한 사실을 한국학술진흥재단의 학문분류표에 나타난 사천 개를 넘어서는 소분류 및 세부분류 학문분야와 천백이십 개에 달하는 등재 및 등재후보 학술지에서 확인할 수 있다.

다음으로, 체육학이 연구대상으로 삼고 있는 체육현상의 변화를 언급할 필요가 있다. 체육현상은 해를 거듭할수록 그 영역이 더욱 확장되면서 타 영역과 중첩현상(복합화)을 보여주고 있으며, 그 내부구조 역시 복잡화되어가고 있다. 체육현상의 주요 부분이라고 할 수 있는 스포츠의 변화과정을 예로 들어보자. 산업이 고도화되기 이전의 전통사회에서 스포츠는 그 영역이 극히 제한적이었던 사회현상이었다. 스포츠참여는 특정 사회계층, 연령층, 성 등에 제한되어 있었기 때문에 스포츠참여자의 수는 극히 미미하였다. 참여 동기 역시 비교적 일관적인 속성을 보여주었다. 그러나 20세기 후반부에 들어서면서 다양한 동기를 가진 다양한 계층의 사람들이 신분의 고하, 남녀노소를 불문하고 스포츠에 관심을 갖게 되었다. 그 결과 규칙과 형식적인 면에서 새로운 스포츠가 생겨났고 동일한 종목일지라도 참여 동기에 따라 수행방식이 크게 변화되었다. 스포츠는 현재 신체문화 또는 신체운동과 관련된 모든 활동과 동의어처럼 쓰이게 되었으며, 그에 따라 외연의 수도 크게 확장되었다. 외연의 확장은 내포의 복잡성을 가중시킨다. 이렇듯 스포츠현상이 복합화 및 복잡화 양상을 띠게 되면서 기존의 이론틀로는 설명할 수 없는 부분들이 생겨나게 되었고, 그러한 현상을 더 잘 관찰하고, 기술하며, 설명하고, 예측할 수 있는 새로운 이론틀의 도입이 필요하게 되었다.

이러한 맥락에서 체육학은 더욱 복합화, 복잡화하고 있는 체육현상을 더 잘 연구하기 위하여 새로운 이론틀을 필요로 하고, 역동적으로 분화하고 있는 학문계는 계속해서 새로운 이론틀을 제공해주고 있다. 이 과정에서 체육현상을 연구하는 분과학문의 수가 많아지는 것은 당연한 이치이며 이에 따라 체육학의 분화는 더욱 가속화해왔다고 할 수 있다.

두 번째의 정치적 관점에서 볼 때 체육학의 지속적인 분화는 한국체육학회 또는 그 분과학회라는 공식적으로 인정된 학자집단에서 헤게모니 획득에 성공하지 못한 개인 또는 집단이 자신의 이해와 관심을 관철시키려는 자구적 노력의 결과라고 할 수 있다.

학문은 진리의 규명이 관건인 반면에 정치는 권력의 획득이 관건이다. 지난 십여 년간 한국 체육학자집단의 교류과정은 진리규명을 목적으로 하는 학술활동 및 정보교류의 차원을 넘어서 세력을 규합하고 권력을 획득하는 헤게모니쟁탈전의 양상을 보여 왔다. 그 결과 한국 체육학계는 헤게모니를 획득한 집단과 그렇지 못한 집단으로 양분되어졌다. 여기서 헤게모니를 획득했다함은 해당 학회의 업무를 규정하고 학회지의 편집을 주도할 수 있게 되었다는 의미이다. 학회의 업무를 규정하고 학회지의 편집을 주도하는 역할이 권력과 관련되는 이유는 현재 한국 체육학계에서 학회지 게재논문 편수가 한 개인의 학자적 자질을 평가하는 중요한 척도로 작용하기 때문이다. 이러한 척도에 따라 평가된 학자적 자질은 신규교수임용, 승진, 정년보장, 연봉액수, 연구비지원혜택 등의 요인들과 밀접한 상관관계를 갖는다(교수신문, 2004년 10월 11일).

체육학자들은 교수로 임용되기 위해, 승진하기 위해, 정년을 보장받기 위해, 연봉을 많이 받기 위해, 연구비혜택을 받기 위해, 한 마디로 학자로서의 생명을 보장받기 위해 학회지에 논문을 게재해야만 한다. 이 과정에서 지원과잉이 생겨난다. 게재를 희망하는 논문의 수는 끊임없이 증가하고 지면은 한정되어 있다. 해결책은 학회지의 페이지수와 간행횟수를 늘이는 방법이다. 실제로 한국체육학회지와 각 하위분과 학회지의 페이지수와 간행횟수는 지난 십여 년간 꾸준히 증가하여왔다. 그럼에도 불구하고 빠른 속도로 늘어만 가는 게재희망논문 모두가 게재될 수는 없었다. 학회지는 자신의 학문적 가치를 인정받기 위하여 게재희망논문에 대한 엄밀한 선별작업을 수행해야만 한다. 공정한 심사절차와 높은 게재불가비율은 해당 학술지의 학문적 권위를 드러내주기 때문이다. 이제 심사과정에서 적지 않은 논문이 게제불가판정을 받게 된다.

이 과정에서 게재불가판정을 받은 지원자들은 자신의 직업적 생존을 위하여 자구책을 모색해야만 한다. 보다 질 좋은 논문을 생산하기 위해 노력할 수도 있지만 이 방법은 당사자들이 갖게 되는 내·외적 상황에 대한 불신 또는 그 절차의 번거로움으로 인하여 쉽게 포기되어 진다. 여기서 말하는 내적 상황에 대한 불신이란 당사자 자신이 자기 스스로의 학자적 자질을 불신한다는 의미이며, 외적 상황에 대한 불신은 기존 학회지의 심사과정의 공정성을 신뢰하지 않는다는 의미이다. 절차의 번거로움이란 질 좋은 학술연구에 수반되는 정신적, 시간적, 물질적 부담을 뜻한다. 이제 이들은 불확실하고 부담스러운 방법 대신에 확실하고 크게 부담되지 않은 방법을 모색하게 된다. 이러한 방법 가운데 한 가지는 새로운 학회를 만들고 학회지를 간행하고 간행된 학회지가 한국학술진흥재단에 등재될 수 있도록 노력하는 것이다. 이러한 작업에도 회원모집, 조직구성, 학술지발간, 학술진흥재단등재심사 등과 같은 결코 간단하지 않은 번거로움이 따르지만, 자신들만의 헤게모니를 창출할 수 있으며, 경우에 따라서는 자본축척의 기회를 가질 수 있다는 점에서 대단히 매력적이다. 이 과정에서 기존의 학회와 그 분업적 경계가 분명하지 않은 새로운 분과학회가 생겨나는 것은 너무나도 자명한 결과일 것이다.

이상에서 체육학 분화의 가속화 동인을 학문이론적 관점과 정치적 관점에서 설명해 보았다. 그러나 현실적으로 이 두 가지 동인이 명료하게 구별될 수 있는 것은 아니다. 학문이론적 동인에서든 정치적 동인에서든 체육학은 지금까지 계속해서 분화해 왔고, 앞으로도 그럴 것이다. 분명한 점은 이러한 분화는 체육학의 발달과 관련하여 그 역할 면에서 양면성을 갖는다는 사실이다. 학문의 분화는 지금까지 방식으로는 관찰할 수 없는 대상을 관찰할 수 있게 해주고, 이를 통해 새로운 지식을 창출하며, 대상세계에 대한 이해의 폭을 넓혀줄 수 있다. 또한 학자집단간 권력을 배분하고, 세력균형을 유지시켜주어 특정 집단의 독주를 방지하고, 학회 간 건전한 라이벌의식을 조성시켜 연구행위에 활력을 불어넣어줄 수도 있다. 반면에 분화로 말미암아 연구행위의 결과에 대한 무책임성의 일반화, 학회의 상업화, 논문의 질 저하, 불필요한 중복연구, 학자간의 파벌조성 등과 같은 부정적인 결과가 야기될 수도 있다. 이렇듯 체육학의 분화가 가져다 줄 수 있는 결과는 이중적임에도 불구하고 기존의 논의에서는 주로 부정적인 측면에 초점을 맞추어왔다. 다음 장에서는 체육학자들이 체육학의 분화를 부정적으로 보는 이유에 대해 알아보도록 하겠다.

4. 체육학 분화에 대한 부정적 시각: 비판적 검토

앞 장에서 설명하였듯이 체육학의 분화는 긍정적인 결과와 부정적인 결과 모두를 가져올 수 있다. 따라서 분화에 대한 체육학자들의 평가도 다양하게 나타난다. 체육학의 분화를 체육학의 발전의 한 양상으로 보는 사람도 있고, 응용학문으로서의 체육학이 걸어가야 할 당연한 현상으로 파악하고 있는 사람도 있다(김기웅, 1995; 강준호, 2001). 그러나 대부분의 체육학자들은 이와 같은 분화 현상을 그다지 긍정적으로 보고 있는 것 같지는 않다(정웅근, 1987; 김정명, 1997; 박현우, 1997; 전태원, 1997; 김영환, 1998; 김동규, 2002). 대부분의 체육학자들은 '체육학의 분화는 그다지 바람직하지 않으며 종국에는 총체적인 통합으로 지양되어야한다'는 입장을 취하고 있다. 그렇다면 그들은 왜 그렇게 생각하는 것일까? 체육학자들이 체육학의 분화를 부정적으로 보고 궁극적으로는 통합으로 지양되어야 한다고 생각하는 이유를 크게 세 가지로 나누어 설명할 수 있다. 첫째 이유는 분화가 체육학의 학문적 정체성을 혼란시킨다는 믿음과 관련이 있으며, 둘째 이유는 1970년대에 발표된 리스와 크리시(Ries, H./Kriesi, H., 1974)의 체육학발전과정모형과 관련이 있고, 셋째 이유는 학문 일반의 분화와 관련하여 발표된 몇몇 인문학자들의 비판적인 입장과 관련이 있다. 이상에서 언급한 세 가지 이유가 어느 정도나 타당성을 지닐 수 있는지 검토해 보자.

첫째, 다수의 체육학자들이 주장하고 있듯이 체육학의 분화와 전문화는 정말로 체육학의 학문적 정체성을 혼란시키고 있을까? 이들은 체육학의 분화로 말미암아 개별 분과학문들과 분과학자들은 존재해도 체육학과 체육학자는 "더 이상" 존재하지 않는다고 말한다. 이들이 말하는 체육학 또는 체육학자는 도대체 어떤 종류의 학문이며 학자일까? 그러한 학문이나 학자가 존재한 적은 있었을까? 또한 모학문에 의존하지 않고 체육을 연구할 수 있는 가능성이 실제로 존재할 수 있을까? 모든 개별분과학문을 아우르는 통합적 체육학의 구성이 정말로 가능할까?

지금까지 체육학계, 특히 스포츠철학계에서는 모학문에 의존하지 않고 체육학만의 독자적인 연구방법을 개발하기 위하여 많은 노력을 기울여왔다. 또한 분화에 대항하여 대안적인 체육학 이론모형, 통합적 체육학 이론모형이 제시되어왔다. 이러한 노력과 관련하여 김정명, 신현군, 정응근, 오정석 등의 연구를 언급할 수 있다. 그러나 이들이 주장하는 체육학이 정말로 모학문에 의존하지 않는 독자적인 체육학일까? 이들이 주장하는 체육학이 분화하는 체육학의 통합에 기여하였을까? 결과는 그렇지 않다. 이들 대부분이 제시하고 있는 체육학의 독자적이고 새로운 연구방법이란 것은 이미 현상학, 해석학 등과 같은 철학의 영역에서 오래전에 언급된 내용들일 뿐이다. 이러한 이론틀을 체육학에 도입하는 것이 새로울지는 모르겠다. 그러나 이론틀 그 자체는 결코 새로운 것이 아니다. 또한 이들의 노력은 분화하는 체육학의 통합에 기여하기보다는, 오히려 또 다른 이론틀의 도입을 통해 체육학의 분화에 기여하고 있다는 생각을 떨쳐버릴 수 없다. 체육학의 독자성과 자율성을 찾으려는 이들의 노력을 전적으로 부정하는 것은 아니지만 과연 그러한 노력이 결실을 맺을 수 있을지도 의문이다.

한편, 이들이 견지하고 있는 독자적인 연구방법과 연구대상, 그리고 지식체계를 갖추어야지만 하나의 자율적인 학문으로 성립할 수 있다는 논리에도 의문의 여지가 많다. 이러한 논리가 수학, 철학, 물리학, 화학 등과 같은 순수학문에는 들어맞을지 모르겠지만 여성학, 노동학, 체육학 등과 같은 응용학문에는 걸맞지 않기 때문이다. 이와 관련하여 강준호는 다음과 같이 말하고 있다.

> "체육학은 기본적으로 응용학문이다. … 모든 응용학문은 다양한 모학문의 관점과 원리를 이용하여 공통된 대상을 좀 더 체계적으로 이해하려고 한다는 점에서 유사하다. 응용학문의 대상이 복잡해질수록 보다 다양한 관점의 연구가 늘어나게 된다. 체육학의 대상은 인간의 신체활동이다. 운동역학과 스포츠철학이 한 지붕아래 있을 수 있는 이유는, 사람이 몸을 움직이는 현상을 연구의 대상으로 한다는 것 외에는 아무 것도 없다."(강준호, 2001, 1-2)

강준호의 말처럼 체육학은 하나의 응용학문으로서 필연적으로 모학문의 관점과 원리를 이용할 수밖에 없는 입장이고, 그런 의미에서 체육학이 분화될수록 체육학의 학문적 정체성은 더욱 모호해진다는 주장은 설득력을 잃게 된다. 그럼에도 불구하고 여전히 그렇게 주장하는 사람이 있다면 그 사람은 분명 체육학의 학문적 성격을 오해하고 있는 것이다. 체육학을 기초학문 또는 순수학문과 동질적인 학문으로 상정하고 그러한 기준에서 체육학만의 독자적인 연구방법과 연구대상, 지식체계를 찾고자 애를 쓰는 것과 같다. 다시 한 번 강조하지만, 체육학은 타학문의 이론틀을 도입하여 체육현상을 다양한 각도에서 관찰하고 기술하며 설명하는 복합학문적 성격을 띤 학문이다. 그리고 이러한 학문적 특성으로 인하여 체육학이 위기를 당한 적은 지금까지 한 번도 없었다. 오히려 각 분과학문의 연구가 세분화되고 전문화되면서 타학문으로부터 체육학도 학문적 엄밀성을 지닌 학문분야가 될 수 있다는 점을 인정받게 되었다. 체육학의 분화로부터 야기될 수 있는 문제는 학문적 정체성이 아니라 다른 곳에서 찾아져야만 할 것이다.

둘째, 몇몇 체육학자들은 체육학이 당연하게 1970년대 초반에 출현한 발달모형(Ries, H./Kriesi, H., 1974)에 따라 발전해가야만 한다고 생각하는 것 같다. 이 발달모형에 따르면 체육학은 대체로 다음과 같은 3단계의 과정을 거치면서 발전한다. 첫째는 모학문의 주변부에서 체육과 스포츠에 관한 연구를 수행하던 학자들이 함께 모여 공동으로 연구할 필요성을 느끼게 되며, 이의 실현을 위하여 상호간 의사소통의 가능성을 모색하는 단계이다. 둘째는 체육 및 스포츠를 연구하는 학자 간에 인터디시플린 및 멀티디시플린적 상호작용이 증가하고, 상호간 국내 및 국제적 협력의 가능성을 모색하며, 국제적 수준의 학문기구가 구성됨으로써 제도적 틀을 갖추게 되는 단계이다. 그리고 셋째는 문제영역이 명료화되고, 독자적인 이론과 패러다임이 발달하며, 체육과 스포츠를 연구하는 하위분과들이 새로운 학문영역으로서의 체육학(영문 또는 독문에서 단수로 표기되는)으로 통합되는 단계이다. 이 세 단계를 그림으로 나타내면 다음과 같다.

1단계: 모학문에서 분리의 움직임이 나타나는 단계

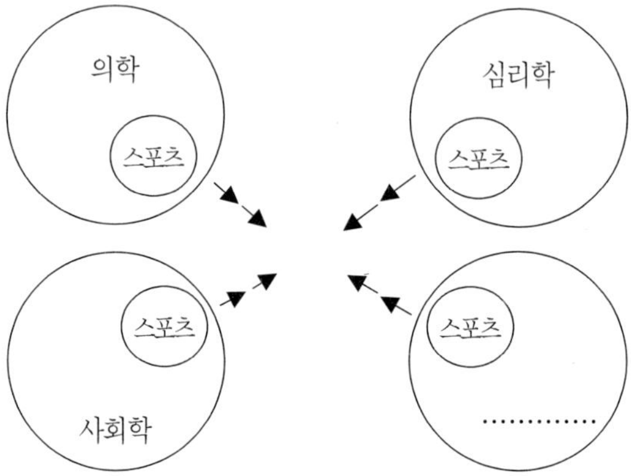

2단계: 각 모학문에서 분리된 영역들이 병렬상태로 모이는 단계

스포츠 의학	스포츠 심리학	스포츠 사회학	....

3단계: 각 영역들이 공동의 목적을 위해 상호교류하며 하나로 통합하는 단계

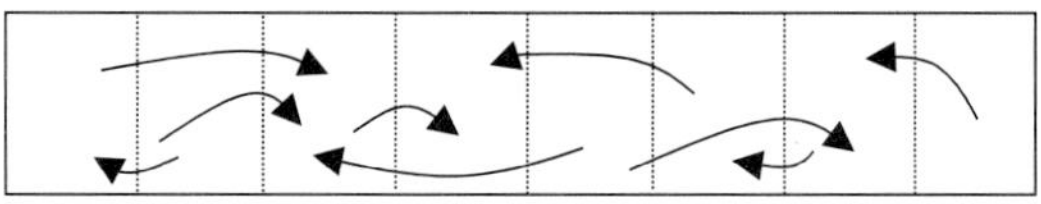

<그림 1> Ries와 Kriesi(1974)의 체육학발달모형

화이트와 지글러는 모학문에서 분리된 개별분과들이 인터디시플리너리한 단일과학으로 통합되는 2단계에서 3단계로의 발달과정을 다음과 같이 3단계로 보다 세분화하기도 하였다. 즉 아래의 <그림 2>에서 보는

바와 같이 병렬과학의 단계에서 목적이 다양한 종합과학의 단계를 거쳐 인터디시플리너리한 통합과학의 단계로 나눈 바 있다(White/Zeigler, 1972).

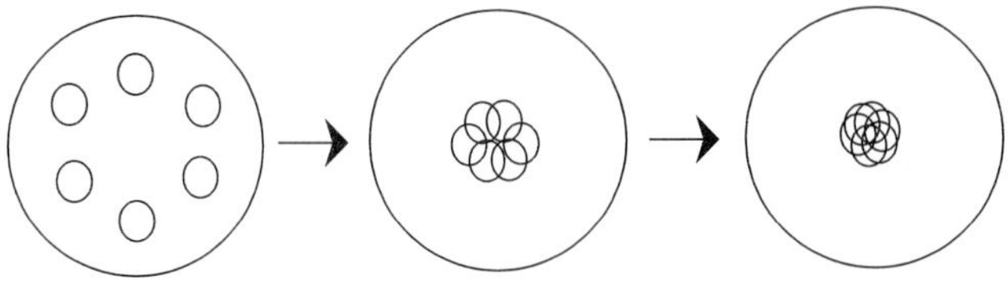

병렬과학의 단계 종합과학의 단계 통합과학의 단계

<그림 2> White와 Zeigler(1972)의 체육학발달모형

분화하는 체육학이 통합되어야만 한다는 당위의 근거로서 곧잘 제시되고 있는 위의 학문발달모형은 두 가지 문제점을 지니고 있다.

첫째, 이 학문발달모형을 한국 상황에 무비판적으로 적용할 경우에 문제가 나타날 수 있다. 이 모형을 신뢰하고 있는 한국의 체육학자들은 한국의 체육학이 현재 두 번째 단계에 도달해 있다고 생각하고 있는 듯하다. 따라서 각 분과학문들은 모학문에의 천착이나 전문화를 지양하고 이제는 상호간의 벽을 허물고 공동의 목적을 위하여 상호 교류하는 세 번째 단계로 도약해야만 한다고 주장한다. 그러나 이 모형이 출현한 미국 또는 유럽 체육학계의 상황과 한국 간에는 간과할 수 없는 차이가 존재한다. 미국과 유럽의 경우 1단계를 충분히 거친 후에 2단계에 이른 반면에 한국의 체육학은 1단계를 충분히 거치지 않고 막 바로 2단계에서 시작하였다. 따라서 한국의 체육학은 구미지역에 비해 모학문에 대한 배경지식이 매우 빈약한 실정이다. 이러한 상황에서 서둘러 세 번째 단계로 진입하려는 노력은 그러한 노력의 옳고 그름을 떠나 사상누각의 우를 범할 가능성을 높여준다. 오히려 현 시점에서 한국의 체육학자들에게 더욱 필요한 노력은 각 분과별 전문화 및 모학문에 대한 천착이다.

둘째 문제는 체육학의 현실적 발전양상이 이 모형이 제시하는 방식대로 전개되지 않는다는 사실에서 찾아질 수 있다. 1970년대에 이루어진 화이트와 지글러의 예측과는 달리 체육학은 더욱 더 세분화하고 있다. 현재의 추세로 미루어 볼 때 체육학의 세분화는 앞으로도 계속될 전망이며, 이러한 경향은 체육학의 하위분과에까지도 파급될 것으로 예상된다. 다시 말해 체육학의 개별 하위분과가 또다시 여러 하위분과들로 세분화되는 경향이 나타날 수도 있다. 현재 체육학의 개별분과들이 모델로 삼고 있는 모학문들 자체가 세분화되고 있는 추세로 미루어 짐작할 때 이러한 예측은 충분한 타당성을 지닌다.

30여 년 전에 설정된 체육학의 이상적 자아상과 현실적 자아상의 괴리는 해를 거듭할수록 더욱 커져만 가고 있다. 이상과 현실의 괴리를 제거하기 위해서 필요한 노력은 전통적인 가치기준의 완강한 고수가 아니라 과거에 설정한 가치기준의 비판적 점검이다. 현재 상황에서 오직 전통적인 가치기준만을 고수할 때 이상과 현실간의 괴리는 결코 좁혀지지 않을 것이다.

셋째, 어떤 체육학자는 인문학자의 학문분화에 대한 평가에 기대어 체육학의 분화를 비판하고 통합을 제창하고 있다. 학문의 분화를 우려의 시각으로 보고 통합을 종용하는 인문학자 가운데 대표적인 인물로 김우창과 조동일을 언급할 수 있다. 김우창은 분화된 학문이 통합으로 지양되어야만 한다고 말하고 있다. "대학에서 학문이 너무 분화하는 것은 바람직하지 않다. 전문화로 분화하면서도 한편으로는 통합해 가야 한다. 통합 작용이 없이 전부 분화해 가기만 하는 것은 분파주의이고 근본적으로는 돈의 문제다"(동아일보, 2002년 11월 28일). 조동일 역시 김우창과 비슷한 생각을 견지하고 있다. "학문의 분화가 발전의 당연한 방향이라고 하는 근대의 사고를 청산하고 근대 극복의 단서를 마련하기 위해서 분화와 통합을 함께 갖추는 이론을 마련해야 한다. 거기서 더 나아가, 개별학문이 중간통합학문을 거쳐 학문일반에 이르는 길을 찾아야 한다"(조동일, 1997, 111).

이들의 견해는 앞서 각주에서 언급한 체육학자들의 통합론과는 다소 차이를 보여주고 있다. 위의 인용문을 잘 음미해보면 이들이 학문분화를 전적으로 부정하는 것 같지는 않다. 이들의 주장 속에는 분화를 수용하되 동시에 통합의 노력 또한 기울여야만 한다는 생각이 깔려있다. 반면에 체육학자들의 통합론은 다소 배타적인 뉘앙스를 지닌다. "본래 각 학문은 그 나름대로의 독특한 개념과 범주와 내용을 가지면서 그 정체성을 지키려하고 타 학문에 환원되기를 거부하는 것이 상례"이나 "우리 체육학은 그 학문적 환원을 자청하고" 있다는 정응근(1987, 6)의 말이나 "체육학자는 사라지고 운동생리학자, 스포츠사회학자, 스포츠심리학자만이 있을 뿐"이라는 김동규(2002, 270)의 말, 또는 "새로운 분야가 계속 생기고 우리의 체육 분야가 걷잡을 수 없는 방향으로 나가게 되면 체육의 장래는 어떻게 될지 아무도 예측하지 못한다."는 김영환(1998, 3)의 말에서 이러한 뉘앙스를 확인할 수 있다.

이들의 걱정처럼 체육학의 분화와 전문화는 부정적이기만 한 것일까? 또한 분화된 체육분과학문의 통합, 즉 "진정한" 체육이론의 구성은 현실적으로 가능한 일일까? 분화의 문제를 가장 심도 있게 다루고 있는 사회학분야로 눈을 돌려보자. 뒤르켐에서 파슨스에 이르는 고전 사회학은 체계분화의 단계마다 그에 적합한 새로운 통합의 가능성을 추구해왔다. 그러나 이러한 노력이 통합보다는 오히려 분화된 체계들 간의 갈등만을 야기 시켰다는 것이 현대 사회학자들의 견해이다. 쉐퍼의 말을 들어 보자. "시대에 뒤쳐진 사회학의 형식은 통합이 해체보다 낫다는 의미에서 여전히 통합이라는 사회적 목표를 고집하고 있다."(발터 리제 쉐퍼, 2002, 26) 현대 독일 사회학의 선두 주자라고 할 수 있는 루만 역시 "갈등이란 바로 부분 체계를 지나치게 엄격하게 통합하려고 한 결과일 수 있다. 차이가 유지될 수 있도록 형성하기 보다는 오히려 차이를 없애려고 하는 시도가 곧바로 투쟁으로 이어진다."고 말함으로서 무리한 통합을 경고하고 있다(Luhmann, 1997, 604).

장상호 역시 "모든 분과학문의 지식을 하나의 구조로 통합하려는 시도는 엄두를 내기 어려울 만큼 지나치게 커다란 과제이고, 가능성 역시 희박하다"(2003, 561)고 말하고 있다. 그는 또한 "모든 지식을 하나로 통일시킬 것을 주장하는 학문의 통일에 대한 신조는 하나의 도그마이거나 희망일 수는 있으나 사실은 아니다. 결국 모든 분과학문은 하나가 될 것이라거나 혹은 하나이어야 한다는 사실을 결과로 분명하게 도출시킬 수 있는 어떤 자료도 없다"(Schwab, 1964, 10)는 슈압의 견해를 인용하면서 자신의 입장을 분명히 하고 있다.

거대이론을 구상하려던 근대 철학의 시도가 좌절되었고 이러한 노력을 "거대 담론의 난파"로 비유하고 있는 현대 철학계의 상황을 종합적으로 고려할 때 분화를 우려하는 이들의 견해는 너무나도 단순하고, 통합을 요청하는 이들의 바램은 너무나도 소박하다. 이들의 주장 밑바탕에는 이제는 사라진 근대성(modernity)의 전체성에 대한 망령이 도사리고 있다. 안세권(2004)은 분화하는 학문을 하나로 통합하려는 시도가 얼마만큼 시대에 뒤진 노력인지 적절하게 지적하고 있다.

현재의 시점에서 우리에게 필요한 노력은 무리한 통합보다는 각 분과학문의 독자성을 인정하면서 각 학문 간의 소통 기회를 확대시켜 나가는 일이다. 다음 장에서는 각 분과학문 간 소통 기회의 확대 노력이 필요한 이유를 설명하도록 하겠다.

5. 체육학의 분화: 보완책

앞 장에서 체육학의 분화를 우려의 시각으로 보고 그 대안으로서 통합을 제시하는 입장들의 논거를 비판적으로 검토하였다. 체육학의 분화가 체육학을 정체성 위기상황으로 몰아간다는 논리나 그렇기 때문에 분화된 분과학문들은 하나로 통합되어야 한다는 논리는 여러 면에서 문제의 소지가 있음을 지적했다. 그렇다고 체육학의 분화가 아무런 문제를 야기 시키지 않는다거나 그 어떤 종류의 통합 노력도 불필요하다는 말은 아니다. 학문의 세분화는 어떤 면에서 심각한 문제를 야기 시키고 있다. 그리고 이러한 문제를 최소화하기 위해서는 어느 정도의 학문교류 또는 통합노력이 필요하다. 먼저 학문의 분화로 인하여 야기될 수 있는 문제점을 알아보자. 학문의 분화로부터 야기될 수 있는 가장 큰 문제는 "연구행위의 결과에 대한 무책임성의 일반화"이다. 벡은 이 점과 관련하여 다음과 같이 말하고 있다.

> "고도로 분화된 노동 분업에 따라 사회는 일반적으로 복잡해지며, 이 복잡성에 의해 일반적으로 책임소재가 불분명하게 된다. 모든 사람이 원인이자 결과이며, 따라서 원인이 아니다. 원인은 행위자와 조건, 반응과 역반응의 일반적인 아말감 상태로 급격히 변하며, 이에 따라 체계 개념은 확실성과 대중성을 얻게 된다. … 우리는 무엇인가 할 수 있으며 그에 대해 개인적 책임을 지는 일 없이 그것을 계속하고 있다"(울리히 벡, 1997, 72).

분과학문의 각 영역에서 연구에 종사하고 있는 체육학자들 역시 자신의 연구가 그 어떤 위험한 결과를 야기 시킬 수 있는지에 대한 충분한 고려 없이, 즉 연구 결과에 대해 개인적 책임을 지는 일 없이 그것을 계속하고 있다. 예컨대 스포츠의학자들은 경기력을 향상시키기 위하여 도핑컨트롤에 적발되지 않는 새로운 약물들을 계속해서 만들어내고 있고, 스포츠경영연구자들은 스포츠시설 건립에 필요한 적절한 입지조건을 계속해서 찾아 나서고 있다. 약물로 인한 선수의 잠재적인 건강훼손이나 스포츠시설 건립에 따른 개연적 환경오염은 그들의 연구에 있어서 그다지 큰 고려의 대상이 아니다. 벡은 이러한 과학의 경향을 "일차적 과학화"라고 불렀다. 일차적 과학화의 단계에서 과학은 과학적 회의주의를 대상에게만 적용할 뿐 과학 자신에게는 적용하지 않는다. 벡은 이러한 모순으로부터 야기되는 문제를 해결하기 위해서 "성찰적 과학화(reflexive Verwissenschaftlichung)"가 필요하다고 말한다.

성찰이란 자신을 되돌아보는 것이다. 외부와 대상세계로 향하던 과학의 비판적 시각을 과학 자신에게로 되돌리는 작업이 성찰적 과학화이다. 루만은 성찰을 "제2차질서의 관찰"이라고도 불렀다. 성찰 또는 제2차질서의 관찰은 과학 자체가 갖고 있는 구조적인 결함으로 인해 쉽게 이루어질 수 없다. 이 구조적인 결함은 관찰의 "사각지대"(루만)라는 말로 표현되어질 수 있다. "사각지대란 대상 세계를 관찰하기 위해 도입한 구분이 다시 자기 자신을 관찰할 수 없다는 것을 의미한다."(발터 리제쉐퍼, 2002, 41)

이와 같은 구조적 결함으로 인하여 모든 관찰자 또는 모든 개별과학은 성찰에 어려움을 겪을 수밖에 없다. 이 문제를 해결하기 위해서 필요한 노력은 무엇보다도 분과학문 간의 교류이다. 분과학문B는 분과학문A가 볼 수 없는 것을 볼 수 있다. 상호교류를 통해 분과학문A는 분과학문

B를 통해 자신이 볼 수 없는 것은 볼 수 없다는 사실과 자신이 구조적으로 결함을 갖고 있다는 사실을 자각하게 된다. 이러한 자각은 자신의 행위와 그 결과에 대한 성찰의 단초를 제공한다.

이와 같은 분과학문 간의 상호교류는 무엇보다도 각 분과학문 상호간 서로가 서로의 존재를 인정하고 있다는 가정 하에서만 가능하다. 상대방의 독자성과 고유성을 인정하지 않고서는 참된 의미에서의 상호교류가 불가능하다. 다시 말해 총체적 통합이라는 배타적 시각을 가지고서는 분과학문 간의 상호교류가 불가능하다는 말이다. 현실적으로 필요한 것은 상호존재의 인정이라는 토대 위에서 이루어지는 부분적, 한시적 통합이다. 이러한 통합은 소규모로 이루어지는 학제 간 통합세미나나 특정 주제를 중심으로 이루어지는 대학원개설 학제 간 세미나를 통해 달성될 수 있다.

1. 스포츠의 의미

스포츠(sports)란 단어의 기원은 프랑스어 desporter에서 찾을 수 있다. desporter는 '일에서 떠나서 논다(to leave of work, hence to play)'는 의미를 지닌 말로서 중세시대에 영국으로 건너가 disports로 되었다. 이 disports에서 앞의 di가 없어지고 오늘날 우리들이 쓰고 있는 sports가 된 것이다. 불어 desporter는 '~에 몰두하다 또는 빠지다(carry away)'라는 뜻을 지닌 라틴어 disportare에서 기원하였다. 스포츠가 오늘날과 같은 의미로 쓰이기 시작한 것은 19세기부터이다. 당시 영국인들은 산업(industry)이라는 말과 함께 스포츠란 말을 처음으로 사용하였으며, 이것을 전 세계로 보급시켰다. 이제 이 말의 정확한 의미를 알아보도록 하자.

1) 스포츠의 고전적 정의

스포츠란 무엇일까? 우리는 일상생활에서 스포츠란 말을 매우 자주 듣거나 사용하고 있다. 또한, 일상적인 대화에서 스포츠란 말이 의미하는 바를 부연설명하지 않고도 이 말이 뜻하는 바를 쉽게 전달할 수 있고 이해할 수 있다. 그러나 학문적 관점에서는 상황이 매우 달라진다. 체육학, 사회학, 문화학 분야에서 스포츠는 명확하게 규정하기가 매우 어려운 개념 가운데 하나로 알려져 있다. 이 말이 매우 다의적으로 사용되고 있기 때문이다. 이 절에서는 스포츠의 고전적인 정의를 알아보고, 이와 같은 고전적 정의가 지금도 여전히 통용될 수 있는지 논의하기로 한다.

스포츠사회학 또는 스포츠철학에서 스포츠는 "놀이성과 규칙성, 그리고 경쟁성을 강하게 띠며, 신체활동이 주가 되는 인간의 행위양식"으로 정의되고 있다. 즉 스포츠의 특징은 놀이성, 규칙성, 경쟁성, 신체활동성이라는 말이다. 그렇다면 이와 같은 특징들은 어떻게 나타났을까? 먼저 놀이성부터 알아보자.

스포츠의 가장 큰 특징을 들라고 한다면 많은 사람들은 주저하지 않고 놀이적 성격을 말할 것이다. 이와 같은 특징은 오래 전부터 여러 학자들에 의해 지지되어 왔으며, 여전히 지지 받고 있다. 일상생활에서도 우리는 '스포츠' 하면 우선적으로 '놀이적 분위기'를 떠올린다. 스포츠는 놀이적 특징을 가질 뿐만 아니라 놀이 그 자체이기도 한 것이다. 『놀이하는 인간"(homo ludens)』의 저자 호이징가도 스포츠가 놀이성을 상실하면 더 이상 스포츠일 수 없다고 말한 바 있다. 그렇다면 놀이성이란 무엇이며, 놀이란 개념은 어디에서 비롯된 것일까? 아리스토텔레스에 따르면 인간의 활동은 크게 두 가지 종류로 나누어질 수 있다. 행위와 노동이 그것이다. 행위란 "목적이 그 자체에 담겨있는 활동"이고, 노동은 "외부로부터 부과된 목적을 지향하는 활동"이다.

아리스토텔레스가 인간 활동의 한 영역으로 언급한 행위의 개념은 놀이의 의미와 부합한다. 쉴러 이후, 그리고 호이징가가 『놀이하는 인간

(*homo ludens*)』을 출간한 이후 지금까지 줄곧 놀이는 인간의 자유로운 활동으로 간주되어 왔다. 놀이가 자유로운 활동일 수 있음은 무엇보다도 어떠한 외적 목적에도 봉사하지 않으며, 오직 활동 자체가 목적인 행위이기 때문이다. 놀이는 그 자체가 목적인 목적적 활동이다. 반면에 노동은 그 자체가 목적인 활동이라기보다는 오히려 외부에서 주어진 목적을 달성하기 위한 수단적 활동이다. 전통적으로 스포츠는 노동의 영역보다는 놀이의 영역에 속한 활동으로 인식되어 왔다. "스포츠는 무목적적 활동이다."라든가 "스포츠는 자유로운 또는 자발적인 활동이다."라는 주장은 이와 같은 전통적 스포츠관에서 출발하고 있다. 여기서 한 가지 유념해야만 할 점은 노동과 놀이의 구분이 활동유형에 따른 구분이 아니라 태도에 따른 구분이라는 사실이다. 다음의 이야기는 이 점을 아주 분명하게 보여준다.

"매일 저녁이면 소년들이 시끄럽게 떠들며 노는 거리에 한 노인이 혼자 살고 있었다. 하루는 너무 소란스러워서 그는 소년들을 그의 집으로 불러들였다. 그는 그들에게 자신은 그들이 노는 것을 좋아하기는 하나, 청력이 쇠하여 더 이상 그들이 노는 것을 듣지 못하겠다고 이야기했다. 그는 아이들에게 매일 와서 그의 집 앞에서 시끄럽게 놀아 달라고 부탁했다. 만일 그렇게 하면 그는 각자에게 25센트씩 주겠다고 했다. 다음날 그 아이들은 다투어 달려와 그의 집 앞에서 매우 큰 소란을 일으켰다. 노인은 아이들에게 돈을 주면서 다음날에도 와달라고 했다. 다시 아이들은 소란을 피웠고 그 노인은 다시 돈을 주었다. 다음날 아이들은 15센트씩밖에 받지 못했다. 게다가 그 노인은 아이들에게 네 번째 날에는 5센트씩으로 줄이겠다고 했다. 소년들은 화가 나서 노인에게 이제 오지 않겠다고 말했다. 그들은 하루에 5센트만을 위해 소란을 피울 가치가 없다고 말했다."

위의 이야기는 아이들의 자유롭고 자발적인 놀이가 돈을 받기 위한 노동으로 변질되는 과정을 잘 보여주고 있다. 이렇게 볼 때 스포츠활동은 활동참가자의 태도 여하에 따라 노동이 될 수도 있고 놀이가 될 수도 있다. 이러한 의미에서 칼 딤(Carl Diem)은 외부 목적(경제적인 목적)에 봉사하는 프로스포츠는 스포츠가 아니라고 말하기도 했다.

이제 스포츠의 두 번째 특징인 규칙성에 대하여 알아보자. 놀이에는 두 가지 종류가 존재한다. 즉흥적인 놀이와 규칙에 의해 통제되는 놀이가 그것이다. 아이들의 놀이를 살펴보면 이 점이 분명해진다. 아이들의 놀이 가운데는 아무런 규칙 없이 그냥 즉흥적으로 떠들고 노는 놀이가 있는 반면에 역할분담, 시간 및 공간적 제약, 놀이방식 등과 같이 사전에 규칙이 부여된 놀이도 있다. 여기서 뒤에서 언급한 놀이, 즉 사전에 규칙이 부여된 놀이를 영어로 게임(Game)이라고 부른다. 한 마디로 규칙에 의해 통제되는 놀이라고 할 수 있는 게임에는 소꿉장난, 강강술래, 말타기, 술래잡기, 자치기, 사방치기, 동네축구, 제기차기 등과 같이 다양한 활동들이 포함되어 있다.

한편 게임, 즉 규칙에 의해 통제되는 놀이도 경쟁성이 없는 것과 경쟁성이 있는 것 두 가지로 나누어질 수 있다. 역할놀이인 소꿉장난이나 강강술래는 승패를 가리는 게임이 아니다. 즉 경쟁성이 내재되어 있는 활동이 아니라는 말이다. 반면에 술래잡기, 자치기, 사방치기, 고무줄, 제기차기 등과 같은 놀이는 승패를 가리는 활동이다. 여기서 후자를 일컬어 경기(Athlet)라고 한다. 경기라는 말은 그리스어 경쟁(athlos)과 상(athlon)에서 유래하였다. 즉 경기란 규칙에 의해 통제되는 놀이 활동 가운데서 포상을 목적으로 하는 경쟁적 활동인 것이다. 인류학자들의 연구에 따르면 경쟁적인 사회에서는 경쟁적인 게임(경기)이 유행하며, 비경쟁적인 사회에서는 비경쟁적인 게임이 많다고 한다.

경기에서 승패를 가리는 데 주요 역할을 하는 것은 지적인 능력이 될 수도 있고, 신체적인 능력이 될 수도 있다. 모든 경쟁에서 이기기 위해서는 이 두 가지 능력이 모두 요구되지만 활동의 종류에 따라 어느 한 가지 능력의 역할이 더욱 중요하게 되는 경우가 많다. 예를 들면 바둑이나 장기와 같은 경기에서 승패를 좌우하는데 중요한 역할을 하는 것은 신체적 능력보다는 지적인 능력이다. 반면에 100m 달리기에서 상대방을 이기는데 있어서 중요한 것은 지적인 능력보다는 신체적 능력이다. 승패를 가리는 데 있어서 신체적 능력이 중요한 역할을 담당하는 경기를 스포츠라고 부른다. 스포츠는 한 마디로 규칙에 의해 통제되며, 동시에 경쟁적인 활동으로서, 이 경쟁에서 승리하는데 신체적 조건이 지적인 능력보다 중요한 역할을 담당하는 놀이라고 정의할 수 있다.

이상에서 스포츠의 고전적 정의에 대하여 알아보았다. 이와 같은 스포츠의 고전적 정의는 오늘날 여러 측면에서 도전받고 있다. 먼저 프로스포츠가 등장하면서 놀이성 또는 자발성이 스포츠냐 아니냐를 결정하는 기준에서 제외되어야만 한다는 견해까지도 등장하고 있다. 프로스포츠선수들은 돈을 벌기 위한 목적으로 스포츠에 참여하기 때문에 그들의 활동은 더 이상 행위 자체가 목적인 놀이라고 할 수 없기 때문이다.

한편 최근에는 바둑이 스포츠냐 아니냐는 논쟁까지 나타나고 있다. 바둑협회가 대한체육회에 가입하면서 바둑도 스포츠가 될 수 있다는 주장이 나타나게 된 것이다. 이러한 경향은 고전적 스포츠의 정의에서 스포츠를 규정하는 주요 특징 가운데 한 가지인 "경쟁에서 승부를 가리는 데 신체활동이 주가 되는"이라는 특성마저도 무시되어야 한다는 결론으로 이끌어간다. 요즘은 E-Sports라는 말도 등장하고 있다. 컴퓨터게임을 이르는 말이다. 과연 이러한 두뇌플레이가 핵심인 컴퓨터게임을 스포츠라고 불러도 좋을지 의문이다.

이외에도 지금까지 없었던 새로운 종목들이 등장하여 스포츠의 대열에 끼어들려고 애를 쓰고 있다. 이들 가운데 뚜렷하게 경쟁성이 드러나지 않는 종목들도 있다. 예컨대 번지점프나 조깅이 그 대표적인 예이다. 이러한 활동을 과연 스포츠라고 부를 수 있을까?

복합성과 복잡성을 특징으로 하고 있는 현대 사회에서 모든 것이 불분명해져가고 있고 스포츠 역시 그 의미가 점차 애매해져가고 있다. 이러한 의미에서 어떤 학자는 스포츠를 정의하려는 노력을 "도달할 수 없는 지평선에 도달하기 위한 노력"과 같이 헛된 노력이라고 일축한다. 다음에는 이러한 입장을 견지하고 있는 학자의 주장을 알아보도록 하겠다.

2) 스포츠의 정의 불가능성

맥브라이드(F. McBride)는 1975년 출판된 스포츠철학저널 창간호에 "스포츠의 정의 불가능에 대하여(Toward a non-definition of sport)"란 논문을 실었다. 그는 이 글의 서두에 다음과 같이 썼다. "내가 이 논문을 쓴 목적은 스포츠라는 개념을 정의하려는 불필요한 노력을 단념시키기 위해서이다."

왜 그는 스포츠 개념을 정의하려는 노력을 불필요하다고 생각했을까? 그가 그렇게 생각한 이유는 다음 네 가지 명제로 요약될 수 있다. 첫째, 스포츠개념의 내포와 외연 중 어느 것도 간결하지 않다. 둘째, 스포츠개념의 내포를 간략하게 한정시키려는 노력은 실패하거나 조건을 수반한 명문화에 그치고 말 것이다. 셋째, 스포츠 개념은 일상생활에서 너무나도 다양한 의미로 사용되기 때문에 그 의미와 쓰임을 몇 마디말로 규정하는 일은 불가능하다. 넷째, 따라서 스포츠철학자는 스포츠를 정의하느라고 시간을 낭비할 필요가 없다. 이하의 논의에서는 맥브라이드가 자신이 제기한 위의 네 가지 명제를 어떻게 논증했는지 살펴보기로 하겠다.

(1) 첫 번째 명제의 논증

개념은 내포(intension)[3]와 외연(extension)으로 이루어진다. 삼각형이란 개념을 예로 들면 '세 변을 가지며 내각의 합이 180도인 도형'이 내포이고, 이러한 특성을 지닌 모든 기하학적 도형, 즉 이등변삼각형, 직각삼각형, 정삼각형 등이 외연이다. 동물 개념의 외연은 원숭이, 호랑이, 개, 고양이 등이고, 학자라는 개념의 외연은 철학자, 수학자, 사회학자, 체육학자 등이다. 이상의 예에서 삼각형의 내포와 외연은 구분이 명확하며 구성 요인이 확실하다. 즉 어떤 도형이 삼각형인지 아닌지를 쉽게 밝힐 수 있다. 그러나 외연과 내포가 불명확하여 간결하게 한정할 수 없는 경우에 개념은 애매모호해진다. 특정 개념이 애매모호하거나 명확하게 되는 경우는 다음 네 가지로 나누어진다.

첫째, 외연이 명확하고, 내포가 애매한 경우(예: 人間)
둘째, 외연이 애매하고, 내포가 간결한 경우(예: 正義)
셋째, 외연이 명확하고, 내포가 간결한 경우(예: 三角形)
넷째, 외연이 애매하고, 내포도 애매한 경우(예: 게임)

3) 내포는 정의(definition)라고도 부른다.

스포츠는 외연과 내포 모두 애매하다. 그 이유는 두 번째 및 세 번째 명제를 논증할 때 설명되어질 것이다. 즉 두 번째 명제를 논증하면서 스포츠개념의 내포가 애매한 이유를 설명할 것이고, 세 번째 명제를 논증하면서 스포츠개념의 외연이 애매한 이유를 설명할 것이다.

(2) 두 번째 명제의 논증

스포츠 개념의 내포가 간결할 수 없는 이유는 스포츠 개념의 정의가 너무 편협하거나 광범위하기 때문이다. 즉 정의가 통상적으로 포함시켜야할 바를 포함시키지 않았다면 편협할 것이고, 포함시키지 말아야 할 바까지 포함하고 있다면 너무 광범위하고 할 수 있다. 예를 들면 게임이란 개념을 볼을 가지고 하는 행위로 정의할 경우에 베드민턴, 등산, 스케이트 등은 볼을 가지고 하지 않기 때문에 게임에 포함될 수 없으므로 그와 같은 게임 개념의 정의는 너무 편협하다고 할 수 있다. 두 번째 주장을 검증하기 위해서 먼저 스포츠의 개념정의(내포)를 제시하고, 그 개념정의가 편협하고 광범위하다는 점을 논증할 것이다.

일반적으로 스포츠를 규칙이 지배하는 활동으로 정의하고 있다. 이러한 정의는 매우 편협하다. 왜냐하면 구기와 비교할 때 낚시, 스키, 암벽등반 등은 규칙이 지배하는 활동이라고 할 수 없기 때문이다. 또한 이러한 정의는 광범위하다. 왜냐하면 군대, 학교, 병원, 나아가 사회 자체도 규칙에 의해 지배되기 때문이다.

그렇다면 놀이의 특성인 자발성의 요인을 부가시키면 어떨까. 즉 스포츠를 자발성과 규칙의 요소를 지닌 활동으로 정의한다면 어떨까? 이 정의 역시 편협하다. 이 정의대로라면 타의에 의해 경기에 참여한 선수가 있을 경우에 그 경기는 스포츠에서 제외되어야만 하기 때문이다. 또한 너무 광범위하다. 왜냐하면 이 정의대로라면 자발적으로 지원한 군인의 군사훈련활동도 스포츠에 포함시켜야만 하기 때문이다.

스포츠를 자의성과 규칙의 요소를 지니며, 개인이 발휘할 수 있는 신체적 탁월성을 테스트할 수 있는 활동이라고 정의하면 어떨까? 언뜻 생각해볼 때 이 정도의 정의라면 대부분의 스포츠에 비교적 무리 없이 적용될 수 있을 것 같다. 그러나 이 정의 역시 편협하다. 예컨대 낚시나 사냥은 스포츠에 포함될 수 있으나 그러한 활동을 통해서는 개인이 발휘할 수 있는 신체적 탁월성을 테스트할 수 없기 때문이다. 또한 이 정의는 광범위하다. 이 정의에 따르면 서커스나 스턴트맨의 활동 역시도 스포츠에 포함될 수 있기 때문이다.

(3) 세 번째 명제의 논증

옥스포드 영어사전(Oxford English Dictionary)을 찾아보면 sport의 의미가 다섯 면을 차지하고 있으며, 용법도 127가지나 된다. 이 중에서 일부는 잘 쓰이지 않아 사어(死語)가 되었지만 대부분은 현재까지 쓰이고 있다. 이와 같이 스포츠는 dry, land, subject 등의 단어와 마찬가지로 문맥에 따라 그 의미가 달라지므로 그 의미를 몇 마디로 규정한다는 것은 무의미하다.

(4) 네 번째 명제의 논증

첫 번째와 두 번째 주장은 스포츠개념의 애매성을, 세 번째 주장은 다의성(多意性)을 다루었다. 즉 스포츠는 애매성과 다의성 두 속성을 모두 갖추고 있다. 과연 우리는 127가지나 되는 의미를 모두 포괄할 수 있는 스포츠의 정의를 만들어낼 수 있을까? 사실상 그것은 불가능하다.

즉 스포츠라는 개념은 너무 의미가 다양하기 때문에 한 마디로 정의되어질 수 없다.

3) 스포츠를 정의하려는 또 다른 시도들[4)]

앞서 살펴보았듯이 자발적이며, 규칙이 지배하는 경쟁적 신체활동이라는 스포츠의 고전적 정의는 여러 측면에서 도전받을 수 있으며, 실제로 도전받고 있다. 특히 최근 들어 프로스포츠가 활성화되고 있고, 바둑과 체스는 물론 매우 비활동적인 스포츠경기관람까지도 스포츠활동의 범주에 포함시키려는 노력이 나타나면서 스포츠의 고전적 정의는 점차 설득력을 잃어가고 있다.

이런 여러 가지 어려움 때문에 스포츠를 '일종의 가족 유사성을 지닌 활동'으로 파악하려는 시도도 있다. 한 가족을 이루는 구성원들은 모두 서로 닮은 요소를 조금씩 지니고 있다. 아버지와 아들은 눈이 닮았고, 형제간에는 입이 닮았으며, 아들과 어머니 사이에는 코가 닮았다는 식으로 말이다. 하지만 그들 모두를 포괄해서 가족의 특징이라고 얘기할 수 있는 어떤 요소를 찾아내기란 쉽지 않다. 이처럼 가족 유사성이란, 개별적인 요소들 사이에서 조금씩 닮은 점들이 있지만 전체에 공통된 어떤 특징을 뽑아내기는 힘든 상황을 묘사할 때 흔히 사용하는 표현이다. 마찬가지로 스포츠 역시 가족 유사성처럼 각각의 종목들 사이에서는 서로 유사한 요소들을 찾을 수 있지만 스포츠 전체를 아우르는 공통된 특징을 찾아내기는 어려운 영역이라고 할 수 있다.

가족 유사성의 개념은 방대한 스포츠의 세계를 나름대로 정리할 수 있도록 해주고 새로 생겨나는 스포츠를 스포츠의 범주 안에 쉽게 포함

4) 이 내용은 정준영(2003)의 저서 19-23쪽을 참고하여 작성하였다.

할 수 있도록 해준다는 점에서 상당한 유용성을 지닌다. 하지만 스포츠가 가족 유사성을 지닌 활동이라는 것이 곧 스포츠에 대한 정의라고 하기는 어렵다. 가족 유사성을 통해 스포츠가 약간의 유사성과 차이를 지니는 다양한 개별 활동들의 총체라고 얘기할 수는 있지만 그 활동의 성격이 무엇인가에 대해서는 답할 수 없기 때문이다.

이런 맥락에서 예술에 대한 정의처럼 스포츠를 일종의 제도로 보는 시각이 도움이 될 수 있을 것 같다. 스포츠를 제도로 보자는 것은 어떤 사회에서 하나의 제도로 정립되어 스포츠로 널리 인정되고 있는 것들을 스포츠로 간주하자는 것이다. 따라서 축구와 농구, 야구 등은 이론의 여지없이 스포츠다. 반면 숨바꼭질이나 고무줄놀이 등 어린이들이 즐기는 많은 놀이들은 스포츠의 영역에 포함되지 않는다. 후자의 경우에도 경쟁의 요소가 분명히 들어 있으며 나름대로의 규칙도 있지만 스포츠에 포함되는 활동과 달리 이 놀이들은 정형화된 사회적 제도를 갖추고 있지 못해 스포츠로 인식되지 않기 때문이다. 따라서 스포츠의 영역은 결코 고정되어 있는 것이 아니다. 과거 남성들이 즐기는 단순한 오락으로 분류되었던 당구라든지 퇴폐적인 여가 행위로 인식되었던 스포츠 댄스가 오늘날 당당히 스포츠의 일종으로 분류되고 있다는 점이 이를 증명한다. 이외에도 청소년들이 즐기는 스케이트보드나 산악 자전거, 인라인 스케이트 등의 극한 스포츠 extreme sports . x-game들도 규칙 체계를 갖추고 독자적인 조직 기구가 형성되면서 점차 스포츠의 영역으로 들어오고 있다.

한편 제도로서 스포츠를 파악하는 시각은 스포츠 관람 행위를 스포츠 활동의 영역에 무리 없이 포함시킬 수 있다는 이점도 갖는다. 스포츠 제도가 정당한 스포츠활동이라고 인정한 활동에 참여하는 사람들은 모두 스포츠활동에 참여하는 것으로 볼 수 있기 때문이다. 당연히 여기에는 직접 스포츠를 하는 활동뿐 아니라 그것을 관람하는 행위까지 포함된다.

마지막으로 스포츠 제도론을 받아들이면 특정 활동만이 스포츠로 분류되고 다른 활동들은 스포츠에서 배제되는 맥락에 대해 고려할 수 있다. 왜 1990년대 말 우리 사회에서 갑자기 스포츠댄스가 스포츠로 분류되기 시작했을까? 중세 시대의 대표적인 스포츠활동 중 하나였던 마상창시합이나, 독일의 사회학자 엘리아스(Norbert Elias)가 스포츠의 특성을 가장 잘 보여주는 스포츠라고 주장했던 여우 사냥은 왜 오늘날 더 이상 스포츠로 간주되지 않을까?

이런 질문은 스포츠 영역 내에만 머물러서는 스포츠 관련 논의를 제대로 펼칠 수 없다는 점을 시사한다. 우선 스포츠에 대한 정의 자체가 사회 집단들 간의 경쟁, 갈등, 타협의 산물이며 스포츠의 변화 과정에는 겉으로 보기에 스포츠와 아무 관련이 없는 다양한 사회적 요인들이 개입해 영향을 미치기 때문이다.

2. 스포츠의 가치

스포츠의 핵심은 운동이다. 운동 중에서도 대근을 사용하여 활발하게 움직이는 신체활동이 스포츠이다. 그러나 인간이 스포츠를 할 때 외관적으로 관찰할 수 있는 신체적 움직임만을 행하는 것은 아니다. 동시에 보고, 생각하고, 판단하는 정신활동, 그리고 기쁨과 좌절, 성취감, 긴장감 등과 같은 심리활동도 동시에 이루어진다. 인간이 스포츠를 할 때는 이렇듯 육체의 움직임뿐만 아니라 정신적, 신체적, 심리적 측면도 함께 참여한다. 스포츠의 가치는 이와 같은 다양한 측면에서 찾아져야만 할 것이다.

1) 생리적 가치

인간은 약 삼십만 년 전 오늘날과 같은 신체-생물적 구조를 가진 존재로 진화되어 나온 이후 수십만 년 동안 줄곧 신체운동에 크게 의존하면서 살아왔다. 먹이를 구하기 위하여, 자신의 생명을 위협하는 적으로부터 도망치기 위하여, 또는 다른 어떤 목적을 위하여 부지런히 신체를 움직여야만 했다. 가만히 앉아 있다가는 굶어 죽거나 먹혀 죽기 십상이었다. 그러나 과학과 기술이 발달하면서 사람들은 몸을 움직이지 않아도 살아갈 수 있게 되었으며, 그 결과 일상에서 신체운동의 양은 현저하게 줄어들고 있다. 이렇게 삶의 방식이 변했다고 해도 거부할 수 없는 사실은 신체를 많이 움직여야 살아남는 인간의 진화론적인 생물학적 구조 자체는 변화하지 않은 채 삼십만 년 전과 똑같은 상태로 남아있다는 점이다. 따라서 신체를 건강하고, 적절하게 유지하기 위해서는 어느 정도의 운동량이 필요하다는 결론이 나온다. 그러나 현대 사회에서는 신체를 건강하게 유지하는 데 필요한 만큼도 움직이지 않고 살아가는 사람들이 늘어가고 있다. 이러한 운동부족은 이미 많은 의학적 연구에 의해 소위 현대병 또는 성인병의 주요원인으로 지적되고 있다. 이 점을 황수관은 다음과 같이 말하고 있다.

"오늘날에 살고 있는 우리는 어느 때보다 문화의 혜택을 가장 많이 받고 있으며, 윤택한 삶을 살고 있음을 자부하고 있다. 그런데 오늘날 우리의 건강은 과거 어느 때보다 더 건강한 최상의 컨디션(well-being condition)을 갖고 있는가? 한마디로 그렇지 못하다. 우리 인체의 각 기관은 신체활동을 해야만 제 기능을 충분히 수행할 수 있도록 되어 있다. 즉 근육은 근육대로 적당한 신체활동을 해야 발달되고, 심장은 심장대로 운동을 해야 그 기능이 발달되는 것이다. … (그러나) 과학의 발달로 모든 사회구조가 자동화됨에 따라 우리의 신체활동이 급속히 감소하게 되었다. 자동차, 엘리베이터, 세탁기를 비롯한 모든 기구들이 우리의 신체활동을 대신하고 있기 때문에 우리 인체는 운동부족증을 나타나게 되었다. … 이로 인해 우리 인체는 무기력해 지고 각종 질환에 대한 저항력이 떨어지며, 정서가 불안하고 매사에 의욕이 감소되는 등 건강이 점점 나빠지게 되어, 결국 소위 말하는 현대병인 심장병, 고혈압, 뇌졸증, 당뇨병, 암, 신경통 등의 성인병이 증가하게 되었다."

위의 인용문이 말하고 있듯이 현대 사회에서 건강하게 살아가기 위해서는 적절한 신체운동이 필요하다. 그리고 스포츠는 무엇보다도 신체운동을 핵으로 하는 인간의 활동양식이다. 스포츠를 수행하는 동안 신체의 각 부위를 들거나, 뻗고, 지르고, 비틀면서 또는 온 몸을 사용해서 뛰고, 달리고, 뒹굴면서 일상에서 소홀했던 신체운동을 보충할 수 있다. 스포츠를 규칙적으로 수행하게 되면 근육이 굵어지고, 탄력성이 커지며, 수축과 확장의 범위가 커지고 지구력이 강하게 된다. 반복적인 스포츠 훈련을 통해 근육이 굵어지면 에너지원이 되는 물질인 글리코겐, 크레아틴인산, 크레아틴, 아데노신 등이 증가되며, 미오글로빈을 증가시켜 지구력이 좋아진다. 또한 허파의 크기를 증대시켜 폐활량이 커지며 결과적으로 산소섭취량이 증가되어 에너지 발생이 더욱 활발하게 된다. 또한 스포츠활동은 대뇌피질의 지각력, 통합능력을 증대시키며 근지각, 자세지각, 운동지각을 개선하여 신경기능을 향상시켜 동작이 민첩하고 정확해진다. 스포츠는 이상에서 열거한 생리적 효과 외에도 영양의 소화, 흡수 능력을 향상시켜 신진대사를 왕성하게 해준다. 따라서 스포츠는 현대 사회에서 많은 사람들에게 운동부족으로 쇠약해진 신체의 생리적 기능을 다시 회복시켜주는 치유제로 인식되고 있다.

2) 심리적 가치

스포츠의 심리적 가치는 사회생활에서 오는 심리적 스트레스의 해소라는 측면과 인간의 근원적인 공격충동의 합법적 발현이라는 두 가지 측면에서 살펴 볼 수 있다.

과학과 테크놀로지의 비약적 발달로 표현될 수 있는 현대문명은 인간에게 안락하고 편안한 생활을 보장해 주었지만 여러 가지 부작용도 부수하였다. 무절제한 개발로 자연환경이 심각하게 파괴되었고, 사고방식이 합리화되면서 개인과 개인 간의 친밀성이 급격하게 감소하고 있으며, 작업이 분화되고 다양화되면서 노동과정이 의미를 잃게 되었다. 현대인은 기계의 부속품처럼 일을 하고 있으며, 대중 속에 있으면서 외로움과 고독을 느끼고 있고, 예측 불가능한 실직과 사고를 염려하면서 불안한 삶을 살아가고 있다. 이러한 현대인의 일상적인 삶은 여러 가지 방식으로 사회구성원 개개인에게 스트레스로 작용한다. 이와 같은 여건 속에 그대로 방치할 경우에 인간은 크나큰 욕구불만 상태가 되어 노이로제에 걸리거나 정신질환 또는 신체질환에 걸리기 쉽다.

스포츠는 생활 속에서 받게 되는 스트레스를 적절하게 해소시켜줄 수 있는 매우 좋은 방법이다. 사람들은 스포츠에 직접 또는 간접적으로 참여하면서 복잡다단한 일상적 세계로부터 잠시나마 벗어나 모든 문제를 잊고 행위에 몰두할 수 있다. 일상적 사회생활에서 용납될 수 없는 방식으로 고래고래 소리를 지르거나 달리고, 차고, 때리고, 뛰면서 내면에 뭉쳐있는 스트레스요인들을 마음껏 발산할 수 있는 것이다.

인간은 공격성이라는 근원적 경향을 지닌 존재이다. 공격성이 적절히 표출될 때 개체는 심리적인 안정을 찾을 수 있다. 그러나 사회생활에서 공격성의 무제한적 표출은 용납되지 않는다. 공격성을 표출하게 되면 당연히 법적 제재를 받게 된다. 따라서 인간의 공격성은 교육, 도덕, 관습, 법 등 여러 가지 내적 및 외적 통제를 통해 억제되도록 길들여진다. 그런데 공격성이 과도하게 억제되면 개개인은 욕구불만의 상태가 되어 이유 없는 반사회적 행동을 하게 되고, 이유 없는 반항을 하기도 한다. 이러한 경향은 특히 혈기가 가장 왕성한 시기인 청소년기에 가장 심하게 나타난다. 따라서 이러한 근원적 경향을 합리적으로 표출할 수 있는 기회를 제공해 주어야만 한다.

스포츠는 매우 효과적이고 합리적인 방식으로 근원적 경향인 공격성을 표출할 수 있는 방법이 될 수 있다. 예를 들면 권투는 남을 때리고 싶은 공격 충동을 합법적으로 표출할 수 있게 해주며, 특히 신체의 접촉이 심한 축구나 럭비 같은 스포츠는 투쟁하고 싶은 근원적 경향을 합리적으로 표출할 수 있게 해준다. 제도화된 스포츠 외에도 다양한 어린이의 놀이 활동도 이와 동일한 효과를 나타낼 수 있다. 예를 들면 어린이 놀이인 닭싸움이나 기마전, 말타기 등은 인간의 근원적 경향을 표출할 수 있는 좋은 방법이다.

이와 같이 스포츠는 사회생활에서 결코 나타내서는 안 되고, 나타낼 수 없는 인간의 근원적 경향, 즉 공격성을 합법적이고 합리적인 방식으로 발산시킬 수 있는 기회를 주어 인간으로 하여금 심리적인 안정을 되찾게 해줄 수 있는 것이다. 사회생활과 양립할 수 없는 인간의 본능적 충동, 공격적 충동을 스포츠활동이라는 가상적 환경을 만들어 거기에서 대상행위를 시킴으로써 욕구불만을 해소시킬 수 있다는 데에 스포츠의 심리적 가치가 있다.

3) 사회적 가치

스포츠는 사람들에게 다양한 방식으로 사회화의 기회를 제공해 준다. 아니 스포츠 활동에 참가하는 것 자체가 사회화의 과정이다. 사회화란 개인이 자신이 속한 사회에서 통용되고 있는 가치와 규범을 의식적, 무의식적으로 습득하고 내면화하는 과정이다. 개인은 이러한 과정을 겪은 연후에야 비로소 원만한 사회생활을 할 수 있게 된다. 스포츠는 사회에서 통용되고 있는 다양한 가치들을 반영하고 있기 때문에 스포츠에의 참여는 자연스럽게 그러한 가치들을 만나고 체득하는 과정으로 이어진다. 예컨대 질서의식, 규칙준수, 페어니스(fairness), 스포츠맨십(sportsmanship) 등과 같은 스포츠의 내재적 가치는 일반적인 사회규범으로서도 높은 가치를 지니며, 청소년들은 스포츠에 참여함으로써 이러한 가치들을 의식적, 무의식적으로 체득할 수 있고, 그와 같은 기회를 통하여 사회인으로서 모범적인 생활태도를 갖게 된다.

스포츠는 또한 경쟁사회의 다양한 가치들을 학습할 수 있는 기회를 제공한다. 아직 사회에 발을 들이지 않은 청소년은 성인이 되어서나 경험할 수 있는 '진지성의 세계'를 스포츠에 참여함으로써 직접 체험할 수 있다. 스포츠는 승리와 패배, 강함과 약함, 용기와 비겁, 협동과 대립 등과 같은 경쟁사회의 양립된 가치들을 폭 넓게 내포하고 있기 때문이다. 이와 같은 비정한 가치 이외에도 한 팀에 소속됨으로써 다른 팀구성원들로부터 관심과 보호를 받게 되고 그에 따라 신뢰감과 친밀감, 동료의식, 사랑의 가치를 습득할 수도 있다.

청소년의 사회화과정에서 대중매체를 통해 부각되는 스포츠 스타의 역할 역시 무시할 수 없는 부분이다. 가정이라는 좁은 울타리에서 벗어나 성인사회의 문턱에 들어서고 있는 청소년들은 대부분 수없이 산재하고 있는 행위규범의 홍수 속에서 방향을 잡지 못하고 방황한다. 스포츠 스타는 이들에게 확실한 규범적 이정표를 제시해 줌으로써 일정한 행동 방식을 정착시키는 역할을 한다. 즉 그들은 청소년들이 일상생활에서 어떻게 처신해야 하는지, 어떤 옷을 입어야 하는지, 어떤 것을 마셔야 하는지를 알려주는 이정표 역할을 한다. 사회가 스포츠 스타들에게 직접 및 간접적 방식으로 바르게 행동할 것을 요구하는 이유는 바로 그들의 행동 하나 하나가 청소년들의 사회화에 크나큰 영향을 미칠 수 있기 때문이다.

이상에서 스포츠는 사회구성원들, 특히 청소년들에게 바람직한 사회화의 기회를 제공해 준다는 점을 설명하였다. 이와 같은 주장은 여러 경험적 연구 결과에 의해 뒷받침되고 있다. 독일에서 발표된 여러 편의 논문들은 스포츠에 규칙적으로 참여하는 청소년이 그렇지 않은 청소년보다 친구 사귀는 것을 더 좋아했고, 사교성(친구 사귀는 기술)도 높았으며, 의사소통능력도 뛰어났다고 보고하고 있다. 또한 이들은 일방적으로 현실적응 지향적이지도 않고, 일방적으로 자기중심적이지도 않아서 부모와 갈등이 적고, 동년배와 잘 화합하고 있다고 보고하고 있다.

제4장 스포츠의 기원

스포츠는 언제부터 시작되었을까? 이 물음은 스포츠를 어떻게 규정하느냐에 따라 그 대답이 달라진다. 앞 장에서 스포츠는 정의하기에 매우 힘든 개념이라고 했다. 그런 이유에서 스포츠의 기원에 대한 설명도 구구각색이다. 역사학자들에게 스포츠의 기원을 물으면 대개 원시 또는 고대사회에서 행해진 사냥이나 전투행위, 제례의식 등이라고 말한다. 예를 들어 베르나르 죄는 스포츠의 근원을 고대의 의식, 즉 장례의식과 입문의식, 결혼의식 등에서 찾았다. 레이몽 토마 역시 스포츠의 탄생을 고대, 특히 고대 그리스의 역사에서 찾았다. 베르나르 질레도 스포츠를 구성하는 세 가지 요소로서 유희, 투쟁, 격렬한 육체활동을 들고 있는데, 이것은 고대 로마의 검투사의 사투나 중세기사의 토너먼트를 설명하는 데는 적합하다는 점에서 베르나르 죄나 레이몽 토마의 주장과 일맥상통하는 면이 있다.

그러나 과연 유희, 투쟁, 격렬한 육체활동만으로 스포츠의 특성을 분명하게 드러내 줄 수 있을까? 노르베르트 엘리아스는 이러한 설명이 현대적 의미에서의 스포츠에 적용하기에는 너무나 광범위하고 불완전한 척도이라고 생각했다. 즉 이러한 설명은 너무 일반적이며 스포츠를 스포츠가 아닌 인간의 활동과 확연하게 구별해주지 못한다는 것이다. 스포츠는 노동이나 전투, 먹이사냥, 생존투쟁 등의 활동과는 분명하게 구별되는 인간의 독특한 행위양식이다. 물론 이러한 활동과 스포츠 간에 어느 정도의 연속성은 인정되지만 양자 간에는 분명하게 구별되는 특징이 있다. 이러한 활동들이 민중놀이로서 변형되어 수행되어 오다가 일정한 시점에서 어떤 특징들이 강조되면서 스포츠로 변화하게 되는데 이러한 과정을 엘리아스는 "스포츠화"라고 불렀다.

그렇다면 스포츠를 사냥이나 싸움 또는 전투와 같은 다른 유사활동들로부터 구별해줄 수 있는 특징은 무엇일까? 엘리아스에 따르면 그것은 "공격충동의 억제"이다. 스포츠는 공격충동의 억제를 특징으로 하는 공격적 행동양식이라는 것이다. 이러한 의미에서 콘라트 로렌츠(1996)는 스포츠를 "문화적으로 발달된 규칙 중 가장 엄격한 것에 의해 다스려진 비적대적인 전투의 특히 인간적인 형태"라고 정의한 바 있다. 이렇게 볼 때 스포츠는 공격성의 자유로운 발산을 특징으로 하는 싸움이나 전투 또는 쟁투(agon)와 다르며, 또한 고등한 척추동물의 재미있는 놀이와도 차별화된다.[5] 그럼에도 불구하고 스포츠의 기원에 대한 탐색은 전투 또는 쟁투의 특징인 공격성의 기원에 대한 설명에서 시작해야만 한다. 공격성은 스포츠의 필요충분조건은 아니지만 필요조건임에는 틀림없기

---

5) 이 점에 대해 콘라트 로렌츠는 다음과 같이 말한다. "두 마리 개의 재미있는 놀이는 개가 크기나 힘에 있어 다를지라도 모든 경쟁적 요소를 엄격히 제한함으로서만이 가능하다. 한편 스포츠에 있어서는, 스키나 스케이팅에서처럼 기술적인 운동 그 자체의 즐거움이 지배적인 종류에 있어서조차 그것을 잘 해내는 데는 항상 어떤 자부심이 있고, 그리고 경쟁이 없는 스포츠는 없다. 이 점에서 인간의 스포츠는 동물놀이보다 심각한 싸움에 더 가까운 종류이다. 또한 스포츠는 대부분의 동물(놀이)에서는 증명할 수 있을 정도로 결여되어 있는 공격적 동기를 포함하고 있다는 것도 의심할 나위가 없다."(1996, 310-311)

때문이다. 따라서 이 장에서는 먼저 공격성의 기원을 알아보고, 이러한 근원적 경향이 어떤 계기에 의해 강화 또는 억압받게 되었는지, 그리고 억압에 대한 반응으로서 어떤 행동양식들이 개발되어왔는지 살펴볼 것이다. 우리는 이러한 일련의 탐색과정을 통해 점차 스포츠의 기원을 이해하게 될 것이다.

1. 공격성의 기원

모든 생물들의 삶은 싸움의 과정이다. 육안으로 식별할 수 없을 정도로 작은 바이러스에서부터 거대한 코끼리에 이르기까지 지구상에 존재하는 모든 생물들의 삶은 싸움과 투쟁의 과정이다. 생물들은 도대체 왜 서로 싸울까? 우리가 통상적으로 생각하고 있듯이 "생존을 위한 방어 또는 먹이사냥"이 싸움을 하는 가장 중요한 이유일까?

생물들의 싸움은 크게 타종간의 싸움과 동종간의 싸움으로 나누어진다. 그리고 흥미롭게도 자연계에서 목격되고 있는 대부분의 싸움은 동종 간에 이루어진다. 개미는 개미끼리, 개는 개끼리, 인간은 인간끼리 서로 치열하게 싸운다는 말이다. 이 점을 규명하기 위해서 노벨상을 수상한 바 있는 로렌츠라는 생물학자는 다음과 같은 실험을 하였다. 즉 스물다섯 종의 열대어를 종별로 각각 네 마리씩 백 마리를 비교적 작은 크기의 어항에 넣어 두고 관찰하였다. 여기서 자기와 같은 종의 물고기를 물어뜯을 확률은 3/96이었다. 그러나 며칠 동안 물고기들 간의 물어뜯은 횟수를 살펴보니 자기와 같은 종의 구성원을 물어뜯은 수와 다른 종을 물어뜯은 것에 대한 비율은 대략 85/15였다고 한다. 즉 물고기들 간에 이루어진 치열한 싸움은 대개 동종 간에 이루어진다는 것이다(콘라트 로렌츠, 1996, 27-35).

이 관찰결과는 싸움의 주요 동인이 “생존을 위한 방어 또는 먹이사냥”에 있다는 상식에 대한 재고(再考)를 강요한다. 같은 종끼리의 싸움은 생존을 위한 방어나 먹이사냥과는 무관한 싸움이기 때문이다. 그렇다면 왜, 그리고 무슨 목적을 달성하기 위하여 같은 종으로서의 동물은 서로 싸우며 인간들마저 똑같은 행위를 저지를까? 심리학자들에 따르면 싸움이 일어나는 가장 큰 원인은 각 개체의 내면에 존재하는 공격본능에 있으며, 이 공격본능은 생존을 위한 먹이사냥에서 보다는 동종간의 싸움에서 보다 강력하게 표출된다고 한다.

여기서 한 가지 의문이 떠오른다. 공격본능을 과연 본능이라고 부를 수 있을까? 본능이란 본래 개체의 생명과 종족을 보존하려는 자연적 성향을 의미한다. 본능하면 대개 떠올리는 식욕, 수면욕, 성욕 등이 이와 같은 기능과 밀접하게 연관되어 있음은 명백하다. 식욕과 수면욕은 개체의 생명을 유지시키는 기능을 하며, 성욕은 종족을 보존하는 기능을 한다. 하지만 공격욕은 어떠한가? 대개의 경우 동족을 향해 분출되는 공격욕구는 개체의 생존에도 종족의 보존에도 도움이 되지 않는 것처럼 보인다. 그런 욕구를 과연 본능이라고 부를 수 있을까?

정신분석학자 프로이드 역시 공격욕구라는 본능적 욕구를 놓고 적지 않은 고민을 했다. 본능이란 앞서 말했듯이 개체의 생존 또는 종족의 보존과 관련되는데, 겉보기에 공격욕은 개체의 생존에도, 종족의 보존에도 별로 도움이 되기 않기 때문이다. 따라서 그는 공격욕구를 개체의 생명과 종족 보존을 목적으로 하는 생본능(生本能 eros)과 구별해서 죽음의 본능(死本能 tanatos)이라고 불렀다. 프로이드에 의하면 공격성이란 인간 내부에 있는 죽음의 본능이 외부로 표출되어 타인에게 전가시키려는 노력이다. 이 충동이 내부로 향하게 되면 자신을 학대하고 극단적인 경우에는 자살에까지 이르게 되지만, 밖으로 향하게 되면 외부대상에 대해서 공격적인 행동으로 표출된다는 것이다. 여기서 한 가지 의문이 떠오른다. 본능이란 삶을 목적으로 하는 것인데 죽음 또는 죽임을 목적으로 하는 욕구를 과연 본능이라고 부를 수 있을까?

로렌츠는 이 문제를 탐구하기 위해 온갖 종류의 생물들의 공격적 행동을 연구하였다. 그리고 결국 프로이드가 죽음의 본능이라고 부른 공격욕이 종족보존을 위해 필요한 욕구라는 가설을 제시하였다. 로렌츠에 따르면 공격욕은 세 가지 면에서 종족의 생명을 지속시키는데 도움이 된다. 첫째, 살 수 있는 환경 전반에 걸쳐 같은 종의 동물이 균형 있게 분포할 수 있도록 해준다. 즉 공격욕으로 말미암아 동족의 동물들은 서로를 견제하게 되며, 싸움을 피하기 위해 서로로부터 멀어지게 되고, 그 결과 그 종족이 생존할 수 있는 지역의 범위가 확대됨으로서 전반적으로 그 종족은 생존하기에 유리하게 된다. 식량을 구할 수 있는 범위가 그만큼 넓어지기 때문이다. 둘째, 배우자 선택과정에서 라이벌싸움에 의한 최강자 선택을 통해 그 자손이 번성하는 쪽으로 진화하도록 하게 한다. 다시 말해 강한 수컷의 씨를 받고 태어난 2세는 약한 수컷의 씨를 받고 태어난 2세보다 생존확률이 높기 때문에 동종 간에 치열한 배우자 쟁탈전이 벌여져야만 하며, 이것을 가능하게 하는 것이 바로 공격성이라는 말이다. 셋째, 공동체에 대한 모든 위협에 대처하여 무리 중 약한 짐승들을 보호하게 한다(콘라트 로렌츠, 1996, pp. 36-65). 이상에서 보았듯이 공격성은 분명 종족의 생존에 유리한 성향이라고 말할 수 있으며, 그러한 이유에서 공격성은 진화의 과정에서 모든 생물들의 본능으로 자리잡게 되었을 것이다.

2. 공격성의 강화와 공격성 해소기회의 감소[6)]

공격적인 성향은 초식동물보다는 육식동물에게서 보다 강하게 나타난다. 인간 역시 원숭이 생활을 청산하고 땅으로 내려와 수렵생활을 시작한 후부터 신체적으로 더욱 강해지고 심리적으로 더욱 공격적이 되었다.

땅위에 내려온 초기의 인간이 짐승을 추적하던 일은 스포츠가 아니라 죽느냐 사느냐의 문제였다. 뛰어난 사냥꾼이 되기 위해서 인류는 육체적으로 정신적으로 필요한 자질을 갖추어야 했다. 육체적인 면에서 원숭이시절에는 나무에 오르고 매달리는 기능이 중요했다면 이제는 빨리 달려가는 능력이 절실하게 요구되었다. 뒷발로 자세를 유지하면서 긴 다리로 바닥을 차고 달려 짐승을 몰아가는 능력은 절대적으로 필요했던 것이다. 짐승을 포획하기 위해서는 민첩하고 뛰어난 단거리 주자인 동시에 지구력을 갖춘 장거리 주자로서의 자질도 요구된다. 또한 짐승을 죽이기 위해서는 뛰어난 조준력이 요구되고 무기를 잡거나 던지는데 적합한 양손의 구조가 필요했다.

정신적 능력에도 변화가 요구되었다. 원숭이 시절 나무에 매달려있는 과일을 따는 단순한 행동과 사냥은 근본적으로 달랐다. 지혜, 작전, 용기가 필요했던 것이다. 짐승을 죽이기 전까지 힘을 적절히 분배하고 집중하는 능력, 궁지에 몰려 필사적으로 덤벼드는 짐승 앞에서 기세가 꺾이지 않는 용기도 필요했을 것이다. 이리하여 사냥을 생업으로 삼았던 인류의 조상은 늠름한 근육과 높은 지적 수준, 그리고 용맹성을 갖게 되었다. 종족보존을 위해 형성되어 수렵생활 시기에 사냥활동을 통해 더욱

---

6) 이 내용은 Desmond Morris(1981)의 저서 *The Soccer Tribe*을 참고하여 작성한 것이다.

강화된 인간의 공격적 성향은 수십만 년을 살아오면서 자연스럽게 본능으로 굳어졌던 것이다.

수십만 년 이상을 사냥과 채집을 하면서 살아온 인간은 차츰 짐승을 사냥하러 돌아다니는 것보다 짐승을 잡아다 사육하는 것이, 야생 과일이나 곡식을 찾아다니는 것보다 한 곳에 정착하여 곡식을 재배하는 것이 훨씬 유리하다는 점을 깨닫게 되었다. 그리하여 약 1만 년 전 토지에 정착하기 시작한 우리의 조상들은 차츰 착실하고 온순한 농경민으로 변해갔다. 그렇지만 1만년은 수십만 년 동안 몸속에 지녀왔던 습성을 바꾸기에는 지나치게 짧은 기간이었다. 평온하고 단조로운 농경생활은 인류가 수십만 년 동안 몸속에 지녀왔던 공격적인 기질을 충분하게 발휘할 수 있도록 허락하지 않았다. 이러한 성향은 부족 간에 심심치 않게 이루어지던 전쟁으로도 충분하게 해소되지 못했다. 인간들에게는 짐승을 추적하면서 겪게 되는 모험적인 상황과 흥분감, 위기, 그리고 막바지에 이르러 짐승을 잡아 죽일 때 느끼는 그 절정감이 여전히 필요했던 것이다.

그 본능을 충족시킬 방법은 매우 간단히 얻어졌다. 사냥을 계속하는 것이었다. 그러나 이 사냥은 수렵생활을 하던 시기에 식량조달을 목적으로 하는 사냥과는 근본적으로 달랐다. 그것의 목적은 생존이 아니라 기분전환이었던 것이다. 국가가 생겨나고 도시화가 진행되면서 사냥행위도 여의치 않게 되었다. 사냥할 공간이 점점 줄어들었기 때문이다. 이에 따라 취미활동으로서 사냥의 흥분을 맛볼 기회도 거의 상실되었다. 이때 고대 로마인이 취한 해결책은 콜로세움이라는 거대한 원형투기장을 건설하여 상실된 사냥의 흥분을 사람들의 손에 되돌아오게 한 것이었다. 세계 각지에서 로마 제국으로 야생 짐승이 보내졌으며, 콜로세움에서는 대대적인 유사사냥행위가 자행되었고, 사람들은 이것을 보고 열광했다. 기원후 1세기경 콜로세움 개장기념으로 하루에 5천 마리의 짐승이 살육되었으며, 그 후 이어진 100일 동안 약 9천 마리의 짐승이 죽었다고 한다.

사냥의 흥분을 되살리기 위한 인류의 노력은 이후에도 계속되었다. 그러한 노력의 결실 가운데 한 가지가 투우이다. 투우 역시 고대 로마에서 인기 있는 볼거리였으며 오늘날에도 여전히 인기를 끌고 있다. 고대의 원형경기장과 비슷한 모습의 필드에서 펼쳐지는 투우는 피를 동반한다는 점에서 사냥의 잔재가 여전히 남아있는 경기이다. 중세의 유럽에서는 억압된 공격욕구를 해소하기 위하여 고양이를 태워죽이거나 황소를 놀리는 행위를 만들어내기도 하였다.

3. 스포츠의 기원[7)]

문명화과정이 근원적 공격충동의 통제와 억압을 동반한다는 사실은 상식에 속한다. 도덕, 의무, 규율, 법 등과 같은 제도는 많은 부분에서 인간의 공격본능을 억제하고 통제하기 위해 개발되었다. 이 과정에서 인류는 억압된 공격성을 다양한 방식으로 해소할 수 있는 방법, 엘리아스의 표현을 빌자면 "분을 삭이는(let off steam)"방법을 개발하였다. 앞서 언급한 사냥 또는 유사사냥이 그 대표적인 방법이다. 그러나 문명화가 진행되면서 이러한 행위는 대중에게 혐오감을 주었으며 그 대안으로 등장한 것이 스포츠이다. 대부분의 스포츠는 공격적인 동기를 포함한다. 따라서 스포츠의 주요기능은 공격적 충동의 카타르시스적 발산에 있다고 할 수 있다. 스포츠는 한 마디로 해롭지 않은 방식으로 공격성을 발산시키는 간단하고 효과적인 방법인 것이다.

---

7) 이 내용은 이동연 외(1998)의 『스포츠, 어떻게 읽을 것인가』에 실린 김종엽의 글 "쿠베르탱 남작의 현대 올림픽 창설"을 참고하여 작성한 것이다.

스포츠가 처음으로 출현한 때는 18세기이며, 출현 장소는 영국이다. 엘리아스는 이 점을 그의 논문 "사회학적 문제로서 스포츠의 기원(Die Genese des Sports als soziologisches Problem)"에서 상세하게 다루고 있다. 그가 예를 들고 있는 스포츠는 영국 대검귀족들의 여우 사냥이다. 여기서 말하는 여우 사냥은 단순히 여우를 잡는다는 의미에서의 사냥행위가 아니다. 여우 사냥은 사냥꾼이 자신과 자신의 사냥개에게 수많은 제한을 부과한 형태이다. 사냥은 그 자체로 인간 살육을 대치한다는 점에서 문명화의 산물이라고 할 수 있지만 직접적인 동물살육은 문명화된 사회에서 비난받아 마땅한 행위가 된다. 여우 사냥에서 여우살육은 사냥개의 몫이 되고 여우 사냥꾼의 쾌락의 원천은 공격적 충동의 직접적 충족에서 추격행위로 이전된다. 즉 사냥꾼과 사냥꾼, 사냥개와 사냥개, 사냥개와 여우라는 3중 경합구조를 지닌 추격행위는 그 자체로 흥분감과 쾌락의 원천으로 작용한다. 그리고 이러한 흥분감과 쾌락을 극대화화기 위해 수많은 규칙을 부과하여 여우의 추적을 고의적으로 어렵게 만든다.

여우 사냥은 사냥꾼이 자신과 자신의 사냥개에 수많은 제한을 부과한 형태이다. 우선 여우 사냥에서 사냥꾼은 어떤 무기도 쓰지 않는다. 여우를 죽이는 역할을 맡는 것은 사냥개이다. 이런 사냥개들은 사냥꾼의 외재화된 인격이며, 그렇기 때문에 사냥개들은 고유 명사로 불리고, 사냥꾼과 개 사이에는 감정적인 교류가 존재한다. 이런 여우 사냥에서 사냥행위는 이제 사냥개로 이전되고, 여우 사냥꾼의 쾌락의 원천은 사냥 행위의 추격 행위와 개가 수행하는 사냥 행위에 대한 관람으로 전환된다. 이를 프로이드식으로 표현하자면, 쾌락의 주요한 원천이 잔인한 충동의 직접적 충족에서 선행 쾌락(fore-pleasure)으로 이동한 것이다. 이 선행쾌락이 쾌락의 주요 원천이 되는 한에서, 이제 그것을 확대하기 위해서 여우를 추격하는 것은 고의적으로 어렵게 구성된다.

이런 스포츠로서의 여우 사냥은 우선 공격성을 순치하는 '문명화과정'이 인간간의 관계뿐 아니라 동물과의 관계로까지 확장되었다는 것을 의미한다. 대검귀족들에게 동물 사냥은 그 자체가 전쟁기의 인간 살육의 대치물이라는 점에서, 사냥 자체가 문명화과정의 산물이다. 여우 사냥은 이런 공격성이 더욱 억제된 형태라고 할 수 있다. 이런 과정은 공격성의 순수한 발현을 억압하는 과정이라는 점에서 프로이트-베버적인 의미의 억압 과정이라고 할 수 있다. 이런 억압은 물론 고통스러운 것이다. 그리고 스포츠는 바로 이 억압이 야기하는 고통에 대한 창조적 반응이라고 할 수 있다. 그것은 쾌락과 그것의 억압 사이의 새로운 균형을 수립하고자 하는 시도이기 때문이다.

여우 사냥에서 보듯이 스포츠는 동물 살육의 즐거움을 억압하고, 살육 주체를 사냥개로 이전함으로써 생기는 쾌락의 상실을 바로 시간적으로 연장된 동물 추격의 즐거움으로 보충한다. 즉 스포츠는 흥분의 연장을 그 특징으로 하며, 규칙에 따르는 경쟁에서의 승리라는 즐거움을 제공한다. 클라이맥스를 지연하는 흥분의 지속과 더불어 이 흥분을 유지하기 위해서 공정하게 배분된 기회가 제공된다. 왜냐하면 만일 한편이 항상 승리할 수 있는 상태라면 게임은 '뻔한' 것이 되어서 모든 흥미가 사라지기 때문이다.

이런 규칙은 당연히 게임에 새로운 긴장을 부여한다. 규칙 준수가 경기자에게 새로운 자기 통제의 차원을 부여하기 때문이다. 이 경우 자기 통제가 과도하면 승리를 향한 추진력이 상실되며, 자기 통제가 약해지면 쾌락의 기반이 되는 균형이 파괴된다. 또한 이런 과정은 매우 복합적인 쾌락을 형성하는 과정이기도 하다. 여우 사냥의 경우, 경합은 여우 대 사냥개, 사냥개 대 사냥개, 사냥꾼 대 사냥꾼이라는 삼중의 경합 구조를 가진다. 살육의 쾌락이 사라진 공간에 다양한 쾌락이 재등장하는 것이다. 그런 의미에서 스포츠는 문명화과정이 야기하는 억압에 대한 가장 뛰어난 보충물의 하나라고 할 수 있다.8)

4. 반론에 대하여

이상의 논리를 따라 스포츠의 기원을 보는 시각에 대해서 두 가지 이견이 제기될 수 있다. 첫째, 스포츠가 현대의 특수한 산물이라는 것이 타당한 견해인가 하는 비판이 있을 수 있다. 잘 알려져 있듯이 현대 올림픽 이전에 이미 고대 올림픽이 있었으며, 게임을 향한 인간의 충동은 호이징거가 지적하였듯이 인간학적인 것이라고 할 수도 있다. 둘째, 스포츠는 공격성을 통제하는 문명화과정의 산물이라기보다는 공격성을 분출하는 계기가 아닌가 하는 의문이다.

이런 두 질문에 답하기 위해서는 고대 올림픽과 현대 스포츠의 차이를 살펴보는 것이 적당하다. 메사나의 레온티코스는 5세기 중반의 올림픽 레슬링에서 두 번이나 우승했던 사람인데, 그의 승리는 상대의 손가락을 부러뜨림으로써 얻어진 것이었다. 고대 올림픽의 경기는 아곤(agon), 즉 쟁투였지 스포츠가 아니었다. 그것에는 심판도, 시간제한도 없었다. 또한 긴장과 균형을 유지하려는 관심도 없었다. 그래서 고대 올림픽의 복싱(말이 복싱이지 고대 올림픽의 복싱은 오늘날의 킥복싱과 유사한 경기였다)에서는 체급 구분도 없었고, 엄지 이외의 손가락만 가죽으로 쌌기 때문에, 얼마든지 손바닥을 펴서 공격할 수 있었다. 그뿐만

8) 현대 사회에서 이런 억압의 보충물의 다른 예로 우리는 영화를 들 수 있다. 영화는 현대 문명이 억압하는 공격성과 성적 욕망을 스포츠와는 다른 논리로 풀어 놓은 양식이라고 할 수 있다.

아니라 대부분의 선수들이 못 같은 것으로 상대를 공격하기도 했다.

고대의 올림픽은 전사적인 가치를 중심으로 한 것이었으며, 그런 점에서 오늘날 군인의 육박전 훈련과 유사한 것이었다. 당시의 선수들은 백 스텝이나 상대의 주먹을 피하려고 하는 일 자체를 수치스럽게 생각했다. 따라서 경기 중에 눈을 다치고 뼈가 부러지는 일이 다반사였으며, 심한 경우에는 쓰러진 상대의 옆구리에 못을 찔러 창자를 끄집어 내 죽이는 일도 있었다.

이에 비하면 오늘날 머리를 때리는 야만적인 경기로 비난받는 현대 복싱은 고도의 공격성 통제와 공정한 규칙에 근거한 긴장-균형의 체계이다. 이런 사실은 현대 스포츠가 고대의 올림픽 경기와는 사뭇 다른 것이며, 고도의 공격성 통제를 기반으로 하는, 현대 특유의 산물이라는 것을 보여 준다.

이상에서 알아보았듯이 현대의 스포츠와 고대의 올림픽경기간의 결정적인 차이는 각종 규제 또는 규칙을 통한 공격충동의 억제에 있다고 할 수 있다. 고대 그리스인들은 경기에서의 승리에만 관심이 있었을 뿐 공격충동의 억제에는 별관심이 없었다. 반면에 근대 스포츠에서는 다양한 규칙제정을 통하여 최대한 공격충동을 억제하려고 시도한다. 한 마디로 스포츠는 합법적인 방식으로 공격충동을 발산하는 카타르시스기제라고 할 수 있다.

제5장 문명화과정, 스포츠 그리고 동양무예

1. 서구인들의 동양무예에 대한 관심, 어떻게 볼 것인가?

태권도(跆拳道), 우슈(武術), 카라테(空手)로 대표될 수 있는 동양의 도수무예는 한국, 중국, 일본 등의 극동아시아국가에서 오래전부터 수행되어 온 중요한 신체활동이자 체육 형식 가운데 하나이다. 그러나 그것은 오늘날 동양이라는 국지적 울타리를 벗어나 세계 각지로 널리 보급되었으며, 특히 서유럽과 미국으로 대표될 수 있는 서구산업사회에서 서구대중의 대표적인 신체문화라고 할 수 있는 스포츠를 보충하고 부분적으로는 대치할 수 있는 새로운 대안적 신체문화로 자리잡아가고 있다.

서구사회에서는 이미 오래 전에 스포츠라는 행위양식이 발달하여 대표적인 신체문화로서 뿌리를 내린 바 있어 일반적으로 동양은 무예, 서양은 스포츠라고 대비시켜 말하기도 한다. 그러나 19세기 말엽부터 동양의 무예가 서구사회에 유입되면서 조금씩 스포츠시장을 잠식해 들어갔으며, 20세기 말엽에 이르러서는, 대안적 스포츠(alternative sports)라는 명칭으로 불리는 것에서도 알 수 있듯이, 서구문화의 한 부분으로 정착하기에 이르렀다.

현재 미국과 유럽의 청소년들은 "브루스 리", "닌자 거북이", "카라테 키드", "파워 레인저" 등과 같은 동양무예와 관련된 이미지와 단어들에 익숙해지면서 성장하고 있다. 또한 동양무예를 주요 소재로 삼고 있는 수많은 만화(영화), 서적, 영화, 텔레비전시리즈물 등은 구미 청소년문화의 중심을 형성하고 있다. 예컨대 미국의 어떤 도시에서건 주거지 근처에는 동양무예를 수련하거나 배울 수 있는 도장과 클럽이 존재하고 있으며, 동양무술에서 유래한 키(ki, 氣), 사무라이, 블랙벨트, 카라테 킥 등과 같은 단어들은 일상적인 영어의 한 부분이 되었다(Yang, 1996, p.1).

동양무예는 서구사회와는 전혀 이질적인 문화적 전통을 지닌 동양이라는 비교적 폐쇄적 공간에서 발원하여 발전해 온 특수한 몸짓 체계의 하나이다. 그럼에도 불구하고 오늘날 서구인들은 동양무예에 큰 관심을 기울이고 있다. 그들은 어떤 이유에서 이와 같이 이질적인 문화양식에 그토록 큰 관심을 기울이게 되었을까? 도대체 동양무예의 어떤 부분이 서구문화 또는 서구신체문화(스포츠)의 부족한 부분을 메꾸어 주고 있는 것일까?

지금까지 우리들은 이러한 물음에 대해 대개 "서구인들이 서구문화에 회의를 느껴서 그 대안으로 동양문화에 관심을 갖게 되었다", "정신적인 깊이가 있는 동양의 신체문화가 서양의 신체문화보다 우월하기 때문이다", "이국적인 동양무예의 신비로운 이미지에 끌렸기 때문이다"라고 대답하곤 했다.

과연 이와 같은 답변은 어느 정도나 설득력을 지니고 있을까? 필자는 이와 같은 답변은 충분한 설득력을 지니고 있지 못하다고 생각한다. 그것이 충분하지 못한 이유는 설명력이 제한적이기 때문이다. 설명력이 제한적이라는 말은 그러한 방식의 답변이 부분적인 설명은 될 수 있을지언정 서구인들이 동양무예에 관심을 기울이게 된 보다 근원적인 이유에 대해서는 충분한 답변을 제공해주지 못한다는 말이다. 더욱이 그러한 답변은 설명방식이 너무 단순하고 아전인수(我田引水) 격이다.

이번 장의 목적은 앞서 제기한 물음, 즉 "서구인들은 도대체 어떤 이유에서 동양무예에 그토록 큰 관심을 기울이게 되었을까?"라는 물음에 대한 보다 근원적이고 합리적인 답변을 제시하는 것이다. 아울러 이와 함께 동양무예 가운데 한국의 태권도가 서구사회에서 대중화에 성공할 수 있었던 배경을 알아보는 것이다.

서구인들이 동양무예에 관심을 기울이게 된 이유에 대한 보다 근원적이고도 합리적인 답변을 얻기 위해서는 무엇보다도 스포츠의 발생을 부추긴 근대 서구사회의 문명화과정과 그로부터 야기된 서구인들의 위기의식, 그리고 위기 극복과정에서 자연스럽게 등장한 스포츠의 특성, 그리고 계속되는 사회변화과정에서 귀결된 서구 스포츠의 성격변화 등에 대한 폭넓은 이해가 요구된다. 이러한 바탕위에서만 서구인들이 동양무예에 깊은 관심을 갖게 된 이유와 서구사회에서 동양무예, 특히 태권도가 급속하게 확산된 경위를 적절하게 이해할 수 있을 것이다.

따라서 이번 장에서는 먼저 서구사회에서 오랜 시간을 거쳐 진행된 문명화과정이 어떤 특징을 지니고 있는지 노르베르트 엘리아스의 과정사회학적 관점에서 설명하고, 이러한 사회변화과정에서 스포츠가 출현하게 된 배경과 스포츠가 갖게 된 특성에 대하여 알아볼 것이다. 그리고 이렇게 출현하게 된 스포츠가 현대 서구산업사회에서 어떤 방식으로 변화 또는 변질되어 왔으며, 그러한 변화는 사회심리학적으로 어떤 의미를 갖고 있는지, 그리고 그에 대한 대안으로 동양무예가 부각하게 된 배경을 논구할 것이다. 아울러 이와 같이 변화하고 있는 서구산업사회에서 동양무예가 어떤 기능과 역할을 수행하면서 하나의 새로운 대안문화로 정착해 나가고 있고, 또한 어떤 변화를 겪게 되었는지 태권도의 예를 통해 알아볼 것이다. 이상의 논의는 특히 체계이론가 니클라스 루만(Niklas Luhmann)의 통합(Inklusion)과 배척(Exklusion) 개념, 노르베르트 엘리아스(Norbert Elias)의 문명화과정(Zivilisationsprozess) 개념에서 영감을 얻었음을 밝혀둔다.

2. 공격본능의 통제와 억제 과정으로서 문명화

엘리아스는 장기간에 걸친 사회구조와 인격구조의 변화 과정을 '문명화'(Zivilisation)라는 개념으로 담아내고 있다. 문명화과정은 사회마다 다르게 진행될 수 있는데 서구사회의 문명화는 점차로 증가하는 폭력의 국가적 독점, 생리적 욕구 충족의 은밀화, 충동과 감정의 억제, 자아와 초자아의 발전 및 분화 그리고 외부적 타자 통제에서 내부적 자아 통제로의 변환과 같은 특징을 보여준다. 이를 극명하게 보여주기 위하여 엘리아스는 무엇보다도 각각을 결합태(Figuration)로 표현할 수 있는 중세사회, 궁정사회, 그리고 시민사회 등을 분석의 대상으로 삼는다(노르베르트 엘리아스, 1996).

서구 중세사회는 무엇보다도 몸과 육체적인 것의 비교적 직접적인 표출과 감정과 충동의 비교적 통제되지 않은 발산을 보여준다. 서구 중세적 결합관계에서 폭력은 일상적 현상이기도 했다. 육체적 강함과 힘은 바로 세속적 지배집단의 필수적인 생존 조건이자 주요한 덕목에 속했다. 오늘날의 입장에서 보면 중세의 삶은 한편으로는 극단적으로 격정적이고 정열적이었으며, 다른 한편으로는 매우 거칠고 단순할 뿐만 아니라 소박했다. 이와 같은 중세의 중요한 사회통제 기제는 바로 폭력이었으며, 이 폭력은 타자에 의해서 외적으로 강제된 통제와 동일한 의미를 지니고 있었다.

한편 엘리아스가 말한 궁정사회란 17~18세기에 유럽에서 발달한 궁정내부에서의 사회적 결합관계를, 그 중에서도 특히 프랑스 루이 14세 시대의 베르사유 궁전 내의 국왕과 귀족들의 삶과 행위 그리고 그들의 상호 결합 및 의존 관계를 일컫는 말이다. 궁정사회는 중앙집권적 절대국가 형성과 더불어 발달한 결합태이다. 국가는 중세적 봉건 영주들이 권력기반인 토지를 몰수하고, 그들을 절대적 권력의 소유자이며 행사자인 국왕의 단순한 궁정귀족으로 전락시켜 버렸다. 이제 중세적 결합관계에서 그토록 중요한 전투적, 기사적 삶과 행위 그리고 미덕은 그 가치와 의미를 상실하게 되었다. 그에 따라 중세의 전투적 사회구조에서 쉽게 관찰할 수 있는 몸과 육체적인 것의 비교적 직접적 표출 그리고 감정과 충동의 비교적 통제되는 않은 발산은 사회적으로 더 이상 용인되지 않았다. 국왕과 궁정귀족들 사이의 사회적 거리는 주로 에티켓과 의식행위를 통해서 창출, 유지되고, 또한 가시적으로 표현되었다. 하지만 궁정귀족들의 삶과 행위는 아직도 내적 자아강제가 아니라 중세인의 경우와 마찬가지로 외적 타자강제에 기초하고 있었다.

시민사회라는 결합체가 발달하면서 개인들의 상호 의존도와 결합관계는 더욱더 복잡하고 다양해진다. 사회적 영역과 기능이 분화되고 복잡해지면서 시민사회는 이제 궁정사회와는 또 다른 사회 결합체와 인격구조 및 행위구조를 요구하게 되었다. 개인의 삶과 행위에 있어서 이성적 심리적 기제를 수단으로 감정을 억제해야하며, 또한 외적 타자강제가 아니라 내적 자아강제에 의해서 자신의 삶을 조직하고 행위를 영위해야만 한다. 육체적인 욕구의 즉각적인 충족이나 감정의 직접적 표출에 대한 독특한 수치와 치욕의 개념이 형성된다. 시민사회에 들어서면서 비로소 근대적 자아가 탄생한 것이다. 이와 같이 문명화과정은 인간의 정신세계에 자아와 초자아가 강력하게 형성, 발전되게 하고, 또한 이들이 안정적으로 기능하게 만들어 주었다. 자아와 초자아는 인간의 충동을 제어하고 통제하는 기능을 하게 된다.

문명화과정과 관련된 이상의 내용을 시골길과 도심한가운데의 대로에 비유해서 설명할 수 있다. 시골길에서 사람들은 마음대로 행동할 수 있다. 타인과의 결합관계가 거의 중요하지 않기 때문이다. 졸리면 자고, 약한 자가 있으면 공격해서 물건을 빼앗을 수 있다. 그러나 자신 역시 공격 대상이 될 가능성이 크다. 반면에 도심의 대로에서는 자신이 하고 싶은 대로 할 수 없다. 자신의 행동은 타자의 행위와 밀접하게 연결되어 있기 때문이다. 늘 앞 차의 흐름을 신경써야하고, 신호등에 주의해야만 하며, 옆 차와의 적절한 간격을 유지해야만 한다. 조금이라도 신경의 고삐를 느슨하게 하면 큰 사고가 발생할 위험이 존재하기 때문이다. 이렇듯 문명화과정은 인간의 욕구, 특히 공격욕구의 억제와 통제의 과정이며, 이러한 통제와 억제는 타율적인 것에서 자율적인 것으로 바뀌어 가는 과정이라고 할 수 있다.

3. 스포츠의 탄생, 변질, 그리고 대안 모색

"인간의 문화적 삶에서 발달되고 제식화된 투쟁의 특수형식이 스포츠이다. … 본능에 따르는 행동방식은 현대 사회에서 위험하기 그지없다. 그것은 무의미한 전쟁을 유발시킬 수도 있다. 그런 의미에서 스포츠는 축복이다." 로렌츠의 말이다. 그의 말처럼 스포츠는 아무리 노력해도 폐기되지 않는 공격욕구의 합법적인 배출 기제라고 할 수 있다.

문명화과정에서 인간의 공격욕구 배출방식은 전쟁과 같은 인간 살육에서 사냥을 통한 동물 살육으로, 동물의 직접 살육에서 사냥개를 통한 간접 살육으로, 그리고 실제적 살육에서 상징적 살육(사격, 양궁, 축구, 농구 등과 같은 스포츠)으로 계속해서 변화해왔다. 그런 의미에서 축구와 같은 집단스포츠는 살육의 대표적 수단인 전쟁 또는 사냥 행위와 많이 닮았다.

스포츠 이전의 공격욕구분출기제 또는 초창기의 스포츠는 매우 폭력적이고 반문명적인 요소를 담고 있었을 것이다. 따라서 이러한 행위들은 한편으로 환영받지만 다른 한편으로는 비난의 대상이 되기도 하였을 것이다. 비난을 면하기 위해서는 스포츠도 문명화되어야할 필요가 있다. 문명화과정에서 억압된 본능을 해소하기 위해 고안된 스포츠가 역설적이게도 문명화의 요청을 받게 된 것이다.

공격욕구 배출방식이 문명화되면서 이를 통해 얻어지는 쾌감의 강도가 점차 약화되는 것은 당연한 이치이다. 이러한 문제에 대해 근대 스포츠는 쾌락의 원천을 다양화하고, 쾌락의 시간을 연장하는 방식으로 나름대로의 자구책을 마련하였다. 이러한 근대 스포츠의 특성을 가장 잘 구현하고 있는 것이 여우 사냥이다. 여기서 말하는 여우 사냥은 단순히 여우를 잡는다는 의미에서의 사냥행위가 아니다. 여우 사냥은 사냥꾼이 자신과 자신의 사냥개에게 수많은 제한을 부과한 형태이다. 사냥은 그 자체로 인간 살육을 대치한다는 점에서 문명화의 산물이라고 할 수 있지만 직접적인 동물살육은 문명화된 사회에서 비난받아 마땅한 행위가 된다. 여우 사냥에서 여우살육은 사냥개의 몫이 되고 여우 사냥꾼의 쾌락의 원천은 공격적 충동의 직접적 충족에서 추격행위로 이전된다. 즉 사냥꾼과 사냥꾼, 사냥개와 사냥개, 사냥개와 여우라는 3중 경합구조를 지닌 추격행위는 그 자체로 흥분감과 쾌락의 원천으로 작용한다. 그리고 이러한 흥분감과 쾌락을 극대화화기 위해 수많은 규칙을 부과하여 여우의 추적을 고의적으로 어렵게 만든다(김종엽, 1998, 31-33 참조).

대표적인 스포츠의 하나인 축구도 이러한 과정을 차근차근 밟아가면서 발전해 왔다. 현대 축구의 전신이라고 할 수 있는 민속경기는 그야말로 무자비한 패싸움을 방불케 했다. 경기의 장소와 시간, 인원을 규정하는 최소한의 규칙마저도 없었던 이 경기에서 매번 부상자들이 속출하였다고 한다. 수십 명이 떼를 지어 몰려들어 서로 치고, 차고, 넘어뜨리는 과정에서 팔과 다리가 부러지는 것은 예사였으며, 그 와중에 머리를 다쳐 사망하는 사람들도 있었다. 오죽했으면 국가가 나서서 축구금지령까지 발동했을까.

20세기로 들어서면서 발로 상대방을 걷어차는 행위(harking)나 고의적으로 상대방을 잡는 행위 또는 발을 거는 행위가 금지되었으며, 업사이드규칙이 강화되었고, 경기스타일도 공격중심에서 수비중심으로 바뀌게 되었다. 경기의 폭력적이고 역동적인 요소들이 점차로 약화되기 시작한 것이다. 이를 보충하기 위해 백패스한 공을 골키퍼가 잡지 못하게 하거나, 공이 아웃되었을 때 예비로 준비한 공을 신속하게 투입하도록 규칙을 개정함으로서 경기의 흐름이 끊기지 않도록 했지만 “거친 경기”에서 “기교 경기”로의 변화는 막을 수 없는 대세가 되었다.

서구사회가 전반적으로 문명화되어진다면 서구사회의 하위문화 역시 당연하게 문명화되어질 것이다. 서구사회의 하위문화로서 스포츠 역시 예외일 수 없었다. 여기서 하나의 아이러니가 발생하게 된다. 스포츠는 억압되고 통제된 공격성을 해소하기 위해 고안된 것이다. 따라서 초창기의 스포츠는 다분히 야만적이고 폭력적인 특성들을 갖추고 있었다. 그러나 문명화과정이 계속적으로 진행되면서 초창기의 스포츠가 견지하고 있던 공격욕구의 적나라한 배출방식은 점차 세련되고 순화되어져갔다. 여기에 페어플레이, 스포츠맨십, 다양한 경기규칙 등이 부과되면서 폭력성이 많이 감소하였다. 또한 스포츠 전반을 살펴보면 네트를 사이에 두어 신체접촉을 최소화시키는 비폭력적 스포츠가 새롭게 나타나고 있는 것을 볼 수 있는데, 이러한 정황을 총체적으로 고려할 때 스포츠 역시 문명화과정에서 자유로울 수 없다는 점을 깨달을 수 있다.

요약해서 말하자면 스포츠에서는 규칙이 허용하는 범위 내에서 공격욕구를 배출할 수 있도록 허락되어진다. 근대 초기의 스포츠에서는 공격욕구의 적나라한 배출이 중요한 관건이었다면 근대 후기의 스포츠에서는 허락된 범위의 강화가 주요 관건이 된다. 앞서 언급한 아이러니란 바로 이 점이다. 세련되고 문명화된 현대 스포츠는 더 이상 공격본능을 적절하게 배출시켜주는 카타르시스기제로서 기능하지 못하게 된 것이다.

합법적인 범위 내에서 공격욕구의 자유로운 발산이 현실적으로 불가능하다면 이를 대체할 수 있는 다양한 비현실적 기제를 통해 공격욕구를 해소시켜줄 수 있는 방법을 모색해야만 한다. 서구화되고, 근대화되고, 문명화된 사회에서 큰 성공을 거두고 있는 공격욕구의 자유로운 발산을 소재로 하고 있는 영화들은 이러한 필자의 생각을 간접적으로 대변해 준다. 전쟁, 서부사나이들의 결투, 형사와 마피아의 대결, 자연재해 등을 소재로 한 영화들이 등장하여 억압당한 공격욕구를 대신해서 해소시켜준다. 그러나 이러한 소재로는 한계가 있다. 폭탄이 터지거나 총에 맞아 죽는 장면은 카타르시스의 강도가 다소 약하다. 맨주먹이나 칼로 차고 때리고, 찌르는 장면이 훨씬 리얼하고 보는 이들을 더욱 흥분시킨다. 그래서 최첨단 장비를 이용하여 전쟁을 벌이는 SF영화에서 조차도 이러한 "원시적" 격투장면이 어렵지 않게 관찰될 수 있다. 텔레비전 시리즈물인 "쿵푸"와 부르스 리의 등장 및 성공은 이러한 맥락에서 이해될 수 있다. 존 웨인의 서부물이나 스타워즈가 해소시켜주지 못한 부분을 쿵푸의 케인이나 용쟁호투(Enter the Dragon)의 리가 해결해주었다. 영화 이외에도 만화, 소설, 게임, 프로레슬링, 이종격투기 등과 같은 다양한 카타르시스 기제들의 등장한다. 그러나 이것들 역시 공격욕구의 직접적 배출이 아니라 스펙타클한 볼거리를 통한 간접적 대리만족이라는 점에서 한계를 지닐 수밖에 없다. 이제 대리만족기제만으로는 더 이상 만족할 수 없는 이들은 공격충동을 직접적으로 해소할 수 있는 행위기제를 찾아 나서기 시작한다.

바야흐로 맨손으로 상대를 치고, 박고, 때리고, 찰 수 있는 동양무예가 관심거리로 등장하기 시작한다. 그러는 가운데 동양무예를 배울 수 있는 도장이나 클럽도 서서히 늘어났다. 미국사회에서 동양무예를 소재로 한 영화가 절정에 다다를 때쯤 해서 동양무예를 가르치는 도장의 수가 급격하게 늘어난 것도 결코 우연이 아니다.

4. 동양무예에 대한 관심과 접근의 어려움

동양무예를 통해 억압된 공격욕구를 해소하고자 하는 서구인들의 욕구는 쉽사리 충족되어질 수 없었다. 동양무예는 서구사회에서 대중화되기에 자체적으로 많은 장애요인들을 내재하고 있었기 때문이다. 서구 대중이 동양무예로 접근하는 것을 가로막는 장애요인으로 다음 네 가지 사항을 말할 수 있다.

첫째, 동양출신 무예인들의 배타적인 태도

동양무예가 미국에 처음으로 상륙한 때는 대략 1840년대였다. 당시에 중국으로부터 미국의 캘리포니아지역으로 광산노동자들과 철도노동자들이 유입되었으며, 이 노동자들 가운데 중국의 무술을 수련했던 이들이 있었다. 그러나 그들은 미국인들과 직접적인 접촉이 없었고, 설혹 있었다고 할지라도 그들에게 자신들의 조상이 전수해준 무술을 가르쳐주겠다는 생각은 추호도 없었던 것 같다. 부르스 리의 일대기를 그린 영화 "드래곤(Dragon)"을 보면 이러한 당시의 상황이 잘 나타나 있다. 생활고에 시달리던 브루스 리가 궁여지책 끝에 도장을 열어 관원을 모집하려 하자 미국 내 중국 무술원로들이 브루스 리에게 서양인들에게 어떤 일이 있어도 무술을 가르치지 말라고 압력을 가하는 장면이 나온다. 이와 같은 동양무예인들의 배타적 태도는 서구사회에서 동양무예가 대중화하는데 큰 장애로 작용하였다.

둘째, 어렵고 긴 무술사회화과정

전문 무술인이 되기 위해서는 어린 시절에 무술에 입문하여 오랜 기간 동안 지속되는 혹독한 단련 및 훈련과정을 감내해야만 한다. 동양무예를 습득하기 위해서는 고도의 전문체력과 전문기술이 요구되기 때문이다. 또한 동양무예에서는 정신집중과 명상, 마음을 비우는 태도 등과 같이 짧은 시간의 수련만으로는 결코 이룰 수 없는 정신훈련과정을 요구한다. 이렇듯 어렵고, 길고, 지루한 무술사회화과정으로 말미암아 동양무예는 오랫동안 서구인들이 쉽게 접근할 수 없는 영역에 머물러 왔다.

셋째, 직관과 시범을 중시하는 동양무예인들의 비합리적 교육방식

서양적 세계관은 분석적이고 논리적인 반면에 동양적 세계관은 통일적이고, 직관적이다. 무술을 보는 시각 역시 이와 다르지 않다. 서양인들은 스포츠를 설명할 때 매우 분석적이고 논리적으로 설명하지만 동양인들은 무예를 설명할 때 통일적이고, 직관적으로 설명한다. 이러한 경향

은 교육방식에서도 드러난다. 논리적이고 합리적인 언어로 스포츠를 가르치는 서양인들과는 달리 동양인들은 매우 직관적이고 애매한 말로 무예를 가르친다. 호흡을 통해 몸과 마음을 일치시키라거나 몸에 힘을 빼라거나 허리를 쓰라는 말은 얼핏 듣기에 이해가 가지 않는다. 또는 동양무예의 사범은 제자들에게 기술시연에 대한 구체적인 설명 없이 그냥 반복해서 자기를 따라 하라고만 한다. 왜 그렇게 해야만 하는지 의문이 생겨도 질문이 허락되지 않으며 마냥 스승과 똑같이 되기 위해 무작정 따라해야만 한다. 이와 같이 합리적으로 이해할 수 없는 언어나 비언어적 방식으로 교육할 때 이를 수용할 수 있는 서양인은 거의 없다. 이러한 비합리적 교육방식으로 말미암아 서구사회에서 동양무예의 대중화는 더딘 행보를 할 수밖에 없었다.

넷째, 일상화된 부상의 위험

초창기의 무예수련은 혼자서 품새를 연습할 때는 물론이고 다른 사람과 겨루기를 할 때도 아무런 보호 장구를 착용하지 않았다. 보호 장구를 착용하게 되면 기술을 완전하게 발휘할 수 없다는 게 그 이유였다. 보호 장구 없이 겨루기를 하게 될 경우 부상의 위험은 상존한다. 겉보기에 아무리 화려한 기술과 공격욕구의 자유로운 발산이라는 매력을 지니고 있다고 할지라도 문명화된 사회에서 사람들은 자신의 건강과 생명을 담보로 하면서까지 이러한 활동에 참여하기를 원하지는 않을 것이다. 따라서 서구인들은 오랜 세월 동안 동양무예를 먼 산 바라보듯 지켜볼 수밖에 없었을 것으로 사료된다.

이상에서 서술한 이유들은 동양무예의 대중화를 가로막은 이유 가운데 몇 가지일 것이다. 그럼에도 불구하고 몇몇 인내심이 강하고 진취적인 서구인들은 동양무예에 입문하여 자신이 원하는 바를 추구하였다. 그렇지만 그러한 사람들은 오늘날처럼 그리 많지 않았고 소수에 불과하였다. 그러나 20세기 말엽에 들어서면서 서구사회에서 동양무예수련자의 수는 급격하게 증가하기 시작한다. 1990년대 초반에 발표된 한 통계에 따르면 전체 미국인 10명 중 1명꼴로 동양무예학습에 참여한 적이 있으며, 1996년 현재 수백만 명의 사람들이 규칙적으로 동양무예를 수련하고 있다고 한다. 미국사회에서 동양무예는 더 이상 이국적이고, 외래적이며, 개인적인 취미활동이 아니며, 그것은 미국문화, 특히 스포츠와 신체활동문화의 통합적 부분이 된 것이다(Yang, 1996, 2).

5. 태권도가 대중화에 성공할 수 있었던 이유

앞부분에서 서술하였듯이 20세기 말엽부터, 보다 구체적으로 말해 1980년대 말부터 미국에서 동양무예수련생들이 급속하게 증가하기 시작했다. 이 과정에서 특히 이목을 끄는 것은 태권도의 인기가 크게 높아지고 있다는 점이다. Yang(1996, p.15)이 1996년 전화번호부에 기재된 정보를 토대로 미국의 5대도시 동양무예 도장의 수를 파악한 바에 따르면 카라테도장이 약 180곳이었고, 태권도장이 약 160곳, 쿵푸도장이 약 40곳, 아이키도 도장이 약 30곳, 태극권도장이 약 20곳, 합기도장 약 20곳이었다고 한다. 즉 카라테도장의 수가 가장 많았고 바로 다음으로 태권도장의 수가 많다고 할 수 있다. 그렇지만 Yang은 실제로는 태권도장의 수가 카라테도장의 수보다 많을 것이라고 말하고 있다. Yang은 그 이유를 미국에서는 카라테가 태권도보다 훨씬 먼저 유입되어 잘 알려져 있기 때문에 광고를 목적으로 태권도를 카라테로 소개하거나 표기하고 있는 도장이 여러 곳 있기 때문이라고 설명한다. 즉 실제 카라테도장의 수는 전화번호부에 나와 있는 것보다 적을 것이고 태권도장의 수는 더욱 많을 것이라는 말이다. 또한 최근 미국 최대 스포츠센터운영업체인 발리토탈피트니스사(Bally Total Fitness Company)에서 태권도 프로그램(Taekwondo Masters Academy at Bally Total Fitness)을 개발하여 적극적으로 보급하고 있다. 미국 전역에 이 회사의 지부가 수백 곳이 있음을 감안할 때 태권도장의 실제 수는 통계에서 제시한 것보다 훨씬 많아질 것이다. 무술(Martial Arts)로 불렸던 주한 미군의 무술수련종목이 최근 태권도무술(Taekwondo Martial Arts)로 변경되기도 하였다. 이러한 상황을 종합할 때 우리는 '동양무예의 후발주자인 한국의 태권도가 올림픽경기에서는 물론이고 미국 내에서조차도 일본의 카라테나 중국의 쿵푸를 따돌리고 가장 인기 있는 동양무예종목이 되었다'고 말 할 수 있다. 이러한 일이 어떻게 가능하게 되었을까? 왜 서구인들은 하필 태권도를 택한 것일까? 태권도의 어떤 면이 서구인들의 관심을 자극한 것일까? 태권도는 다른 동양무예들과 어떤 면에서 차이가 있는 것일까? 이 물음에 대한 적절한 해답을 찾기 위해서는 무엇보다도 서구인들이 의식적, 무의식적으로 원하는 것이 무엇인지를 알아야만 한다.

서구인들이 가장 원하는 것은 우선적으로 앞서 서술한 바와 같이 허락된 범위 내에서 자신의 내면에 존재하는 공격욕구를 자유롭게 발산하는 것이다. 동양무예는 이를 위해 매우 이상적인 환경을 제공해 준다. 일상적인 상황에서 상식적으로 용납되지 않은 기괴한 고함(기합)소리와 발과 주먹을 이용한 상대방의 가격 행위가 소위 동양무예의 겨루기에서는 합법적으로 통용된다. 특히 이러한 목적을 달성하는 데 있어서 태권도는 다른 무예들보다 좋은 조건을 제공해 준다. 왜냐하면 카라테(空手)에서는 부상을 예방할 목적으로 가격부위 바로 앞에서 공격을 멈추는 촌지(吋止)방식을 택하고 있고, 우슈(武術)는 아예 겨루기보다는 개인의 기량시범위주로 경기를 진행하고 있다. 반면에 태권도는 일찍부터 보호장구를 착용한 직접가격(full contact) 방식을 채택하여 공격충동을 억제하는 요소를 최소화하였다. 이러한 태권도의 경기방식은 공격본능을 자유롭게 발산하기를 바라는 서구인들에게 큰 매력을 주었을 것으로 사료된다.

둘째, 대부분은 아니지만 비교적 많은 서구인들은 자신에게 삶의 방향을 제시해 주는 지도자를 원하고 있다. 서구사회의 근대화 및 합리화 과정은 서구인들의 삶에 두 가지 결과를 가져다주었다. 한편으로 개인의 자유를 보다 확대시켜 주었고, 다른 한편으로 자신의 삶을 스스로 판단하고, 선택해야만 하는 부담을 안겨주었다. 과거의 삶은 정해진 기준에 따라 영위하면 그만이었다. 무엇이 올바른 삶이고, 그른 삶인지 분명하였다. 그러나 근대화, 합리화과정에서 그와 같은 이정표는 사라지고 삶과 관련된 모든 판단은 개인 스스로에게 맡겨지게 되었다. 근대적 주체가 탄생하게 된 것이다. 주체는 자신에게 주어진 자유 앞에서 어찌할 바를 모르고 방황하게 된다. 자신에게 주어진 자유를 잘 이용하여 삶을 주체적으로 영위해 나가는 사람들이 있는 반면에 그렇게 하지 못하고 누군가 자신의 손길을 이끌어주기를 기대하는 시대착오적인 사람들도 나타나기 마련이다. 이들은 주로 종교를 찾거나 쾌락에 탐닉한다. 이 가운데 몇몇은 동양무예에서 정신적인 지주를 찾으려고 하였다. 이제 동양무예지도자들은 성공하기 위하여 이들의 요구대로 변모되어야만 한다. 미국에서 성공한 동양무예지도자들의 모습에서 이와 같은 종교지도자나 성직자의 분위기를 느낄 수 있는 이유가 여기에 있다. 그들은 동양의 전근대적 규범과 가치체계(도덕과 윤리)를 제시하며 자신의 수련생들에게 따르도록 행동으로 강요한다. 특히 이러한 변신에 성공한 모범적인 케이스가 태권도라고 할 수 있다.

셋째, 서구인들은 단축된 무술사회화과정을 원한다. 가공할 속도로 빠르게 진행되고 있는 서구사회의 현대화과정은 서구인들에게 조용히 사색할 수 있는 시간적 여유를 앗아갔으며, 그 결과 서구인들은 기다림과 지루함을 참을 수 없게 되었다. 급속한 템포로 전개되고 있는 산업화과정에 익숙해져 있는 서구인들, 조급증과 체험 지향적 삶에 익숙해져만 가는 서구인들에게 길고 지루한 고전적 무술사회화과정은 그 결과가 아무리 큰 만족감을 가져다준다고 할지라도 그리 매력적으로 보이지 않을 것이다. 그들은 기술을 가능한 한 빨리 습득하고 빨리 체험하길 원한다. 따라서 여전히 전통적인 수련방식을 고수하고 있는 카라테와 우슈는 수련생의 확보에 점차 어려움을 겪게 된다. 반면에 태권도는 매우 쉽고 빠르게 기술을 습득할 수 있는 현대적 수련방식을 채택하고 있어 누구나 손쉽게 접근할 수 있는 장점을 지닌다. 어떤 측면에서 스포츠화된 태권도보다 전통적 수련방식을 고수하고 있는 카라테와 우슈가 보다 높은 실전 무술적 가치를 갖는다고 말할 수도 있겠지만 고통스런 단련과정과 길고긴 수련기간은 서구 대중의 접근을 가로막는 장애요인이 될 수 있는 것이다.

넷째, 서구인들은 실제 무술가가 되기보다는 무술가처럼 보이기를 원한다. 사회가 점차 스펙타클화되면서 사람들은 실제 내용보다 내용을 포장하고 있는 껍데기에 관심을 갖기 때문이다. 현대 스펙타클사회에서는 실제로 능력 있는 사람보다는 능력 있는 것처럼 보이는 사람이, 실제로 건강한 사람보다는 건강하게 보이는 사람이 선호되고 있다. 따라서 옷치장과 몸치장이 그 어느 때보다도 중시되고 있는 것이다. 이러한 논리를 동양무술에 대한 취향에도 적용시킬 수 있는데 서구인들은 실제로 강하고 공격적인 무술보다는 그저 강하고, 공격적인 것처럼 보이는 무술을 원한다고 할 수 있다. 태권도는 그 어떤 동양무술보다도 이와 같은 스펙타클한 요소를 잘 갖추고 있다. 속도와 정확성을 중시하는 경기선수들의 발놀림 기술과 화려하고도 다양한 시범단원들의 발차기 기술은 보는 이로 하여금 감탄을 자아내게 할 만큼 스펙타클한 장면을 만들어 낸다.

이상에서 서술하였듯이 태권도는 가장 서구화된, 다르게 말하면 서구사회에 가장 잘 적응한 동양무예라고 평가할 수 있다. 가장 서구화되었다는 것은 그 만큼 서구인들의 입맛에 맞게 변화되었다는 것을 의미한다. 그러면서도 태권도는 동양무예로서 자신의 정체성을 잃지 않고 있다. 즉 태권도는 서양의 스포츠적인 요소와 동양의 무예적인 요소가 적절하게 결합하여 탄생한 몸 기술의 체계라고 말 할 수 있다. 독일의 사회철학자 루만(N. Luhmann)의 체계이론적 관점에서 볼 때 태권도는 "융합(Inklusion)"과 "배척(Exklusion)"의 과정을 적절하게 잘 밟아나가고 있는 것이다. 이러한 과정에 적응하지 못하는 사회체계들은 점차 도태될 것이다.

제6장 올림픽경기의 이해

1. 올림픽경기의 기원

학자들에 따라 의견이 분분하지만 신화에 나타난 올림픽의 기원은 대개 네 가지 정도로 압축될 수 있다. 첫째는 신들의 왕인 제우스가 그의 아버지 크로노스와 벌인 레슬링 경기에서 승리한 후 이를 축하하는 대회를 만든 것이 올림픽 경기의 시초라는 이야기이다. 둘째는 헤라클레스가 엘리스를 정복한 후 승리를 기념하기 위해 연 행사가 발단이 되어 올림픽이 생겨났다는 이야기이다. 셋째는 펠롭스가 피사의 왕 오이노마오스와의 전차경주에서 이긴 후 승리를 기념하기 위해 시작한 경기가 올림픽이 되었다는 이야기이며, 넷째는 테베의 헤라클레스가 펠롭스를 위해 개최한 경기가 그 시초라는 설명이다. 가장 많이 언급되고 있는 세 번째 이야기를 소개하겠다.

전쟁의 신 아레스(Ares)의 아들인 오이노마오스(Oinomaos)왕은 전차를 모는 데 있어서 누구에게도 뒤지지 않는 사람이었다. 그에게는 히포다메이아라는 아름다운 딸이 있었는데 그는 전차경주에서 자기를 이기는 사람에게 딸을 줄 것이며, 패할 경우에는 자신의 손에 죽게 될 것이라고 공언한다. 딸의 미색에 반한 젊은이들이 그에게 도전하였지만 결국 그들은 모두 경주에서 패하여 죽임을 당하게 된다. 오이노마오스왕은 도전자를 먼저 출발시킨 후에 나중에 쫓아가 창으로 경쟁자의 등을 찔러 죽였다. 그의 딸도 이 청년들에게 별다른 관심을 보이지 않았지만 새로운 도전자 펠롭스에게는 각별한 관심을 갖게 된다. 결국 그녀는 아버지의 전차관리인에게 전차바퀴를 헐렁하게 해주면 하룻밤을 같이 자 주겠다고 유혹한다. 경기가 시작된 후 펠롭스의 전차가 먼저 출발하고 한참 후에 오이노마오스왕이 출발하였다. 펠롭스의 전차는 빨랐지만 오이노마오스왕의 전차는 더욱 빨랐다. 펠롭스에게 바짝 다가간 오이노마오스왕이 창을 들어 그를 찌르려는 순간 전차바퀴가 빠지면서 왕은 낙마하고 결국 죽는다. 펠롭스가 경주의 승자가 된 것이다. 결국은 전차 관리인도 증거인멸 차원에서 낭떠러지에 밀어서 죽인다. 이 일이 있은 후에 새 왕인 펠롭스는 자기가 다스리는 엘리스(Elis) 지방에 장례경기를 개최하였는데 이것이 올림픽의 시초가 되었다는 것이다.

이 외에도 시인 호머는 풍요의 신 펠롭스가 기원전 1370년 올림픽을 개최했다는 시를 남겼고, 전쟁 영웅 아킬레스가 기원전 1250년에 트로이전쟁에서 개선한 파트로클레스 장군의 승전을 기리기 위해 올림픽을 열었다는 설도 있다. 기원이야 어찌되었든 고대 그리스에서는 오래 전부터 신들을 위한 제례경기가 있어왔는데 그것은 잦은 전쟁으로 인하여 오랫동안 단절되었다고 한다. 결국 전쟁에 지친 엘리스의 왕 이피토스는 신탁을 청하였으며, 다음과 같은 예언을 듣게 된다. “그대들은 조국을 살찌게 하고 전쟁을 일으키지 않을 것이며, 해마다 제전을 개최하여 서로 우정을 두텁게 하라.” 이 예언을 중단된 경기를 재개하라는 뜻으로 해석한 이피토스는 스파르타의 왕 리쿠르고스와 신성한 휴전에 대한 조약을 맺기에 이른다. 조약문의 내용은 다음과 같다. “올림피아는 성지이다. 이 성지에 무력으로 발을 들여놓은 자는 신성을 모독하는 것이며, 신을 배반하는 행위로 간주한다."[9] 이 조약에 따라 피사의 마지막 왕 클레오스테네스와 엘리스의 왕 이피토스는 휴전을 선언하고 축제를 부활시켰다. 최초의 경기는 기원전 776년에 열렸는데 엘리스 출신의 요리사 코로에부스가 200야드 경주에서 우승했다는 기록이 남아있다. 이때부터 4년을 주기로 열린 올림픽경기는 393년 로마의 황제 테오도시우스에 의해 폐지될 때까지 1200년 가까운 세월동안 단 한 차례의 중단도 없이 지속되었다. 이제 겨우 100년 남짓한 역사를 지닌 근대 올림픽이 전쟁으로 인해 벌써 세 차례나 중단된 적이 있다는 점을 생각할 때 놀라운 일이 아닐 수 없다.[10]

2. 올림픽경기의 일정

초기에는 경기 종목이 단순했던 관계로 하루만에 모든 일정이 끝났다. 그러나 종목이 점점 추가되고 참가 인원 및 참가 도시국가의 수가 많아지면서 자연히 행사일정도 길어졌다. 기원전 3세기 말엽이 되자 전체 올림픽 일정은 5-7일간에 걸쳐 진행되었다. 올림픽은 늘 8월로 추정되는 한여름의 보름날이 전체 프로그램의 한가운데에 오도록 일정이 짜였으며, 그 대강의 순서는 다음과 같았다. 먼저 경기 참가자들은 각자의 고향에서 9개월 동안 트레이닝을 했다는 것을 증명한 다음, 다시 올림피아에서 약 60킬로미터 떨어진 엘리스(Elis)에서 한 달 동안 진행되는 훈련

9) 파우사니아스는 청동원반에 새겨진 이 조약문이 그것이 만들어진지 천 년 후에 올림피아의 헤라신전에서 온전하게 보존된 상태로 발견되었다고 썼다.

10) 1916년 제6회 베를린 대회가 세계 제1차 대전으로 인하여 개최되지 못했고, 1940년 제12회 동경 대회와 1944년 제13회 런던 대회 역시 세계 제2차 대전으로 말미암아 개최되지 못하였다.

프로그램에 의무적으로 참여해야만 했다. 이 기간이 끝나면 심판들과 함께 도보로 올림피아까지 갔다. 그곳에 도착한 후에는 충분히 휴식을 취한 뒤에 여유를 가지고 다시 한 번의 적응훈련 기회를 가졌다.

첫째 날에는 모든 경기 관련자들이 참가한 가운데 일종의 정결예식이 벌어졌는데, 중죄를 범한 자는 경기 참가는 물론이고 참관과 이 지역에서의 체류조차 허락되지 않았다. 예식이 끝난 후 올림픽선서가 이어졌으며, 오후부터는 어린이들의 경기가 시작되었다.

둘째 날 오전에는 전차경기와 경마가 열렸고, 오후에는 5종 경기가 시작되었다. 경기가 끝나면 풍작을 기원하는 제사를 지내는데, 이 때 펠롭스(Pelops)의 화신이라고 믿었던 검은 산양을 제물로 바쳤다. 제사는 펠롭스의 무덤에서 행해졌으며, 다음날 아침 일찍 열리는 제우스제사로 이어졌다. 당시 그리스시간으로 하루의 시작은 저녁이었으므로 이 두 제사는 사실상 같은 날, 즉 셋째 날에 배당이 된 셈이었다.

셋째 날은 주로 보름에 해당하며, 이날은 천상의 제우스에게 100마리의 황소를 제물로 바쳤다. 먼저 축제 분위기 속에서 이 소들을 제우스 선전으로 몰고 간 다음 도살하는데, 도살된 소들의 가장 좋은 부위들을 골라내어 제우스를 위해서 태우고 나머지는 운집한 사람들에게 골고루 나누어주었다. 오후에는 달리기 종목들이 개최되었고, 저녁에는 만찬이 벌어졌다.

넷째 날에는 제례의식 없이 순수하게 경기만 진행되었는데 전날 끝내지 못한 종목을 먼저 시작했고, 다음으로 레슬링, 권투, 격투기 등의 투기 경기를 열었다. 모든 경기의 마지막에는 몸에 투구와 갑옷을 입은 채 한 손에는 방패, 다른 손에는 창을 들고 스타디움을 왕복으로 달리는 무장구보경기(Hoplites)가 행해졌다.

다섯째 날에는 승자의 시상식이 열렸는데, 승자들은 올리브 가지로 만든 관을 하사받았으며, 제우스에게 드리는 합동 제사로 모든 행사가 마감되었다.

3. 올림픽경기의 종목

고대 올림픽의 경기종목에는 달리기, 권투, 레슬링, 격투기, 전차경기, 창던지기 등이 있었다. 이 중에서 올림픽 경기의 첫 정식 종목은 달리기였다. 달리기 구간의 길이는 당시 그리스의 측정 단위로 600피트, 현대적 미터법으로 환산하면 191.78미터에 해당하는 거리이다. 기록에 의하면 올림픽이 시작된 후 52년 동안 이 한 종목만으로 경기를 진행했다고 한다. 기원전 724년 위의 거리를 왕복으로 달리는 경기 디아울로스(Diaulos)가 도입되었고, 이어서 720년에 위의 거리를 7-24번 달리는 장거리경기 돌리코스(Dolichos)가 도입되었다. 708년에는 레슬링과 5종 경기(Pentathlon)가 도입되었는데, 5종 경기는 근대 5종과 마찬가지로 군사훈련을 염두에 둔 경기였다. 여기에는 투원반, 멀리뛰기, 투창, 달리기, 레슬링이 포함되어 있었다. 688년에는 권투, 680년에는 4두 전차경기, 648년에는 경마와 격투기, 632년에는 달리기와 레슬링의 어린이 경기가 도입되었다. 616년에는 어린이 권투, 520년에는 몸에 투구와 갑옷을 입은 채 손에 방패와 창을 들고 달리는 무장구보(Hoplites), 408년에는 2두 전차경기, 200년에는 어린이 격투기 등이 도입되었다. 명칭에서 알 수 있듯이 대부분의 경기는 군사적 성격을 띠고 있었다. 특히 5종경기와 무장구보경기는 이에 대한 대표적인 예라고 할 수 있다. 마라톤이 근대 올림픽의 마지막을 장식하고 있다면, 무장구보는 고대 올림픽의 마지막을 장식한 종목이었다. 고대 올림픽의 경기종목은 처음에는 달리기 하나뿐이었으나, 시간이 흐르면서 다른 종목들이 추가되었다. 이 중에는 계속되었던 것도 있었고, 한시적인 것도 있었다.

1) 달리기

고고학자들에 의해 복구된 스타디움의 전체 길이는 212.54미터이고, 순수 달리기코스는 191.78미터, 경기장의 폭은 30.74-31.26미터였다. 단거리 달리기 구간은 동서방향으로 뻗어있었으며, 트랙의 동쪽 편에 출발점이 서쪽 편에 결승점이 있는데 한 번 달릴 때 최대한 20명까지 뛰었다고 한다. 전체 경기장의 폭이 약 30미터라는 점을 감안하면 1인당 약 1.5미터의 공간이 주어졌던 셈이다. 기원전 724년에 도입된 왕복달리기(Diaulos)에서는 10명씩 달렸는데, 참가자가 많을 때는 제비뽑기를 하여 4인1조씩 예선전을 치렀다. 예선전에서 선발된 선수가 10명이 되면 결승전을 치렀다. 선수들은 자신에게 배정된 트랙의 끝 지점에 세워진 말뚝을 돌아 출발점까지 달려와야 했는데, 트랙의 한쪽에는 심판석이 별도로 마련되어 있었다. 심판의 수는 고정되어 있지 않았으나, 기원전 368년에는 12명의 심판이 참관했다는 기록이 남아있다. 장거리달리기에서는 몇 명이 한 조가 되어 뛰었는지 기록이 남아있지 않으며, 요즘처럼 트랙을 타원으로 달리는 방식이 아니라 양쪽 끝을 왔다갔다 하는 경기였다. 선수들은 단거리에서처럼 각자 반환점을 하나씩 배당받지 않고 트랙의 양 끝에 세워진 공동의 말뚝을 돌아서 뛰었기 때문에 경기의 와중에 밀치고 잡아당기는 소동이 자주 발생했다고 한다.

2) 레슬링

시칠리섬 출신의 그리스인 레온티코스(Leontikos)는 작은 체구의 레슬링선수였다. 기원전 5세기 중엽 올림픽에 참가한 그는 거구의 상대편을 모두 이기고 우승자가 되었다. 그의 승리비결은 자신을 잡는 상대의 손가락을 모조리 부러뜨리는 것이었다. 그래서 그는 '손가락절단기'라는 별명을 얻기도 했다.

레슬링은 기원전 708년에 올림픽 종목이 되었는데, 이때 대체적인 경기규칙이 생겼다. 초기 경기는 그다지 잔인하지 않았으며 오히려 신사적이었다. 경기 중 신체접촉은 머리부터 발끝까지 모두 허용되었다고 하니, 허리 윗부분에만 공격이 허용되는 현재의 그레꼬로만형(그리스로마형) 레슬링보다는 오히려 자유형 레슬링에 가까웠을 것이다. 때리기, 조르기, 관절꺾기 등은 금지되었으며 순수한 기술과 힘만이 경기의 승패를 결정짓는 요소였다. 그러나 이러한 금지사항도 시간이 흐르면서 무시되거나 수정되었으며, 어떤 시기에는 위험한 기술이 공식적으로 허용되기도 하였다. 고고학자들에 따르면 초창기 올림픽에서는 손가락꺾기와 같이 위험한 기술을 시도하는 선수들에게 심판들이 벌로서 매질을 하였으나 레온티스코스의 기록에서 알 수 있듯이 이러한 금기사항은 몇 세기가 지나는 동안 효력을 상실하였다.

경기는 서로 떨어진 채 시작되었으며, 상대를 바닥에 세 번 던지는 사람에게 승리가 주어졌다. 요즘 레슬링에서처럼 넘어져서 계속 뒹굴지 않았다는 말이다. 결승까지 한 번도 넘어지지 않은 사람에게는 올리브관과 함께 '넘어지지 않은 자(aptos)'라는 명예로운 칭호가 주어졌다. 이외에도 경기장 바깥으로 상대를 집어던지면 요즘 유도에서의 한판승과 같이 승부가 결정되었다. 경기가 점점 위험해 진 것은 기원전 5세기 경 직업선수들이 생겨나면서부터였다. 요즘 같으면 체중에 따라서 상대가 정해지지만 당시에는 어른과 어린이로 나누어서 겨루었다. 몸무게는 문제가 되지 않았기 때문에 일단은 체구가 큰 사람이 유리했다. 따라서 시간이 흐름에 따라 레슬링은 기술보다는 힘을 겨루는 경기가 되었다.

3) 권 투

권투가 언제부터 시작되었는지는 알 수 없다. 다만 레슬링과 더불어 가장 오래된 투기 중의 한 종목으로 알려져 있다. 고대 그리스에서는 권투가 널리 보급되어 있었는데 올림픽 경기에 도입된 것은 기원전 688년 개최된 제23회 올림픽 경기에서부터이다. 당시에도 이미 연습도구로서 샌드백이 있었고, 펀칭볼 같은 것도 있었다. 요즘과 다른 점은 체급구분이 없고 경기시간이 정해지지 않았다는 점이다. 경기가 시작되면 상대가 기권하거나 서 있을 수 없을 때까지 계속 진행되었다. 당시 그리스인들은 기권하는 것을 큰 수치로 알았기 때문에 많은 선수들은 죽기를 각오하고 싸웠고, 그로 인해 부상자가 속출했다고 한다. 권투선수의 시합도구는 약 10피트 정도 길이의 소가죽으로 만든 줄이었다. 선수들은 이 줄에 기름을 먹인 후 손가락과 주먹에 촘촘히 감았으며, 이것으로 자신의 손가락과 주먹을 보호하였다. 로마인들은 이 줄에 둥근 쇠못을 박아 넣어 경기를 더욱 살벌하게 만들었다. 호머의 『일리아스(*Ilias*)』를 읽어 보면 권투경기장면에 대한 상세한 기록을 찾을 수 있다. 아킬레스가 트로이 성이 보이는 곳에서 친구 파트로클로스(Patroklos)의 장례식을 치루면서 예식의 일환으로 권투경기를 열었는데, 그 내용이 『일리아스』의 23장에 자세하게 묘사되어 있다.

> 그러자 권투에 있어서는 당할 자가 없다고 하는 파노페우스(Panopeus)의 장사 같은 아들 에페이오스(Epeios)가 일어나서, 상품으로 걸린 노새 위에 손을 올려놓으며 대갈 일성한다. (패자에게 돌아가는) 이 잔을 받을 사람은 어서 나오너라. 그러나 내가 이 분야에서 이름을 날리는 만큼, 이 노새는 그 누구도 갖지 못한다. 내가 전쟁터

에서 공을 세우지 못할지는 모르지만, 과연 그 누가 모든 분야에서 공을 세우겠는가. 따라서 내가 여기에서 말하노니, 그대로 이루어질 것이다. 나는 내 대적 상대를 때려눕히고 그의 뼈를 분질러 줄 것이다. 장의사는 여기에 그대로 머물러서 내 주먹에 나가떨어지는 사람을 치울 준비를 하게. 그가 이렇게 이야기하자 주위는 조용한데, 언젠가 테베(Thebe)로 와서 오이디푸스(Oidipus)왕의 장례경기에서 모든 대적자를 물리친 탈라오스(Talaos)의 왕 메키스테우스(Mekisteus)의 아들인 멋진 전사 에우리알로스(Euryalos)가 일어난다. 그러자 용감한 티데우스의 아들이 일어나서 에우리알로스의 용기를 북돋아주고 이길 것을 당부한다. 먼저 그의 허리에 앞가리개를 채워주고, 들소가죽으로 만든, 날카롭게 홈이 파인 끈을 건네준다. 양 선수 모두 앞가리개를 한 채로 한가운데로 나왔다. 서로 힘껏 주먹을 휘둘러서 치기 시작하자 턱에서는 소름끼치는 소리가 울려왔으며, 온 몸에서 땀이 흘러 내렸다. 그러다가 멋진 에페이오스가 달려들더니 탐색하는 상대의 볼을 위에서부터 내려치자 그는 더 이상 서 있지 못하고 뼈가 부서지면서 무너져 내렸다. 이는 마치 북풍이 몰고 온 소나기에 물고기가 뛰어 올라 바닷가에 떨어졌다가 다시 물속으로 사라지는 것과 같았다. 그렇게 맞은 선수는 그렇게 튀어 올랐었다. 에페이오스가 그를 일으켜 세우자 그를 따르는 친구들이 그를 바깥으로 끌고 나갔다. 그는 한 쪽 발을 거의 끌다시피 하였고 입에서는 피를 토했으며, 그의 머리는 한 쪽으로 젖혀져 있었다.

4) 판크라티온(Pankration)

가장 늦게 올림픽 종목으로 채택된 판크라티온은 요즘 유행하고 있는 이종격투기와 비슷한 경기였다. 이 경기에서는 특별한 규칙이 없이 거의 모든 공격이 허용되었다. 이 경기는 기원전 648년(33회 올림픽)에 채택되었고, 소년부경기는 기원전 200년(145회 올림픽)에 시작되었다. 손에 가죽끈을 감는 권투와는 달리 판크라티온 선수들은 대부분 맨손으로 겨루었으나, 때때로 가죽끈이 허용된 때도 있었다. 올림피아의 판크라티온 연습 장소는 김나지온(Gymnasion)건물의 코리케이온(Korykeion)이었다. 여기에서 선수들은 모래나 곡식으로 채워진 샌드백을 때리면서 연습했다고 한다. 시합은 대개 젖은 모래나 진흙 위에서 이루어졌다. 기술로는 주먹으로 치기, 던지기, 발차기, 꺾기, 조르기 등이 있었으며, 경기 중에 다치는 사람들이 많았다고 한다. 물기와 눈 찌르기는 금지되었지만 이러한 행위가 허용된 때도 있었는데, 어떤 경우에는 손가락이나 관절 꺾기, 심지어는 귀 찢기까지 있었다고 한다. 이런 이유에서 이 종목은 가장 거친 스포츠로 취급을 받았다. 그러나 한편으로는 그 거칠음으로 인하여 가장 멋진 운동으로 격찬되기도 했다. 당시 사람들의 표현을 빌자면 이 운동은 '사자의 힘과 여우의 지혜'를 필요로 하는 종목이었다. 승부는 다른 투기종목에서와 마찬가지로 회전 구분이 없이 어느 한 편이 더 이상 싸울 수 없게 되거나 기권할 때까지 계속되었다.

5) 5종 경기(Pentathlon)

고대 올림픽의 5종 경기는 근대 5종 경기처럼 점수로 승부를 가리는 것이 아니라 토너먼트방식으로 승부를 가리는 경기였다. 두 명의 선수가 경쟁할 경우에 세 종목에서 우세를 보인 선수가 이기게 된다. 어느 한 편이 첫 세 종목에서 우세를 확보했다면 다음 경기를 치르지 않고도 승자가 되었다. 패한 선수는 다음 회전에 진출하지 못했다. 대부분의 시합은 다섯 종목을 모두 치르기 전에 끝이 났고, 네 번째 종목인 달리기에서도 승부가 나지 않으면 마지막으로 레슬링에서 승부를 가렸다. 각 종목의 경기방식은 다음과 같다.

투원반 경기는 요즘과 동일하게 던진 거리를 재서 승부를 정하는 것이었다. 원반이 떨어진 곳에는 조그마한 말뚝을 박아서 표시를 해두었다. 원반의 재질은 고전 그리스시대를 지나면서 주로 청동이 쓰였는데, 이의 크기와 무게는 시대마다 그리고 지역마다 크게 차이가 있다. 그동안 발굴된 유물들을 보면 대체로 크기는 17-34cm, 두께는 5-17mm, 무게는 1.3-6.6kg이다. 던지는 기술은 요즘과 큰 차이가 없었을 것으로 추정되지만, 학자들에 따라 견해 차이가 있다. 요아힘 에버트(Joachim Ebert)는 고대의 투척 기술에는 현재 쓰이는 기술처럼 온 몸을 여러 번 회전시켜서 그 회전력을 이용하는 방식이 아닌 그저 상체를 굽힌 채로 몸을 앞뒤로 흔들면서 원반을 몸의 반동에 실어서 던지는 기술을 택했을 것이라고 주장했다. 그는 그 근거로서 많은 그림에 나타난 투원반자세를 제시하였다. 그러나 호머의 서사시 『오디세이』 8장에 보면 "몸을 소용돌이치듯이" 던졌다는 표현이 나오는데, 여기서 "소용돌이치듯이"라는 표현에는 '몸을 팽이 돌리듯이 빙빙 돌려서'라는 의미가 내포되어 있다. 이로 미루어볼 때 요즘의 투원반 기술과 유사했으리라는 점도 배제할 수 없다. 한편 이탈리아남부의 그리스 식민도시 크로톤(Kroton) 출신의 파일로스(Phayllos)는 기원전 500년경에 약 95피트(Delphi feet)를 던졌다고 기록되어 있는데, 요즘의 거리로 환산하면 대략 28.12m가 나온다. 그러나 그가 던진 원반의 무게를 알지 못하기 때문에 현대 선수들의 기록과 비교할 수 없다.

두 번째 종목인 멀리뛰기는 고대 그리스에서 유일하게 알려진 도약경기이다. 간간이 연습시간에 선수들이 높이뛰기를 했다는 기록은 있으나, 경기로서 행해진 것에는 멀리뛰기 외에는 없었다. 고대 그리스의 멀리뛰기는 현대의 멀리뛰기와는 많이 다르다. 우선 당시에는 도움닫기 멀리뛰기가 아니라 제자리 멀리뛰기였으며, 항상 할테레스(halteres)라는 무게추를 손에 들고 뛰었다는 점이 요즘과 아주 다르다. 이 멀리뛰기는 독자 경기로서는 행해지지 않았으며 5종 경기의 일부로만 치러졌고, 시합 진행시에는 옆에서 누군가가 피리를 불었다. 무게추는 대부분이 납으로 만들어졌으며, 그 외에도 돌과 다른 쇠붙이 등이 사용되기도 하였으며, 그 크기와 무게는 일정하지 않았다. 발견된 무게추들의 길이는 12-29cm, 무게는 약 1-4.5kg이었고, 선수들이 자신의 신체에 맞게끔 스스로 무게를 선택할 수 있었다. 언뜻 생각하기에 이 무게추는 멀리 뛰는데 장애가 될 것 같은데, 오히려 도움이 되었다고 한다. 팔을 앞뒤로 흔들다가 땅을 박차는 순간에 무게추를 든 두 팔을 앞으로 뻗어서 추진력을 이용했으며, 착지하는 순간에는 팔을 뒤로 흔들어 그 반동을 이용한 것으로 추정된다. 경기방식에 대해서는 논란의 여지가 많다. 혹자는 그것이 단일도약이라고 하고 어떤 이는 삼중도약이라고 말하기도 한다. 고대의 멀리뛰기 기록은 현재까지 확인된 바로는 두 개만 남아있을 뿐이다. 스파르타 출신의 키오노스(Chionos)는 52올림픽피트(Olympic feet)를 뛰었다고 기록되어 있고, 크로톤(Kroton) 출신의 파일로스(Phayllos)는 55솔론피트(Solon feet)[11]를 뛰었다고 되어있다. 이는 각각 16.66미터와 16.28미터에 해당하는 거리인데, 오늘날의 삼단뛰기 거리와 비슷하기 때문에 고대의 멀리뛰기는 삼단뛰기였을 것이라고 짐작했다. 1896년에 첫 근대 올림픽에서 삼단뛰기가 도입된 것도 이러한 생각에서였다. 그러나 이 추측은 근거가 없는 것으로 드러났는데, 먼저 어느 그림에서도 삼단뛰기 형태의 운동시합이 보이지 않고 있으며, 양손에 평균 2.5kg의 무게를 들고 이렇

11) 아테네의 정치가 솔론이 그의 개혁정치를 실시하면서 도량형을 새로 반포한 것.

게 뛸 수가 없다는 것이 전문가들의 견해이다. 일단은 도움닫기 달리기를 제대로 할 수가 없을 뿐 아니라, 16미터를 뛴다는 것은 거의 불가능한 일이기 때문이다. 1970년대에 들어서야 이에 대한 의문이 풀렸다. 스포츠 사학자들과 고고학자들이 여러 문헌을 분석한 후 다음과 같은 결론은 내렸다. 당시의 멀리뛰기는 출발선에서 여러 번을 계속해서 뛰되, 매 번마다 정지시간이 있었다. 이렇게 다섯 차례를 뛴 후에 전체 거리를 합산한 거리가 기록이었다는 것이다. 이 거리는 1900년, 1904년 그리고 1908년에 제자리멀리뛰기 종목에서 3연승을 한 미국인 유리의 기록(각 3.21m, 3.45m, 3.33m)에서도 그 근거를 찾을 수 있다. 이것을 다섯 번 더하면 키오노스와 파일로스의 기록과 대략 비슷한 수치가 나온다. 투창과 투원반에서도 다섯 번의 기회가 주어졌다고 하는데 이로 미루어 볼 때 멀리뛰기 역시 다섯 차례 뛰었을 가능성이 높다.

5종 경기의 세 번째 시합인 투창은 사냥이나 전쟁의 흔적이 가장 강하게 남아있는 종목이다. 그러나 이 시합은 실전과는 판이하게 달랐다. 우선 창이 실전용보다 가늘고 짧았으며 가벼웠는데, 그 이유는 이들의 목표가 꿰뚫기보다는 멀리 던지는 것이었기 때문이다. 창의 크기는 일정하지 않았으나, 어른 키보다 큰 경우는 거의 없었다. 시합에서 측정되었던 것은 창이 날아간 거리였으며, 던질 때와 그 직후에는 그어진 선을 넘지 말아야 했다. 선수들은 창자루의 중간에 가죽줄을 감아서 사용했다. 창을 던지면 줄이 풀려서, 소총자루 속에 파여 있는 나선형 홈과 같은 효과를 낸다. 그 때문에 창이 회전하게 되며, 더 안정되게 날아간다. 현대의 실험에서도 그런 가죽줄을 사용하면 목표 지점을 맞출 가능성이 더 커진다는 것이 입증되었지만 거리 면에서는 거의 아무런 영향을 주지 못했다. 당시 사람들은 일반적으로 기록에는 별 관심이 없었던 것으로 보인다. 따라서 창던지기 기록이 전혀 남아있지 않다.

네 번째 시합인 달리기에 대해서는 이미 앞에서 설명하였다. 그러나 여러 달리기 중에서 어떤 종목으로 승부를 냈는지는 명확하지 않다. 추측컨대 창 들고 뛰는 무장구보는 아닌 듯하고 단거리와 중거리 종목 중에서 한 가지가 행해졌을 가능성이 크다.

달리기로도 승부가 가려지지 않으면 마지막으로 레슬링 경기를 하게 된다. 레슬링도 앞에서 다루었는데, 오종경기의 레슬링은 단일 종목으로서의 레슬링과는 성격이 다른 것으로 짐작된다. 단일 종목 레슬링에서는 체급 구분이 없었던 관계로 시간이 지나면서 주로 무거운 사람들이 승리를 거둔 반면에, 5종 경기의 레슬링은 모든 육상종목을 골고루 연습한 비교적 날쌘 사람들이 하였기 때문에 경기가 박진감 있었을 것으로 추측된다.

5종경기는 고대 올림픽의 최고 인기 종목이었다. 이 경기는 전투에서의 백병전을 상정하고 벌이는 병사들의 훈련 프로그램이었기 때문에 이 경기에서의 우승자는 전 그리스를 통틀어 가장 뛰어난 전사로 칭송되었다. 근대5종경기는 쿠베르탱이 20여 년간 연구하여 1912년 스톡홀름대회에서 처음으로 선보였다. 고대 5종경기의 컨셉이 전투였다면 근대 5종경기의 컨셉은 메시지 전달이라고 할 수 있다. 위기에 빠진 아군을 구하기 위해 비밀지령을 휴대한 채 적의 포위를 뚫고 나가는 필사의 탈출이 그 줄거리인 것이다. 따라서 승마, 펜싱, 사격, 수영, 3,000m 크로스컨트리 등으로 이루어진 근대5종경기의 각 종목에는 별도의 독특한 규칙이 있다. 승마에서는 말이 중요한데 말은 추첨을 통해 주최 측이 제공한 말 가운데 아무 말이나 타고 나가야 한다. 여기에는 전쟁 상황에서 모든 조건이 갖춰지기를 기대하는 것은 무리하는 생각이 깔려 있다. 일단 말을 타고 1차 포위망을 빠져나오면 칼을 들고 달려드는 적병과 맞서야 하는 상황이 발생한다. 펜싱에서는 단 한 번의 공격으로 승부가 종료

되며, 1분 이내에 유효공격이 없으면 양 선수 모두 점수를 받지 못한다. 다음으로 원거리 매복병을 상대하는 사격에서는 10m 밖의 표적을 향해 20발의 공기총을 발사한다. 수영에서는 200m를 무조건 빨리 헤엄치는 것이 최상의 미덕인데, 여기서는 영법에 제한이 없고 바닥에 발이 닿아도 실격이 아니다. 마지막으로 3,000m 크로스컨트리에는 적진을 무사히 통과한 후 산과 들을 가로질러 메시지 전달 사명을 완수한다는 의미가 깔려 있다. 경기시작 전까지 미공개인 코스는 흙과 잔디길이다. 근대5종 수상자는 월계관과 함께 반드시 IOC위원장의 포옹을 받게 되어있다. 현재 근대5종은 퇴출의 기로에 서 있는데 그 이유는 중계방송의 어려움 때문이다. 하루에 한 경기씩 5일 걸렸던 경기는 1996년부터 남녀 각 10명만 참가하고 하루에 끝난다.

6) 전차 경기

말달리기 경기에는 4두 전차 경기, 2두 전차 경기, 성장한 말 타고 달리기, 망아지 타고 달리기 등 모두 네 종류가 있었다. 이 중에서 가장 오래된 경기는 2두 전차 경기이다. 2두 전차 경기는 25회 올림픽(기원전 680년)부터, 4두 전차 경기는 33회 올림픽(기원전 648년)부터 시작되었다. 이 경기에는 말을 기를 수 있고 전차를 소유할 수 있는 부유층만이 참가하였으며, 기수는 주로 하인들이 담당하였다. 그러나 주인이 직접 모는 경우도 있었다. 때로는 한 주인이 여러 대의 전차를 출전시키기도 하였으며 우승을 하면 전차 주인이 모든 영광을 차지하였다. 여성도 부유하면 자기 소유의 전차를 출전시킬 수 있었다. 여성이 올림픽에 참가할 수 있는 유일한 경기였다.

전차 경기가 올림픽이 시작된 지 약 100년이나 지난 후에야 도입된 데는 특별한 이유가 있다. 대부분 산악지대인 그리스는 지형상 기병이 활약하기에 어려웠기 때문에 주력부대는 보병이었다. 말이 있어도 탈 수 없는 곳이 많았다. 따라서 말은 사람들의 생활도구라기보다는 왕족이나 귀족의 부를 상징하는 수단이었다. 전차 경기도 부유계층사람들이 그들의 부를 과시할 목적으로 행해졌다. 바로 이 점 때문에 올림픽 행사가 시작되고도 100년이 지난 후에야 이 시합을 치를 수가 있었다. 이 점을 조금 더 자세하게 알아보자.

그리스 각지에서 올림픽 행사가 열리는 올림피아까지 말과 마차를 운반하는 일은 결코 쉽지 않았다. 산을 넘고 바다를 건너 이곳에 당도하려면 막대한 비용이 드는 것은 물론이고 위험부담도 컸다. 당시에는 모든 도시국가들이 전쟁 상황에 있었기 때문이다. 학자들은 이러한 위험요소가 사라지는 데 100년 정도가 걸렸을 것으로 추측한다. 즉 올림픽이 열리는 기간 중에 휴전을 하는 새로운 관습이 정착되는 데 약 100년 정도가 소요되었다는 말이다.

전차경기에 대한 상세한 기록은 호머의 서사시 일리아스에 잘 나타나 있다. 벤허라는 영화에서도 당시의 전차 경기 장면이 스펙타클하게 연출되고 있다. 전차를 모는 일은 고도의 기술과 용기를 필요로 하는 것이었다. 하나의 기둥으로 이루어진 반환점을 돌 때 특히 고도의 기술과 균형감각이 요구되었다. 적지 않은 전차가 경기 중에 서로 충돌하여 파손되었고, 사고로 인하여 부상당하거나 사망하는 기수도 많았다고 한다.

4. 근대 올림픽경기

1) 올림픽경기의 종말

올림픽 경기는 제우스를 찬미하기 위한 종교 행사로서 시작되었다.

그러나 시간이 흐름에 따라 전통 종교에 대한 믿음은 흐려지고 경기에서도 종교적인 의미가 퇴색하였다. 운동선수들은 점차 승리를 제우스 덕분이 아니라 자신의 공으로 돌렸다. 경기가 상업화되면서 승리에 집착하는 경향이 강하게 나타났으며 부정한 방법으로 승리를 얻으려는 풍조까지 생겨났다. 로마시대에 접어들면서 이러한 경향은 더욱 강화되었다. 올림픽 경기의 주최국인 그리스가 주체성을 상실하였으며, 로마의 정치인들이 올림픽을 정치적으로 이용할 뿐만 아니라 돈벌이 수단으로 만들었기 때문이다.

393년 최초의 그리스도교도 황제인 테오도시우스(Thedosius) 1세가 모든 이교도 숭배를 금지하면서 이 행사도 종말을 맞게 되었다. 혹자는 대략 426년에 제우스 신전이 소실될 때까지 경기가 계속 열렸다고 한다. 이 화재는 테오도시우스 2세가 내린 포고령, 즉 동부 지중해에 있는 모든 이교도의 신전을 무너뜨리라는 명령에 의해 일어난 것으로 추정된다. 그 후 수 세기 동안 이어진 외부세력(비시고트족, 아바르족, 반달족, 슬라브족 등)의 침략과 지진, 홍수 등의 자연재해로 이 지역은 폐허로 변해버렸고, 올림피아 일대는 진흙 속에 묻혀버렸다.

2) 올림픽경기의 부활

올림픽 경기가 중단된 후 1,500여년이 경과한 19세기에 프랑스인 피에르 데 쿠베르탱(Pierre de Coubertin, 1863-1937)이 올림픽경기를 부활시키기 위해 많은 노력을 기울였다. 프랑스 귀족 출신인 쿠베르탱은 젊은 시절 장교가 되고자 생시르 군사학교에 입교한 적이 있었다. 훌륭한 군인이 되기를 희망했던 그는 학교에서 오로지 독일에 대한 적개심과 보복만을 강조하는 데 실망하여 군인의 길을 포기한다. 당시 프랑스는 보불전쟁에서 참패하고 굴욕적인 항복을 하였던 경험 때문에 독일과의 화해를 모색하기보다는 오로지 독일 타도를 지상과업으로 삼고 있었다. 이러한 독일-프랑스간의 골 깊은 감정은 제1차 세계대전의 원인이 되기도 하였다.

쿠베르탱은 이후 영국의 공립학교 교육에서 스포츠가 중추적인 역할을 한다는 사실에 공감한 후 자국 교육부장관에게 스포츠의 교육적 중요성을 건의하였고, 1887년 올림피아 발굴을 계기로 올림픽경기부활운동을 시작하여 1894년 국제올림픽위원회(IOC: International Olympic Committee)를 창설한다. 특히, 그는 고대 올림픽 기간 중 폴리스들이 전쟁을 중지하였다는 데 감명 받아 전운이 감돌던 당시 세계 정세에 이만큼 평화에 기여할 수 있는 수단이 없다고 생각하고, 전쟁이 발발하더라도 이 기간만큼은 온 인류가 무기를 손에서 내려놓기를 소망하였다.

쿠베르탱의 끊임없는 노력에 의해 1894년 6월 23일 파리의 소르본느 대학(Universite de Sorbonne)에서 열린 국제스포츠대회에서 올림픽의 부활이 제의되었다. 국제올림픽위원회의 초기 위원들은 1500년만에 부활한 이 대회의 초대 개최지를 쿠베르탱의 고향인 파리로 해야 한다고 주장하였다. 그러나 쿠베르탱은 그리스의 고도 아테네를 강력하게 추천하였다. 그 이유는 아테네가 고대 올림픽의 중심지이기도 하였지만 당시는 물론이고 현재까지도 이 지역이 인종적, 민족적, 이념적, 종교적으로 복잡하게 얽혀있어 충돌이 끊이지 않던 세계의 화약고인 발칸반도에 위치하고 있었기 때문이다. 그는 부활한 평화의 제전을 바로 이곳에서 여는 것이 세계인에게 평화의 공감대를 얻을 수 있을 것이라고 판단했던 것이다.

결국 1896년 그리스의 수도 아테네에서 제1회 올림픽 대회를 개최하기로 결정하였으며, 대회 주관은 15명의 위원으로 구성된 국제올림픽위원회가 맡기로 하였다. 이렇게 하여 올림픽은 부활되었으며, 근대 올림픽이 창설된 6월 23일을 올림픽의 날로 제정하였다. 제1회 올림픽 대회는 1896년 그리스 아테네에서 13개국이 참가한 가운데 성공적으로 치러졌다.

3) 근대 올림픽경기의 정신

쿠베르탱은 심신의 건전한 육성과 공명정대한 스포츠맨십의 육성을 중요시하였다. 그는 물질주의를 부정하는 아마추어 정신을 높게 평가하였으며, 스포츠는 즐거움을 바탕으로 한 유희라는 점을 강조했고, 올림픽 운동에 의해 국제친선과 인류평화가 실현될 것을 기대하였다. 그가 내세운 올림픽 경기의 이상은 다음과 같은 다섯 가지로 요약될 수 있다. 첫째, 신체단련과 경쟁적 스포츠는 청소년을 건강하게 발달시킬 뿐만 아니라 성격 도야를 통해서 보다 훌륭하고, 행복한 시민을 형성한다는 사실에 주목해야 한다. 둘째, 공정과 훌륭한 스포츠맨십의 원칙을 보여주어야 한다. 이러한 운동정신이 사회 각 방면에 널리 활용된다면 반드시 커다란 이익을 가져다 줄 것이며, 사회적으로도 많은 공헌을 할 것으로 생각한다. 셋째, 각종 문화의 전시와 공개 연기로 예술에 대한 흥미를 높임으로써 보다 넓고 원만한 생활에 기여하도록 한다. 넷째, 스포츠는 재미있고 즐거운 유희이며 돈을 벌기 위한 것이 아니라는 것을 가르쳐야 한다. 그리고 친밀하게 대화함으로써 보상은 그것만을 목표로 할 것이며, 기타의 것을 목적으로 하지 않아야 한다. 이것이 바로 물질주의 철학과 전혀 다른 아마추어 철학이란 것을 가르쳐야 한다. 다섯째, 국제적 친선과 선의를 창조함으로써 보다 행복하고, 평화로운 세계를 실현하도록 해야 한다.

이상과 같은 올림픽 경기의 이상을 바탕으로 다음과 같은 올림픽 정신이 만들어졌다. "올림픽 경기에서 가장 중요한 것은 승리하는 것이 아니라 참가하는 것이다. 왜냐하면 인생에 있어서 중요한 것은 정복하는 것이 아니며 훌륭하게 잘 싸우는 것이기 때문이다."[12)]

근대 올림픽 경기에는 선서, 깃발, 표어, 성화 등과 같은 전통이 수립되어 있다. 이에 대해 간략하게 소개하겠다.

선서는 쿠베르탱이 올림픽의 부활과 함께 제안했고, 쿠베르탱에 의해 작성되었으며, 올림픽 개회식에서 모든 선수를 대표하는 주최국 선수에 의해 선언되어진다. 선수 선서는 1920년 제7회 앤트워프(Antwerp) 대회 때 IOC가 채택하였으며, 그 내용은 '나는 올림픽 대회에 관한 규칙을 존중하고 이를 준수하면서 스포츠의 영광과 팀의 명예를 위하여 진정한 스포츠맨십의 정신으로 대회에 참가한 모든 선수의 이름으로 서약합니다.'이다. 1968년부터 선수와 함께 심판과 임원들도 선서를 하고 있다.

올림픽을 상징하는 오륜기는 전 세계 5개 대륙을 의미한다. 올림픽기를 처음 고안한 사람은 쿠베르탱으로서 1914년 올림픽경기 창립 20주년 기념식 전 프랑스 파리에서 처음 공개되어 IOC가 이를 채택하였다. 오륜기의 최초 사용은 1920년 벨기에 앤트워프의 제7회 올림픽 대회 때였다.

올림픽 표어는 Citius(보다 빠르게), Altius(보다 높게), Fortius(보다 힘차게)라는 라틴어로서 본래 쿠베르탱 남작의 친구인 프랑스의 헨리 디동 신부가 고등학교 교장으로 있을 때 럭비 선수들에게 스포츠정신을 고취시키기 위해 지은 강령에서 따왔다고 한다. 쿠베르탱의 비서였던 영국인 하다씨가 올림픽 표지 밑에 이것을 새겨 놓은 것이 계기가 되었는데, 1926년 IOC 총회에서 공인을 받아 올림픽 표어로 제정되었다.

---

12) The most important thing is the Olympic Games is not to win but to take part just as the most important thing is life in not the triumph but the struggle. The essential thing is not to have fought well.

현재 올림픽경기의 성화는 그리스 올림피아에서 엄숙한 의식을 거쳐 태양빛으로 점화된 뒤 개최도시까지 릴레이 형식으로 봉송되고 있다. 여기에는 고대와 근대 올림픽의 연결이라는 상징적 의미가 담겨있다. 성화의 첫 등장은 1928년 제9회 암스테르담 대회이고, 독일인 IOC위원 테오도레 레발트가 고안하였다. 1936년 제11회 베를린대회 때부터 행사의 한 부분이 되었고, 1952년 제15회 헬싱키 대회 때는 비행기로 운반되기도 하였으며, 1964년 제18회 동경 대회 때에는 그리스로부터 동경까지 약 26,000km를 10만명이 넘는 주자들이 운반하였다. 1972년 제21회 몬트리올 대회 때에는 처음으로 남녀 선수가 나란히 성화를 잡고 점화하는 형식을 취하였다.

5. 마라톤의 유래

BC 490년 페르시아군 이만오천명이 그리스 침공을 위해 배를 타고 아테네와 에레트리아(Eretria)로 향했고, 이 소식을 접한 아테네인들은 스파르타에 원군을 요청하기로 결정했다. 그러나 스파르타군은 종교의식을 이유로 6일 후에나 출동이 가능하다는 소식을 보내왔다. 대책을 고민하던 아테네인들은 밀티아데스(Miltiades)의 제안을 받아들여 성곽안에서 수동적으로 대처할 것이 아니라 출동하여 들판에서 밀려오는 적과 맞서 싸우기로 결정한다. 9월의 어느 새벽녘에 마라톤벌판에서 페르시아대군과 격돌한 그리스군은 수적 열세에도 불구하고 동맹도시 플라타이아이(Plataiai)가 보내준 원군에 힘입어 대승을 거둔다. 이 전투에서 페르시아군은 6,500명 정도의 병력을 잃었고, 아테네는 192명의 군인을 잃었다. 전투가 끝난 직후 밀티아데스장군은 페이디피데스(Pheidippides)라는 군인을 40킬로미터 떨어진 아테네로 보냈고, 이 병사는 단숨에 들판을 달려가 “Nenikekamen!”(우리가 이겼다)이라는 말을 남기고 절명하였다.

이상이 우리가 알고 있는 마라톤의 기원이다. 기원전 490년에 마라톤벌판에서 소수의 그리스연합군과 페르시아대군이 격돌하였고, 이 전투에서 예상을 뒤엎고 그리스연합군이 대승을 거둔 것까지는 역사적 사실이다. 그러나 그 다음 이야기, 즉 밀티아데스장군이 페이디피데스를 도보로 40km 떨어진 아테네로 보냈다는 이야기는 꾸며냈을 가능성이 크다.

이 영웅적인 이야기는 마라톤전투가 끝나고 560년이 지난 후에 플루타르크에 의해 작성된 역사서에 처음으로 등장하는데 그것을 뒷받침할 만한 자료가 전혀 제시되어 있지 않다는 점에서 그 사실성이 의심된다. 또한 당시 그리스군의 주력부대는 비록 보병이었지만, 기마병도 분명히 존재했었기 때문에 이런 급보를 전하는데 기마병이 아닌 보병을 보냈다는 점 역시 이해되지 않는 대목이다.

이런 전설이 퍼지게 된 데는 18세기 유럽의 낭만주의가 한 몫을 했다는 주장도 있다. 400년 가까이 지속된 오스만-투르크의 지배에서 벗어나려는 그리스, 그리고 그리스의 저항세력을 도와 터키의 세력을 약화시키려는 유럽 국가들에게 이런 마라톤전설은 매우 매력적으로 비춰졌을 것이다. 이 대회를 주창한 사람은 프랑스의 그리스전문고고학자이며 신학자였던 미셸 브레알(Michel Breal)이었다. 쿠베르탱(Coubertin)의 절친한 친구이기도 했던 그는 이 언덕에 서서 당시의 일을 상상해본 후 감격에 겨운 나머지 쿠베르탱에게 이 코스를 달리는 경기를 제안하였다. 결국 쿠베르탱은 이 제안을 받아들여 1896년 4월 10일에 역사적인 마라톤경기를 시작하였다. 이 경기는 2,386년 전에 있었던 그리스연합군의 승전을 축하함과 동시에 당시 숨을 거두었다고 믿었던 그리스병사를 추모하기 위한 것이었다. 이라크와 이란 사람들은 마라톤을 하지 않는다. 그

지역의 날씨가 덥고 습하여 달리기에 적합하지 않은 측면이 있지만 페르시아제국의 역사적 법통을 계승했다는 인식을 갖고 있는 국가들이기에 패전의 기억을 되살리고 싶어 하지 않는 심리도 작용했을 것이다.

초기 마라톤대회 참가자들은 대부분 그리스인이었다. 제1회 마라톤대회가 열리던 당시 주경기장에는 약 7만의 관중이 모였던 것으로 전해진다. 어느 순간 호주사람 플랙(Flack)이 선두라는 소문이 전해지자 관중들 사이에는 실망의 빛과 함께 무거운 침묵이 돌았다. 그러나 잠시 후 말을 탄 채로 마라톤경기를 참관하던 전령이 경기장으로 들어와 국왕에게 그리스인 루이스(Spyridon Louis)가 선두라고 알리자 관중들은 환호하기 시작했다. 잠시 후 루이스가 경기장에 진입했다. 왕자 둘이서 그에게로 달려가 양 옆에서 나란히 뛰었으며, 국왕 앞을 지나면서 그가 고개를 가볍게 숙이며 인사를 하자 국왕은 기립하여 첫 마라톤 우승자에게 경의를 표했다. 당시 그의 기록은 2시간 58분 50초였다. 루이스의 출발은 매우 부진했다. 그러나 그는 다른 선수들이 피로한 기색을 보이기 시작한 32km 지점부터 두각을 나타냈다. 더위와 고통을 견뎌내면서 그는 선두주자였던 프랑스의 알뱅 레르므쥬(Albin Lermusiaux)를 따라잡았고, 이어서 800m와 1,500m 우승자인 호주의 에드윈 플랙(Edwin Flack)도 따라잡았다. 그의 금메달은 최초의 올림픽개최국인 그리스가 따낸 유일한 금메달이었다. 이 일로 그는 일약 국민적 영웅이 된다. 23세의 이 청년이 양치기라는 말도 있고, 우편배달부 또는 귀한 집 아들이라는 소문도 있다. 그러나 실제로는 옹기에 물을 담아 아테네의 각 가정에 배달해주는 물장수였다. 당시 IOC는 그에게 염소 한 마리를 선물했고, 왕은 말과 마차를 하사했으며, 국가는 연금을 약속했다. 그의 고향마을에서도 땅을 한 에이커 제공해주었으며, 이발사 한 사람과 구두닦이 한 사람은 그에게 평생 무료로 면도와 구두 손질을 해주겠다고 약속했다.

제7장 근대 유럽체육의 이해

1. 근대 유럽체육의 체육사적 의의

체육은 오늘날 교육의 한 분야로 자명하게 인식되고 있다. 초등학교, 중학교, 고등학교, 심지어는 대학교에서까지 체육교과를 개설하여 학생들에게 제공하고 있다. 학교는 교육의 주무기관이기 때문에 이곳에서 제공하는 모든 교과목은 피교육자의 교육에 나름대로의 기여를 하고 있다고 간주된다. 체육 역시 교육기관에서 제공하는 교과목의 하나이기 때문에 분명 인간의 교육에 일조한다고 말할 수 있다.

오늘날 교육기관에서 체육이 차지하고 있는 자명한 위상은 불과 백여 년 전까지만 해도 그다지 자명한 현상이 아니었다. 조선시대의 대표적인 교육기관이라고 할 수 있는 서당의 교과과정에 체육이라는 과목은 없었다. 서양 중세시대의 대표적 교육기관인 수도원에서도 체육을 가르치지는 않았다. 그렇다면 언제부터 체육이 하나의 교과로서 공식적으로 인정받게 되었을까?

체육이 교육기관의 공식적 교과목으로 정착될 수 있었던 것은 전적으로 근대 유럽인들의 노력에 의해서이다. 그들의 노력이 없었다면 여전히 체육이라는 교과는 학교에서 생소한 분야로 남아 있었을지도 모른다. 그렇다면 어떤 이유에서 근대 유럽인들은 체육에 관심을 기울였고, 급기야는 그것을 인간교육의 필수 요인으로 정착시켰으며, 그 과정에서 어떤 어려움이 있었을까? 먼저 근대 유럽체육이 의미하는 바를 분명하게 규정하고 이 물음에 답을 찾도록 하자.

근대 유럽체육이란 한 마디로 근대라는 시대에 유럽이라는 지역에서 행해진 체육을 말한다. 그렇다면 언제부터 언제까지를 근대로 보아야 할까? 이러한 의문은 우리를 시대구분의 문제로 이끌어간다.

서양 역사학에서 시대는 다양한 방식으로 구분되어왔다. 헤시오도스(Hesiodos: B. C. 700년경에 활동한 고대 그리스의 시인)는 인간의 시대를 금의 시대, 은의 시대, 철의 시대로 삼분하였다. 이러한 시대구분에는 역사가 퇴보한다는 사관이 전제되어 있다. 금에 비유할 수 있는 먼 과거, 은에 비유할 수 있는 과거, 그리고 철에 비유할 수 있는 현재로 역사를 분류하는 방식은 고대 중국에서도 찾아 볼 수 있다. 고대 중국인들은 늘 과거 시대, 과거 왕들의 치적을 이야기하며 현재의 타락을 비판하였다. 공자의 논어에서 이러한 관점을 찾아 볼 수 있다. 한편 기독교에서는 예수의 탄생을 기점으로 하여 예수 탄생 이전인 기원전(Before of Christ)과 이후인 기원후(Anno Domini: in the year of our Lord)로 이분하고 있다. 르네상스 초기에 활동했던 역사가 빈도(Bindo, 1388-1463)는 역사를 고대와 중세로 이분하였으며, 세라리우스(Cellarius, 1634-1717)는 오늘날 가장 많이 사용하고 있는 고대, 중세, 근대의 삼분법을 이용하여 역사를 시대구분하였다.

그렇다면 근대 유럽체육이란 중세이후 유럽의 체육을 말하는 것일까? 물론 그렇게 볼 수도 있다. 이러한 시대구분에 따라 스포츠의 역사를 논하고 있는 대표적인 인물로서 알렌 거트만(Allen Guttmann)을 들 수 있다. 그는 시대를 선사시대와 역사시대로 구분하고, 역사시대를 다시 고대(그리스와 로마시대), 중세, 근대로 삼분하였다. 아래의 <표 1>은 그가 근대 스포츠의 특징을 규명하기 위하여 제시한 일종의 시대구분도표이다. 흥미로운 점은 각 시대별 스포츠의 특징이 일목요연하게 정리되어 있다는 점이다.

<표 1> 거트만이 제시한 시대별 스포츠의 특징　　출처: A. Guttmann(1979)

시대구분 / 특 징	선 사 시 대	역 사 시 대			
		고 대		중 세	근 대 (광의)
		그리스시대	로마시대		
세 속 성	○/×	○/×	○/×	○/×	○
평 등	×	○/×	○/×	×	○
전 문 화	×	○	○	×	○
합 리 화	×	○	○	×	○
관 료 화	×	○/×	○	×	○
수 량 화	×	×	○/×	×	○
기록추구	×	×	×	×	○

거트만의 시대구분에 따른다면 근대 유럽체육은 중세 이후 유럽에서 전개되어온 체육을 말하는 것이 된다. 그러나 거트만의 입장을 전적으로 수용할 수 없는 이유가 있다. 보편사와 특수사는 반드시 동일하게 전개되지는 않기 때문이다. 거트만의 근대는 보편사적 근대 또는 광의의 근대라고 말할 수 있다. 특수사에는 보편사와는 다른 또 하나의 근대가 존재한다. 근대 유럽체육에서 근대가 지칭하는 시기는 바로 다음의 <표 2>에 나타난 근대, 협의의 근대에 해당된다.

<표 2> 광의의 근대와 협의의 근대

광 의 의 근 대 (14C부터 현재까지)				
르네상스시대 (14-15C)	종교개혁기 (15-16C)	계몽주의시대 (16-18C)	근대(협의) (18C말-1945)	현 대 (1945-현재)

2. 근대 유럽체육의 전개

1) 근대 유럽체육의 출현배경

근대에 유럽에서 체육은 주로 독일을 중심으로 전개되었다. 먼저 근대 유럽체육의 출현배경을 개인적 관점과 사회적 관점으로 나누어 살펴보겠다.

(1) 체육의 출현에 대한 개인적 요청

유럽의 중세사회는 대개 교회를 중심으로 한 소규모 생활공동체들로 이루어져 있었으며, 교회와 교회에서 제공하는 교리는 중세 사람들이 어떻게 살아야 하는지에 대한 확실한 규범을 제공해 주었다. 신의 피조물로써 인간은 내가(인간이) 누구이며, 어떻게 살아야 되는지 스스로 자문할 필요가 없었다. 자신의 존재규정 및 행위설정과 관련하여 단지 자신을 창조해 낸 신의 의도와 목적을 알려고 노력하는 자세만이 필요할 뿐이었다. 이러한 시도를 이론적으로 체계화시킨 것을 우리는 신학이라고 부른다. 신학은 중세 유럽인의 실천적 원리였을 뿐만 아니라 중세 유럽사회를 유지시켜주는 사상적 지주이기도 하였다.

르네상스 이후 중세 신학이 몰락하면서 유럽사회는 큰 혼란에 빠지게 된다. 마틴 부버(Martin Buber)는 중세 신학의 몰락을 기점으로 인간의 역사를 "주거의 시대"와 "주거부정의 시대"로 양분하고 있다.

> "주거의 시대에 인간은 마치 집속에 거주하듯이 세계 내에서 살아왔다. 그러나 주거부정의 시대에 인간은 마치 지붕도 벽도 없는 낯선 벌판에 서 있듯이 세계 내에서 살아가고 있다. 주거의 시대에 인간학적 물음은 세계론적 물음의 일부였다. 그러나 주거부정의 시대에 들어서면서 인간학적 물음은 점차로 심도 있게 제기되었으며, 종국에는 독자적인 분야를 형성하기에 이른다. … 인간의 역사에 있어 인간 자신에 관한 물음이 진지하고 심도 있게 제기되었던 시기는 대개 인간이 낯설고, 피하기 힘든 외로운 기분을 느꼈을 때였다."(Buber, 1962, 352)

삶의 이정표였던 중세신학이 붕괴된 이후 방황하던 유럽인들은 결국 신이 아닌 자기 자신에 의존하는 사상을 발전시키게 된다. 소위 시민철학의 시대가 시작된 것이다. 근대 시민철학에서 인간은 더 이상 신에 의해 타율적으로 규정되는 존재가 아니라, 스스로 자기 자신을 규정할 수 있는 자율적 존재로 인식된다. 근대인들은 이러한 자율성이 무엇보다도 선천적으로 주어진 이성적 능력에 의해 가능하다고 생각했다. 이성은 수학 및 역사적 세계관과의 협력 하에 자신의 권능을 입증하였다. 수학 및 역사적 세계관이란 인간이 세계를 더 이상 경외의 대상으로 보지 않고 계측 가능하고, 변화 가능한 것으로 보는 태도를 의미한다. 인간은 자신에게 생득적으로 주어진 이성의 의지에 따라 자유롭게 자연을 정복하고 자신의 존재와 미래를 스스로 규정해 나아갔다.

이와 같이 이성의 발견을 통해 중세의 붕괴라는 위기를 극복하려고 시도했던 초기 근대인들은 삶과 교육에서 그 어느 때보다도 합리성과 이성을 강조하기 시작했다. 인간교육은 이성의 능력을 더욱 강화하고 확대시키는 방향으로 나아가게 된 것이었다. 이 과정에서 신체와 정신 활동이 조화를 상실하게 되는 것은 당연한 결과였다. 삶과 교육에서 감성에 대해 이성을, 신체에 대해 정신을, 자연에 대해 문화를 지나치게 강조하다보니 균형과 조화가 급격하게 상실되었다.

이러한 사회적 배경 하에서 사람들은 체육을 새롭게 인식하게 되었다. 조화를 상실한 근대인은 균형을 회복하기 위해 감성, 신체, 자연에 관심을 기울이기 시작한 것이다. 이러한 규형 회복 노력의 선두에 섰던 이가 자연주의철학자로 알려진 장자크 루소이다. 그는 "자연으로 돌아가자"는 구호아래 신체교육과 감성교육을 강조하는 자연주의 교육을 제창하였다. 그의 뒤를 이어 범애주의자들이 등장하여 루소의 이론을 다양한 방식으로 실현하려고 노력하였다. 이들의 노력으로 사회에서 체육활동이 확대되었고, 학교에서 체육교과가 정착되었던 것이다.

(2) 체육의 출현에 대한 국가적 요청

1797년 시작된 나폴레옹의 유럽정복은 19C초에 이르러 절정에 달했다. 나폴레옹에 의해 정복당한 유럽의 제 국가들은 국권을 회복하기 위해 다양한 노력을 기울이기 시작했다. 정복국인 프랑스 역시 피정복국가들의 보복위협으로 인하여 위기의식을 느끼고 있었다. 이러한 분위기 속에서 유럽 각국에서 민족주의(Nationalism)가 대두되기 시작했다.

국권을 회복하려는 유럽의 각 국가들은 무엇보다도 문약에 흐르는 이성 중심적 교육을 지양하고 강한 국민을 양성하기 위해 노력하기 시작했다. 이러한 방향전환은 무엇보다도 국민들이 정신적으로 나약하고 신체적으로 허약했기 때문에 국권을 상실했다는 진단에 근거한 것이었다.

이제 유럽 사회는 정신을 담금질하고 신체를 강화시켜줄 수 있는 교육을 절실히 원하게 된 것이다. 이러한 과정에서 체육의 가치가 재발견되었다. 체육은 국민을 통합시키고 국민의 체력을 향상시키는 유용한 교육 수단이 될 수 있다는 인식이 싹트게 된 것이다. 이러한 인식은 특히 독일을 중심으로 나타나기 시작하여 전 유럽으로 확산되었다.

2) 근대 유럽체육의 전개

(1) 루소(J. J. Rousseau, 1712-1776)의 자연주의

프랑스의 사상가 루소는 자연주의 교육을 제창한 철학자로 잘 알려져 있다. 자연주의란 "자연에 따라서"를 원칙으로 삼는 교육사상이다. "자연에 따라서" 교육한다는 의미는 인간의 자연성, 즉 아동의 자발성, 흥미, 본능 등을 인정하고, 그 기초 위에서 교육을 시행한다는 말이다. 루소가 제창한 자연주의 교육의 목적은 한 마디로 "자연인"의 양성이었다.

루소가 길러내기를 원했던 자연인이란 기존 문명사회의 인위적 허세와 지적 귀족주의, 이기주의에서 벗어난 상태의 인간을 말한다. 또한 지적 능력뿐만 아니라 감성 및 신체 능력도 조화롭게 발달한 인간을 뜻한다. 여기서 인간교육의 일환으로서 체육의 필요성이 부각되었다.

루소는 자신의 자연주의 교육을 구체화하기 위하여 『에밀(*Emile*)』이라는 교육관련 책자를 저술하였다. 이 책자에서 루소는 인간의 발달 단계에 따른 교육 내용을 다음과 같이 네 단계로 나누어 제시하였다. 제1단계인 유년기(1-5세)에는 신체 단련을, 제2단계인 소년기(5-12세)에는 감각기관의 훈련을, 제3단계인 청년기(12-15세)에는 지식교육중심의 이성 훈련을, 제4단계인 청년후기(15-20)에는 감성, 성, 사회관계 교육을 강조해야만 한다는 것이 루소의 생각이었다.

루소가 에밀에서 제시한 단계별 교육내용에서 확인할 수 있듯이 체육은 자연주의교육의 중심적인 부분이라고 할 수 있다. 루소는 유년기과 소년기, 그리고 청년후기의 교육에서까지 체육을 강조하고 있음을 알 수 있다. 그러나 루소는 이론가였지 실천가가 아니었다. 루소이론의 실천은 소위 "범애주의자(Philanthropist)라고 불리는 일단의 독일 개혁교육자들에 의해 시도되었다.

(2) 범애주의(Philanthropism)

범애주의란 종교, 국가, 계급에 상관없이 인간에 대한 넓은 사랑을 기반으로, 보편 교육을 통하여 행복한 시민을 만드는 데 일차적 관심을 지닌 교육사조이다. 이 교육사조의 대표 인물에는 바세도우, 잘쯔만, 구츠무스, 비스 등이 있다.

바세도우(Johann Bernard Basedow, 1723-1790)는 루소의 교육이론을 최초로 실천에 옮긴 사람으로서, 소위 "근대체육의 시조"라고 일컬어지는 인물이다. 그는 1774년 데사우(Dessau)에 사범학교를 설립하고, 이 학교를 범애학교(Philanthropium)라 칭하였으며, 루소의 이상에 따라 주지과목을 줄이고 춤, 자전거 타기, 뛰기, 수영 등과 같은 놀이의 지도를 중심으로 하는 비주지과목을 개설하였다. 바세도우가 남긴 주요 저서로는 『지도법 교재(*Das Methoden Buch*)』와 『기초 기술론(*Das Elementar Werk*)』이 있다. 그의 학교는 운영난에 시달리다 결국에는 폐교되고 말았다.

잘쯔만(Christian G. Salzmann, 1744-1811)은 바세도우의 뜻을 이어받아 범애주의교육을 성공시킨 인물이다. 그는 바세도우 학교의 종교교사로 재직하다가 바세도우 학교가 폐교된 이후 슈네펜탈(Schnepfental)에 제2의 범애학교를 세웠다. 바세도우의 학교에서보다 체육교육을 더욱 강조했던 슈네펜탈 범애학교에서는 체육수업이 매일 오전 11시부터 12시까지 규칙적으로 시행되었다. 짤쯔만은 보다 효율적인 체육수업을 위해 체육의 교육적 효과, 교육 내용, 교수 방법 등을 연구하였으며, 도약대, 평균대, 게임, 오락, 하이킹 등을 체육수업 내용에 포함시켰다.

구츠무츠(J. F. Guts Muths, 1759-1839)는 슈네펜탈의 범애학교 교사로서 50년 동안 재직했던 인물로서 흔히 근대체육의 아버지로 일컬어지고 있다. 그가 저술한『청소년을 위한 체조(*Gymnastik für die Jugend*)』(1793)는 당시 베스트셀러가 되었으며 이후에도 40개 국어 이상으로 번역되어 체육교육론의 고전서적이 되었다. 구츠무츠는 전인개념을 도입하여 신체운동을 인간학 및 교육학적으로 정당화함으로써 체육을 체계적으로 이론화한 인물이다. 그의 체육이론은 통렬한 시대 비판에서 출발하고 있다. 그에 따르면 자연과 괴리된 당시의 일상생활은 운동부족이라는 문제를 야기했으며, 이로 인해 인간은 신체적으로뿐만 아니라 도덕적으로 허약하게 되었다는 것이다. 이러한 시대 비판에 근거하여 구츠무츠는 인간을 완전하게 발달시키기 위해서는 정신과 신체를 조화롭게 유지할 수 있도록 모든 힘을 발현시켜주어야만 한다고 하였다. 모든 힘들의 발현에 적합한 내용을 선정하기 위하여 고대의 고전을 연구한 구츠무츠는 기존의 체육교과내용에 고대 그리스의 5종 경기, 즉 달리기, 멀리뛰기, 창던지기, 원반던지기, 레슬링 등을 포함시켰다. 또한 그는 체조연습을 준비운동, 주운동, 체조운동으로 삼분함으로써 체조훈련의 체계화에 기여하였다.

비스(G. Vieth, 1763-1836)는『체육백과사전(*Versuch einer Enzyklopädie der Leibesübungen*)』(1795)을 출판하여 유명해진 인물이다. 그는 체육의 이론을 자연과학의 단계, 역학의 단계, 수학의 단계로 나누어 체계적으로 정리하였다. 또한 체조가 과학을 토대로 성립된 인간의 움직임이라는 점을 입증하려고 노력했다. 그는 자신이 저술한 『체육백과사전』에 체조를 종류별로 그리고 난이도별로 분류해 놓았으며, 유럽의 체육사를 정리하기도 하였다.

이상에서 살펴보았듯이 범애주의자들은 체육의 발달에 큰 기여를 하였다. 그들은 루소가 제창한 자연주의 교육이념을 직접 실천하였으며, 교사교육을 강조하였다. 또한 정신과 신체의 상호연관성을 인식하고, 인간교육에서 체육의 중요성을 강조하였으며, 범애학교 교육과정에 체육교과를 도입하였다. 이들은 교육 및 체육을 대중화시키기 위하여 힘썼으나 이러한 노력은 구호에만 그치고 말았다. 범애학교는 주로 소수의 상류층 자제를 위한 학교였기 때문이다. 체육교육의 대중화는 페스탈로찌에 의해 실현되었다.

(3) 페스탈로찌(J. H. Pestalozzi, 1764-1827)

페스탈로찌는 교육사상가이자 교육이론가, 그리고 교육실천가로서 유럽의 교육사에서 가장 위대한 공적을 남긴 인물이다. 유럽인들은 그를 교육의 성인으로 칭송하고 있다. 그가 세운 업적 가운데 가장 괄목할 만한 것은 교육과 학교의 자율성 획득에 대한 기여이다.

페스탈로찌의 교육사상은 그의 일반 인간학(Allgemeine Anthropologie)을 기반으로 하고 있다. 그에 따르면 인간은 자연의 작품이자 사회의 작품이며, 또한 자기 자신의 작품이다. 자연의 작품이란 생물학적으로 탄생한 존재를 뜻하고, 사회의 작품은 주변 환경과 상호작용하면서 사회화과정을 겪게 되는 존재를 의미하며, 자기 자신의 작품이란 자신이 바라는 인간이 되기 위해 스스로 노력하는 존재라는 뜻이다. 페스탈로찌는 이러한 인간이해를 토대로 인간을 세 가지 힘의 총체, 즉 신체적,

사회적, 도덕적 힘의 총체로 규정한다.

이상에서 설명한 일반 인간학을 기반으로 하여 페스탈로찌의 도야이론(Bildungstheorie)이 생겨났다. 도야이론에서 교육의 목적은 인간의 모든 능력을 조화롭게 발달시키는 것이다. 여기서 말하는 인간의 모든 능력이란 머리(지)와 가슴(덕), 그리고 손(체)의 능력이다. 참된 인간은 지육, 덕육, 체육의 조화를 통해서만 길러질 수 있다는 것이 페스탈로찌의 생각이었다. 우리가 전인교육의 핵심내용으로 곧 잘 이야기하고 있는 지덕체라는 개념을 처음으로 체계화시킨 이가 바로 페스탈로찌이다. 페스탈로찌는 19세기 초부터 1918년까지 체육이 독일어권의 공교육기관에 정규교과로 정착하는 데 크게 기여하였다.

(4) 체조운동(Turnbewegung)

체조운동은 19세기 초 얀에 의해 전개된 독일 민족주의운동의 일환이다. 이 운동은 1840년 경 독일어권 민족주의 형성에 큰 기여를 하였으며, 체육이 군사 및 정치적 목적 달성을 위해 도구로 이용되는데도 일조하였다. 체조운동을 계기로 체육은 외세에 대항할 강한 신체를 육성한다는 군사적 목적과 애국심 및 민족의식을 고취시킨다는 정치적 목적에 종속되었다. 체조운동은 제1기와 제2기로 나누어져 전개되었으며, 이 운동을 주도했던 대표적인 인물은 얀과 슈피스였다.

1800년부터 시작되었던 제1기 체조운동은 1820년까지 약 20년간 지속되었는데, 특히 1811년 얀이 베를린근교의 하젠하이데(Hasenheide)에 체조장을 건립하면서부터 본격화하였다. 당시 프로이센정부는 독립전쟁(1813-1815)이 종결될 때까지 이 운동을 무제한으로 지원하였지만, 1814과 1815년에 개최된 비엔나 회담 이후부터 체조 추종자들과 정치가들

사이에 갈등이 생겨났다. 1817년 제1기 체조운동은 정점에 이르렀으며, 당시 하젠하이데 한 곳에 등록된 체조클럽 회원만 해도 천 명이 넘었다. 1818년 보수주의자였던 오스트리아의 수상 메테르니히(Metternich)는 체조금지를 요청했다. 그 이유는 체조가 젊은이를 자유방임적으로 만든다고 여겼기 때문이었다. 결국 1820년 프로이센정부에 의해 공식적으로 체조금지령(1820-1840)이 선포되었다.

1837년 프로이센정부는 고등교육기관에 체조과목을 다시 설치하였으며, 1842년 "체조금지령"이 공식적으로 해제되면서 제2기 체조운동이 본격화되었다. 북부의 프로이센을 중심으로 전개되었던 제1기 체조운동과는 달리 제2기 체조운동은 서부 및 남부로도 넓게 확산되었다. 또한 구심점 역시 체조장중심에서 체조클럽과 학교체조 중심으로 변화하였다. 1848년에서 1949년 사이에 발발한 시민혁명 이후 체조운동은 조직화된 형태를 띠기 시작했다. 이때 체조클럽회원들이 대거 미국으로 이민을 가서 미국체육의 발전에 크게 기여하였다. 1856년에는 체조신문(Deutschen Turnzeitung)이 발간되었으며, 1860년에는 제1회 독일 청소년 체조제가 개최되었고, 이를 계기로 독일체조협회가 결성되었다.

얀(F. L. Jahn, 1787-1852)은 독일 체조운동의 선구자이며, 독일 체조의 아버지로 알려진 인물이다. 그는 1811년 베를린 근교의 하젠하이데(Hesenheide)에 고대 그리스의 훈련장인 팔레스트라를 모방한 체조장을 설립하여 체조 보급에 힘썼다. 얀이 저술한 『체조장 설립을 위한 독일 체조술(*Deutsche Turnkunst zur Einrichtung der Turnplätze*)』(1816)은 오늘날까지도 체조 서적의 고전으로 평가받고 있다. 얀은 이 책자에서 체조 수련의 목적을 향토애 및 애국심을 고취하고 정신 및 신체를 강건하게 하는 것으로 규정하고 있다.

슈피스(Adolf Spieß, 1810-1858)는 근대 독일 체조의 체계와 방법을 정립한 인물로 알려져 있다. 그는 소년 및 소녀를 위한 학교체조의 기틀을 마련하여 "근대 학교체조의 아버지"라고 불리기도 한다. 그가 1840년에 출판한 『체조기술지도법(*Die Lehre der Turnkunst*)』은 한 학과로서 체조의 합법성을 일목요연하게 제시하고 있다. 슈피스는 또한 전문적 체육교사를 양성하는 지도자교육의 기틀을 마련하였으며, 효율적인 체조연습을 위한 자연과학적 지식을 제공해주기도 하였다. 그가 제시하고 있는 체조의 목적은 전투력과 관련된 건강, 규율, 질서, 복종에 근거한 품성형성, 조국애 함양 등이다. 이러한 그의 생각은 다음과 같은 말에 잘 드러나 있다.

> "체조가 행해지는 어느 곳에서나 수업의 중요한 정신으로서 진지함과 엄격함이 유지되어야 한다. … 평화 시에는 국가의 질서와 안녕을 위한 충실환 시민을, 전시를 위하여 강인한 남성을 양성한다."

(5) 국가사회주와 체육

국가사회주의(Nationalsozialismus)란 자본주의 사회의 모순을 국가의 힘으로 해결하려는 사상과 운동을 말한다. 이 사상의 신봉자들은 당시 만연했던 마르크스주의적 해법, 즉 계급투쟁에 의한 사회문제 해결을 부정하고, 국가가 전폭적으로 개입하여 힘으로 사회문제를 해결해야 한다는 논리를 전개하였다. 이들이 생각하는 국가는 사회와 개인이 유기적으로 결합하고 있는 상태를 뜻한다. 이러한 사상은 19세기 말 독일서 발전하여, 비스마르크의 사회정책으로 표현되었으며, 히틀러의 나찌즘에서 극단화되었다. 신생국가였던 독일은 20세기 초반 정치, 경제적으로 매우 불안한 상황에 처해 있었다. 이때 히틀러를 수반으로 하는 국가사회주의정부가 등장하였다. 국가사회주의의 정치이념은 국민 협동정신, 국가 방어능력, 민족의식, 지도자정신 등으로 요약될 수 있다.

교육은 이러한 국가사회주의의 정치이념을 이루기 위한 주요 수단이었다. 당시 국가사회주의당의 수반이었던 아돌프 히틀러(A.Hitler, 1889-1945)는 1924년 발간된 자신의 저서 『나의 투쟁(*Mein Kampf*)』에서 다음과 같이 자신의 교육관을 피력하고 있다.

> "민족국가는 전 교육 작업에서 일차적으로 순수한 지식을 가르쳐 주입시키는 것이 아니라 강건한 신체의 발달에 힘을 기울여야 하며, 이차적으로 정신력을 향상시켜야 한다. 여기에서 정신력은 의지력, 결단력, 책임감을 의미한다. 마지막으로 과학적 지식과 기술향상에 전력을 다해야 한다."(A. Hitler, 1998, 451-452)

이 인용구에서 확인할 수 있듯이 체육은 국가사회주의교육의 핵심이었다. 즉 청소년은 체육활동을 통해 신체적으로뿐만 아니라 정신적으로도 강하게 단련되어야만 한다는 것이다.

히틀러는 1933년 정권을 획득한 후에 청소년교육에서 체육의 중요성을 한층 강조했다. "나의 교육학은 강함을 표방한다. 약자는 담금질되어야 한다. … 나는 강력하고, 당당하고, 그리고 담대한 청소년을 원한다. 나는 우리의 청소년을 다양한 체육활동을 통해서 강하게 교육시키고자 한다." 이 인용구에서 확인할 수 있듯이 히틀러가 생각하는 교육은 곧 체육이었다. 히틀러는 이러한 교육을 가장 잘 받은 청소년을 선발하여 소위 "히틀러 유겐트"라는 단체를 조직하기도 하였다. 이러한 과정을 통해 체육은 국가사회주의 교육의 핵심 부분으로 정착하게 되었다.

3. 근대 유럽체육의 평가와 교훈

1) 근대 유럽체육의 평가

근대 유럽체육의 전개 과정은 다음과 같은 긍정적인 결과를 가져왔다. 첫째, 이 과정에서 신체활동의 인간학 및 교육학적 가치를 다시 발견할 수 있게 되었다. 둘째, 이성, 정신, 문화 중심적 사회 분위기에서 감성, 신체, 자연의 가치를 부각시킬 수 있었다. 셋째, 이러한 요인들의 부각을 통해 교육에서 인간의 조화로운 발달을 추구하려는 노력들이 나타나게 되었다. 넷째, 이러한 노력의 과정에서 체육이 학교의 정식교과로 정착할 수 있게 되었으며, 이를 계기로 대중체육이 활성화할 수 있는 사회체육의 기틀이 마련되었다.

한편 근대 체육이 전개되는 과정에서 다음과 같은 부정적인 면이 노출되기도 하였다. 첫째, 체육이 민족주의와 결탁함으로서 정치적으로 도구화하게 되었으며, 이 과정에서 규율과 질서를 강요하는 권위주의적 체육이 정착하게 되었다. 둘째, 정치적 도구화로 인하여 체육은 더욱더 합리화 및 합목적화 되었고, 이 과정에서 체육활동의 놀이적 성격이 약화되었으며, 진지성, 노동성, 수단성이 과도하게 부각되었다. 셋째, 결국 이러한 체육활동의 성격변화로 말미암아 사람들은 체육에 대해 부정적인 인식을 갖게 되었다.

2) 근대 유럽체육의 역사로부터 얻을 수 있는 교훈

우리가 근대 유럽체육의 역사로부터 얻을 수 있는 교훈은 크게 두 가지이다. 첫 번째는 미래 체육의 전망과 관련해서 체육은 정치, 경제, 사회, 교육, 문화, 학문적으로 무한한 가능성을 갖고 있지만 체육 그 자체가 관건이 아니라는 교훈이다. 체육을 누가 어떤 목적, 어떤 방식으로 운영하느냐가 보다 중요하다. 구성 및 운영 방식에 따라 체육은 인간의 삶에 이롭게도, 또한 해롭게도 작용할 수 있기 때문이다. 한국 체육 역시 우리의 태도 및 행동 여하에 따라 바람직한 방향으로도, 바람직하지 않은 방향으로도 발전할 수 있다.

두 번째는 보편적인 삶의 태도와 관련하여 조화와 균형을 유지하려는 자세가 중요하다는 교훈이다. 체육이 태동하던 근대의 유럽사회는 삶에서 이성, 정신, 합리성 등이 일방적으로 강조되던 시기였다. 이와 같은 편향된 경향으로 인하여 삶의 조화와 균형이 상실되었다. 삶에서 조화와 균형이 상실되면서 개인은 건강의 문제에 직면하게 되었고, 사회는 질서의 혼란을 겪게 되었으며, 국가는 주권을 빼앗기는 위기를 맞게 되었다.

근대체육의 등장은 상실된 조화와 균형을 회복하려는 근대 유럽사회의 움직임과 깊이 관련되어 있었다. 그러나 이성, 정신, 합리성의 자리를 감성, 신체, 비합리성이 대신하면서 조화와 균형을 넘어서 또 다른 극단으로 치우치는 경향이 나타났다. 삶과 교육에서 감성, 신체, 비합리성이 과도하게 강조되면서 낭만주의운동, 체조운동, 국수주의 및 반유태주의의 물결이 전 유럽을 휩쓸고 지나갔다. 그로 인하여 유럽사회는 두 차례의 세계대전이라는 큰 고통을 겪게 되었다.

어떤 것이든 극단적 형태는 바람직하지 않다. 이성과 감성, 정신과 신체, 합리성과 비합리성, 인간과 자연이 조화와 균형을 유지하는 일은 결코 쉽지 않다. 조화와 균형은 한쪽에 치우치지 않으려는 부단한 노력을 통해서만 비로소 달성될 수 있다.

제8장 개화기 서양 근대 체육 및 스포츠의 도입과 전개

1. 개화기 근대 체육 및 스포츠의 도입과 전개 양상

서양의 근대 체육 및 스포츠가 한국에 도입된 때는 통상 개화기로 시대구분 하는 19세기 말엽이었다. 당시 기독교를 포교하기 위하여 내한한 서양의 선교사들은 근대 학교를 통하여 체육 및 스포츠의 보급을 꾀하였다. 근대 학교를 통한 체육 및 스포츠의 보급은 두 경로를 통해 이루어졌는데 그 첫째는 근대 학교의 정규교과였던 체육수업을 통해서였으며, 그 둘째는 수업시간 이외에 행해졌던 과외(체육)활동을 통해서였다. 당시 정규 체육수업은 그 내용에 있어서 주로 일본을 거쳐 도입된 서유럽의 체조와 병식체조로 이루어져 있었던 반면에 과외체육활동은 놀이적 성격과 경쟁적 성격을 동시에 지닌 스포츠로 이루어져 있었다 (나현성, 1985, 12-13).

이와 같이 근대 학교에서 교육적 목적을 위해 보급되던 서양의 체육과 스포츠는 시간이 지남에 따라 학교라는 협소한 울타리 안에 안주하지 않고 한국 사회 전반으로 급속하게 확산되었다. 체육 및 스포츠의 사회적 확산은 무엇보다도 학교운동회라는 계기를 통해 이루어졌다. 학교운동회란 과외(체육)활동이 활성화되고 체계화됨에 따라 대규모화 된 것으로서 학생 및 학교간의 운동경기대회의 형식을 띠고 있었다. 한국 최초의 운동회는 영어학교가 1896년 5월 2일 삼선교에서 개최한 화류회 행사에서 치러졌는데 독립신문은 당시의 상황을 다음과 같이 보고하고 있다.

> "영어학교 교사와 학도들이 이달 이튿날 동소문 밖으로 화류를 갔더니 오래 학교 속에서 공부하다가 좋은 일기에 경치 좋은 데 가서 맑은 공기를 마시고 장부에 운동을 하는 것은 진실로 마땅한 일이니, 다만 마음과 지각만 배양하는 것도 매우 소중한 일이니 몸 배양하는 데는 맑은 공기에 운동하는 것이 제일이요, 목욕을 자주 하여 몸을 깨끗하게 하는 것이 제일이다."(곽형기 외, 1994, 158)

영어학교의 두 번째 운동회는 1897년 6월 16일 훈련원(현 서울운동장)에서 개최되었는데 당시 독립신문은 운동회 개최장소의 주변 분위기와 경기 종목에 대해 다음과 같이 보도하고 있다.

> "16일 오후 4시 30분 영어학교학생들이 훈련원 안에서 대운동회를 열었는데 각국 공영사와 정부 국무대신 및 그 외 고관들과 외국 신사들을 청첩하였다. 훈련원 주위에는 울타리를 치고 그 울타리 위에는 붉은 기를 많이 꽂아 관람자가 무단히 출장 못하게 하고 대청은 많은 의자와 탁상이 놓여 있어서 거기에는 다수인의 내빈들이 착석케 하고 입구와 대청 앞은 태극기, 미·영 등의 국기로 다채롭게 장식되었고 총을 멘 학생들이 연병장에서 행진이 있은 후 각종

경기가 전개되었는데, 영국공사관 서기관 일닉스 씨가 경기자를 사정하고 영국인 교사 허치슨과 터너가 심판원이 되고 헬리팩스가 기록원이 되어 경기를 질서 있게 진행하였다. 대청에 임석한 내빈은 서울에 있는 각국 공영사 및 그의 부인들과 우리 관인들이 많이 참석한 가운데 대성황을 이루었으며 이날의 경기종목은 300보 경주, 600보 경주, 1350보 경주, 공던지기, 대포알던지기, 멀리뛰기, 높이뛰기, 사람 둘이 세 다리 달리기, 당나귀 달리기(20필 참가), 동아줄 끌기(12인조)로 되어 있고, 시상은 1,2,3 등으로 되어 있다." (나현성, 1985, 131)

위의 인용문이 보여주듯이 영어학교 운동회 규모는 오늘날 우리들이 생각하는 그런 운동회의 차원을 훨씬 넘어서고 있다. 각국 영사 및 대사들이 참석하고, 국가의 대신들도 참관하고 있는 상황으로 미루어 짐작할 때 그것은 국가적으로 큰 의미를 지닌 정치 행사이자 많은 주민이 참여하는 국민적 축제행사였던 것 같다.

영어학교에서만 개최되었던 운동회는 최초의 개최 이후 다른 학교로 급속하게 퍼져나갔으며, 나중에는 여러 학교가 경합을 벌이는 연합경기대회의 형태로까지 발전하였다. 1898년 5월 28일 모든 관립 외국어학교가 참여한 연합운동회가 훈련원에서 개최되었는데, 이 대회의 경기 종목은 100보 경주, 200보 경주, 400보 경주, 멀리뛰기, 높이뛰기, 철구, 씨름, 당나귀경주였다(나현성, 1985, 132). 또한 1907년에는 관·공·사립학교 모두가 동시에 참여하는 대규모의 학교운동회가 개최되기도 하였다.

운동회의 규모는 참여 학교의 수가 늘어남에 따라 더욱 커졌는데 그 이유는 학생선수와 학생응원단의 수가 늘어났을 뿐만 아니라 일반 관람객의 수도 크게 늘었기 때문이다. 당시의 관련 문헌을 살펴보면 운동회장 주변은 경기를 관전하러온 사람들로 인산인해를 이루었으며, 그야말로 큰 축제를 연상시킬 정도로 많은 사람들이 북적대었다고 한다. 이와 같은 상황으로 미루어 짐작할 때 당시의 운동회는 더 이상 학교 및 학생들만의 행사가 아니었으며 사회적, 국가 정치적으로도 큰 의미를 지닌 행사였다고 할 수 있다.

운동회가 대규모화되고 활성화되면서 나타난 또 다른 특징은 유희적 성격의 감퇴와 경쟁적 성격의 부각이다. 당시의 문헌들을 살펴보면 심판들의 판정을 두고 종종 학교 간 또는 관중 간에 격렬한 시비가 발생하였다고 한다. 이와 같이 비약적으로 발전하면서 개화기 한국사회에 서양의 근대 스포츠를 보급하는데 결정적인 역할을 했던 한국의 학교운동회는 한일합방 이후 일본 총독부에 의해 폐지되었다.

지금까지 19세기 말엽 서양의 체육 및 스포츠가 어떤 계기를 통해 한국에 수용되었고, 어떤 특수성을 띠며 전개되어왔는지 대략적으로 살펴보았다. 이제 이와 같은 서양 근대 체육 및 스포츠의 한국적 토착화과정에 대하여 한 가지 물음을 던짐으로써 논의를 시작하고자 한다. 그 물음은 서양에서 건너온 근대 체육 및 스포츠가 큰 갈등 없이 한국사회에 수용될 수 있었을 뿐만 아니라 그토록 짧은 시간에 한국사회 전체로 확산될 수 있었던 이유는 무엇일까라는 점이다. 근대 체육 및 스포츠라는 하위문화는 사실 한국과는 전혀 다른 문화풍토를 지닌 서구 문화권에서 싹이 트고 자라난 인간의 독특한 행위양식이다. 그럼에도 불구하고 그것은 큰 갈등 없이 한국이라는 이질적 토양으로 이식되었으며 부분적으로 한국적 특성(경쟁성의 부각)을 띠며 급속하게 성장할 수 있었다. 19세기 말엽의 한국이라는 토양은 과연 어떤 비료성분을 함유하고 있었기에 근대 체육 및 스포츠라는 서양의 묘목은 그리도 잘 성장할 수 있었을까?

인간의 행위양식으로서 체육 및 스포츠가 갖는 보편적 특성 이외에 19세기 말엽 한국이라는 토양이 갖는 특수한 자양분을 분석함으로써 당시의 서양 근대 체육 및 스포츠의 한국적 토착화과정을 보다 잘 이해할 수 있을 것이다. 이하의 논의에서는 19세기 말엽 서양 근대 체육 및 스포츠의 유입과 토착화과정을 보다 잘 이해할 수 있기 위하여 당시 체육 및 스포츠의 발달과정에 영향을 주었을 것으로 사료되는 당시 한국의 역사-문화적 요인과 사회-정치적 요인을 살펴보고자 한다.

2. 서양 근대 체육 및 스포츠의 도입과 전개에 영향을 미친 역사-문화적 배경

역사적으로 볼 때 한국의 문화는 근본적으로 샤머니즘적 세계관을 삶의 기반으로 하는 농경문화에 속한다. 이 고대 농경문화에 중국으로부터 불교 및 유교 문화가 유입되었다. 불교와 유교 문화는 개항 이전까지 한국의 사회 및 정치 제도에 유래를 찾아보기 어려울 만큼 큰 영향을 끼쳤다. 이렇게 볼 때 샤머니즘, 불교, 유교가 한국의 전통문화를 규정하는 핵심적 요소임을 부인할 사람은 아마도 없을 것이다. 그러나 한국문화의 특이한 점은 이 세 가지 세계관이 서로 고립된 채로 한국인들의 삶에 영향력을 행사하지는 않았다는 사실이다. 한국인들의 생활에서 이 세 요소는 서로 뒤섞인 채로 혼란스럽게 그 모습을 나타낸다. 20세기 초에 한국문화를 연구했던 문화학자 허버 존스(G. Herber Jones)는 이 점을 다음과 같이 쓰고 있다.

> "한국인들은 유교, 불교, 샤머니즘 세 가지 문화의 이질성을 이론적으로는 수긍하고 있으나, 그들의 일상생활을 살펴보면 이 세 가지

요인이 서로 뒤범벅이 되어 복합적으로 나타나고 있음을 쉽게 깨달을 수 있다. 한국인들은 일반적으로 이 세 가지 종교를 모두 신봉하고 있다. 평균적인 한국인 남성은 유교적 분위기에서 자라고 교육받았기 때문에 유교적 윤리관을 갖고 있으나, 자손의 잉태나 번성을 기원하도록 하기 위해서 자신의 부인을 절에 보내며, 삶에 위기가 닥쳤을 때에는 기꺼이 무당을 찾기도 한다."(Adami, 1983, 112)

이 인용문이 보여주듯이 전통적 한국문화는 그 핵심에 있어 불교, 유교, 샤머니즘 세 세계관 모두에 의해 골고루 영향을 받았을 것이며 하위문화로서 운동문화도 예외 없이 개항 이전까지 이 세 가지 세계관에 의해 직·간접적으로 영향을 받았을 것으로 사료된다. 이와 같은 역사 및 문화적 토양 위에 서양으로부터 유입된 근대 체육과 스포츠가 뿌리를 내리고 줄기와 잎사귀를 피울 수 있었을 것이다. 그러나 구체적으로 어떤 문화적 요인이 근대 체육 및 스포츠의 발달에 결정적인 영향력을 행사하였는지는 아직 명확하지 않다. 사태를 정확하게 이해하기 위하여 한국의 전통문화를 불교, 유교, 샤머니즘으로 나누어 각각의 기본 입장과 근대 체육 및 스포츠가 갖는 특성과의 부합성(符合性)을 추론해 보기로 한다.

1) 불교의 영향

불교는 끊임없는 수행을 통하여 붓다가 된 싯다르타(B.C.560-480)의 가르침에 근거하여 탄생한 무신론적 종교이다. 불교가 무신론적 종교인 이유는 신의 존재를 인정하지 않기 때문이다. 불교에서는 영원히 변하지 않는 존재를 인정하지 않는다. 이 세상에 존재하는 모든 것은 끊임없이 변화하며 그렇기 때문에 무상하다고 가르친다. 그러나 사람들은 이 무상한 실상을 인정하지 않고 오히려 세계는 고정되어 있다고 착각할 뿐만 아니라 무상하고 헛된 것에 집착한다. 여기서 인간의 괴로움이 생겨난다(Kunzmann, 1993, 21).

불교는 특히 금욕적 윤리관의 발달에 크게 기여하였다. 불가에서는 욕망과 욕망된 바의 충족이 일치할 때 인간의 삶은 행복해질 수 있다고 말한다. 반면에 이 양자가 괴리될 때 삶이 불행해진다고 설파한다. 따라서 불행을 피하고 영원한 행복을 얻는 방법은 오직 욕망을 억누르는 길, 즉 금욕의 길이다. 붓다는 수행을 통해 깨달은 바를 네 가지 거룩한 진리로 체계화하였다. 이 네 가지 진리는 인간에게 왜 괴로움이 발생하며, 그 괴로움을 없앨 수 있는 길은 무엇인가 하는 불교의 가장 체계적인 이론이다. 그것은 고성제(우리가 살아가는 인생은 괴로움으로 가득 차 있다.), 집성제(괴로움의 원인은 마음의 번뇌와 애타게 바라는 욕망이다.), 멸성제(괴로움을 없애고 열반에 들기 위해서는 근본 무지에서 벗어나고, 욕망을 버려야 한다.), 도성제(八正道는 열반에 이르기 위한 실천의 방법이다.) 등이다(Edsman, 1957, 1477).

네 번째 진리에서 팔정도가 뜻하는 바는 올바른 견해(正見), 올바른 생각(正思惟), 올바른 언어생활(正語), 올바른 행위(正業), 올바른 삶(正命), 올바른 노력(正精進), 올바른 상념(正念), 올바른 진리의 명상(正定) 등이다(Kunzmann, 1993, 23). 붓다는 네 가지 진리를 제시함으로써 삶의 괴로움을 없애고 열반에 이를 수 있는 가능성을 보여주었다. 여기서 가장 중요한 실천규범은 무욕이다. 불교가 한국인들의 삶에 끼친 영향 가운데 가장 큰 것이 바로 금욕주의이다. 다시 말해 불교의 영향을 받은 전통사회의 한국인들은 대개 금욕적인 생활태도를 내면화하고 있었다. 금욕적 생활태도가 내면화되어 한국인들은 대체로 수동적인 삶을 영위하였으며 그만큼 적극적이고 능동적인 생활태도를 결여하고 있었다.

이제 불교적 세계관의 입장에서 근대 체육과 스포츠를 생각해 보자. 근대 체육과 스포츠는 무엇보다도 적극적이고 능동적인 삶의 표현이며, 과정으로 이해할 수 있다. 근대 체육 및 스포츠의 주요 특징이라고 할 수 있는 신체 강조성, 경쟁 및 투쟁성, 유희 및 놀이성 등은 모두 능동적이고 적극적인 삶의 표현에 다름이 아니기 때문이다(Gerhardt, 1991). 따라서 불교의 영향을 받았던 전통 사회의 한국인들은 체육 및 스포츠에 부정적인 태도를 가졌을 것으로 추론된다. 물론 불가에서도 신체수행이 없는 것은 아니다. 불교를 나누는 방식이 여럿 있지만 수행방식에 따라 경불교와 선불교로 나누기도 한다. 경불교가 예로부터 내려오는 경전의 학습을 통한 수행을 강조한다면 선불교는 좌선과 명상을 통한 수행을 강조한다. 선불교에는 체육활동과 유사한 신체적 수행기술들이 여럿 있다. 그러나 선불교의 신체적 수행은 근대 체육이나 스포츠처럼 놀이적이지도, 경쟁적이지도 않다. 대개 신체활동량이 매우 적으며 오히려 명상적인 성격을 갖는다. 그것은 근대의 체육이나 스포츠활동과는 매우 다른 신체활동인 셈이다. 결론적으로 말해서 전통적인 불교문화는 개화기 근대 체육 및 스포츠의 발달에 그다지 큰 영향을 끼치지 않았을 것으로 사료된다.

2) 유교의 영향

유교는 인간의 올바른 삶을 목적으로 삼고 있는 동양의 실천 사상이다. 유교가 경전으로 삼고 있는 『논어』는 공자의 가르침을 그의 제자들이 한 권의 책자로 편집한 것이다. 유교에서 가장 기본이 되는 덕목은 인의예지신(仁·義·禮·智·信)이다. 이 덕목들로부터 인간 사이의 근본적인 관계, 즉 인륜이 도출된다(Kunzmann, 1993, 23).

유교는 특정 개인에게 부과된 권위를 정당화시켜주었으며, 이 권위에 대한 존중심은 한국인들의 의식 속에 깊숙이 각인되었다. 특히 왕의 권위, 조상의 권위, 연장자의 권위, 남자의 권위는 아무런 의심 없이 받아들여져야만 할 권위로 여겨졌다. 이 가운데 왕의 권위는 거의 절대적이었다. 유교에 따르면 왕은 하늘의 아들로서 하늘과 인간의 사이를 중재하는 역할을 맡고 있기 때문이다. 임금은 하늘의 질서에 따라 자신의 자식으로 치부되는 신하와 백성을 통치하였으며, 통치 원리는 법이 아니라 자기 자신의 의지였다. 다시 말해 왕의 의지가 곧 법인 셈이었다. 이와 같은 유교 사상의 통치원리를 근간으로 한국은 20세기 초까지 절대군주 국가를 유지할 수 있었다.

또한 유교 사상의 권위주의는 한국적 카스트제도를 성립시키는데 결정적인 역할을 하였다. 이 제도는 왕을 정점으로 하여 네 개의 신분계층으로 이루어져 있었다. 통상 사농공상(士農工商)이라고 일컫는 네 개의 신분계층의 가장 상위 계급은 사에 해당하는 지식인(유생) 및 관료(관직종사자) 계급이며, 그 아래 농부계급, 수공업자 계급, 그리고 상인 계급 순으로 이어졌다. 이 네 개의 계급은 다시 귀족층과 평민층 두 계층으로 나누어졌는데 지식인 및 관료 계급만이 귀족층에 속하였으며, 나머지는 모두 평민층에 속하였다. 귀족층은 양반으로 분류되었으며 매우 권위적이었고, 유교는 이들의 권위를 보장해 주는 사상적 밑받침으로 작용하였다(이상운, 1967).

유교의 도덕은 인간 개개인, 특히 가족구성원 및 자손들에게 공동체에 대한 일련의 엄격한 의무를 부과하였다. 따라서 한국에서는 오래전부터 집단주의적이고 가족주의적인 사고방식이 팽배하였다. 한국의 전통적 가족제도는 가부장적 대가족제도이다. 이 제도의 근간을 이루는 덕목은 孝 개념이었다. 자식은 부모를 존중해야만하고, 식솔들은 가부장에게 복종해야만 한다. 또한 세상을 떠난 조상님들께도 공경심을 표하는 뜻에서 제사를 지내야만 했으며, 전통적인 관습은 절대적인 규범력을 갖고 있었기 때문에 사회분위기는 대체로 보수적으로 흘렀다. 따라서 전통적 한국인들은 새로움과 변화에 매우 소극적인 성향을 보였다. 나이 역시 개인의 위광을 가름하는 중요한 요인이었기 때문에 연장자와 노인은 효도와 공경의 대상이었다. 이와 같이 한국의 종교적, 윤리적 태도 속에서 평등, 관용, 민주적 상호존중 등과 같은 이념은 발달하기가 매우 힘이 들었다.

유교가 남긴 또 다른 유산은 반개인주의적 전통이다. 유교의 영향을 강하게 받은 한국인들은 대개 자신의 일을 처리함에 있어 개인적 관심을 고려하지 않고 가족의 관점에서 고려한다. 이와 같은 개인주의적 사고의 결핍은 불교가 남겨준 금욕주의적 사고와 더불어 한국인들이 능동적이고, 주체적이며, 욕구충족적인 생활태도를 형성하는 데 심각한 방해요인으로 작용하였다. 만일 한국의 전통사회에 오늘날의 스포츠와 유사한 놀이형식이 존재하였다면 유교의 영향을 고려할 때 개인종목보다는 집단종목이 보다 발달하였을 것으로 추측해 볼 수 있다. 그러나 유교적 입장에서 볼 때 적극적인 신체활동을 핵심으로 하는 스포츠는 결코 권장할 만한 행위 양식은 아니었던 것 같다. 이러한 경향은 양반을 이루고 있는 문관뿐만 아니라 무관들에게도 마찬가지였을 것으로 생각된다. 문관의 경우 대체로 유교경전을 학습하는 일이 하루 일과의 대부분을 차지하고 있었다. 따라서 조선시대의 유생들 가운데는 운동부족으로 일찍 늙거나 만성 위염, 디스크, 척추만곡으로 고생했던 사람들이 많았다는 보고도 있다. 이 점을 정범모(1993, 13) 는 다음과 같이 기술하고 있다. "옛날 사랑방 양반처럼 손 하나 까딱 안하고 운동이라곤 책상다리 틀고

앉아서 꺼떡거리는 것뿐이라면, 소화불량, 수면불량, 동맥 경화, 관절 경화는 거의 필수일 것이다. 실제로 옛 양반들에게는 그런 조로 퇴화의 증상이 있는 사람들이 많았다." 군사업무를 관장했던 무관들의 상황도 크게 다르지 않았다. 그들은 직업적인 이유에서 신체단련을 해야만 했겠지만 본질적으로 지휘관급에 속하는 무관계급은 직접적인 무예연마보다는 독서와 사색을 요구하는 병법연구에 치중했을 것으로 사료된다.

3) 샤머니즘의 영향

양반계층과는 달리 평민계층은 오늘날의 스포츠와 유사한 활동을 즐겼다. 따라서 전통적 한국사회에는 매우 다양한 스포츠유사활동이 존재했었으며, 그 중 몇몇은 오늘날까지 이어져 내려오고 있다. 1884년 7월에 한국을 방문했던 미국인 알렌(Allen)은 자신이 목격한 한국의 전통적 스포츠유사활동(石戰)에 대하여 다음과 같이 기록하고 있다.

> "어른들끼리 행하는 이 격렬한 싸움은 간단히 언급할만한 가치가 있다. 이른 봄이 되면 적수가 되는 두 마을 사람들은 아직 얼어붙어 있는 평야에 모여 힘을 겨루는데, 그들은 머리를 보호하기 위해 새끼로 헬멧 같은 것을 만들어 쓴다. 싸움전개는 먼저 몽둥이로 무장한 선두가 서로 중립선을 넘어서 상대방 쪽으로 돌진한다. 그러면 선두를 보호하는 후방세력이 산등성이를 달려 내려오면서 상대방을 향해 돌을 던진다. 돌을 던지는 행위가 돌싸움에서 가장 중요한 대목이다. 한국 사람들은 돌을 던지는 데 매우 익숙하다."(이진수, 1990, 106)

위의 인용문에서 한국의 전통경기인 석전의 몇 가지 특징을 발췌해낼 수 있다. 첫째, 경기가 열리는 시기가 이른 봄이라는 점이다. 이 시기는 차전놀이나 고싸움의 경우도 마찬가지이다. 이진수에 따르면 차전놀이는 대개 음력 1월 14일과 15일 다시 말해 양력으로 3월 전후에 실시되며, 고싸움 역시 음력 1월 15일을 전후해서 시작되었다고 한다(1990, 107-108). 둘째, 승부를 결정하는 경기이며, 승부욕을 강하게 표출하고 있다는 점이다. 석전에서 나타나는 강한 승부욕은 다음의 인용에서 보다 뚜렷하게 나타난다.

"며칠 전 격렬한 돌싸움을 했던 한 사람이 병원에 찾아온 일이 있었는데, 그의 앞머리 양쪽 뼈 밑에는 금이 가 있었고 깨진 틈새로 뇌가 들여다보일 정도였다. 이 싸움을 목격한 군인들은 이 같은 경기에서 사력을 다하는 사람이야말로 훌륭한 군인이 될 자격이 있다고 생각하는 것 같았다."(이진수, 1990, 106)

셋째, 오락적 유희라는 점이다. 즉 이 경기는 표면적으로 보기에 보상이 없는, 행위 자체가 목적인 놀이적 특성을 갖는다. 따라서 직접적으로 생산물을 얻는 노동행위와는 다른 오락적 유희로 볼 수 있다. 넷째, 돌을 던지는 신체적 기능과 체력이 요구되는 활동이라는 점이다. 마지막으로 대중적이고 집단적 게임이며 수많은 관람객을 동반하는 경기라는 점이다. 다음의 인용문은 이 점을 명확하게 보여준다.

"돌싸움이 벌어져서 어느 한쪽이 우세하여 상대방이 달아나게 되면 천지가 진동하는 듯이 소란한 싸움이 벌어지고, 근처 산등성이에 있는 수천 명의 구경꾼들은 승리한 쪽에서 던지는 빗발 같은 돌멩이

세례를 피해 도망가며, 잠시 동안 공포감에 휩싸인다."(이진수, 1990, 106)

이상에서 살펴보았듯이 한국의 전통경기인 석전은 여러 면에서 오늘날의 스포츠와 유사점을 갖는다. 이 점을 반 달렌(Van Dalen) 등은 다음과 같이 기술하고 있다.

"한국의 전통적인 게임 가운데에는 돌싸움같이 대중적이고 집단적인 게임이 많다. 예를 들면 축국, 차전놀이, 고싸움 등이 대표적이다. 축국은 6세기에 이미 한국에서 실시되고 있었다. 이는 공을 발로 차는 경기로서, 승부를 결정하는 방법상에는 차이가 있기는 하지만 현재의 축구와 대단히 유사한 경기이다."(이진수, 1990, 106-107)

이와 같이 한국의 전통사회에서 서민계층에 의해 수행되었던 전통경기는 현대의 단체스포츠와 매우 유사한 모습을 띠고 있었음을 알게 되었다. 승부에 대한 집착, 집단적인 경기 운영방식, 강한 경쟁적 특성, 높은 신체 기술과 강한 체력의 요구 등은 분명 현대 스포츠와 공유하는 특성이기도 하다. 도대체 이와 같은 한국의 전통경기가 갖는 특성은 어디에서 연유한 것일까? 어떤 문화적 요인으로부터 비롯된 것일까? 앞서 살펴보았던 불교나 유교로부터 어느 정도 영향을 받았겠지만 불교나 유교적 문화 전통으로부터 설명할 수 없는 부분이 많다. 이제 샤머니즘과의 연관선상에서 이 특성들의 유래를 살펴보기로 하자.

한국의 자연환경은 농경문화를 건설하는데 유리한 조건을 제공하고 있다. 따라서 한국에서는 오래전부터 농경문화가 발달하였으며, 19세기 말엽 서구 문물이 대폭적으로 유입되기 이전까지 농업은 한국인들의 주요 생활 수단이었다. 농작물의 수확은 농경사회의 중요한 사건이다. 수확량이 좋고 나쁨에 따라 사회의 체제가 지속적으로 유지될 수도 있고 몰락할 수도 있기 때문이다. 따라서 농경사회의 구성원들은 모두 성공적인 경작에 큰 관심을 갖는다. 성공적인 수확은 농작물의 성장리듬과 일기의 변화 간에 적절한 관계가 유지될 때 가능하다. 인위적인 작업에 속하는 시기적절한 파종과 함께 땅과 하늘 간의 적절한 관계유지는 고대 농경사회가 지속적으로 생존하기 위한 필수 조건이었다.

고대 농경사회의 믿음체계는 인위적 생산노동(파종 및 수확)과 초월적 자연현상(일기변화) 간의 관계와 밀접한 연관이 있다. 이 생산노동과 자연현상의 조화로운 관계는 고대 농경사회인들의 행위방식을 파악하는 기본틀이 될 수 있다. 즉 고대 농경민족들의 행위는 우주적인 조화를 생성해내려는 의도의 표현으로 파악되어야만 한다. 한국의 고대 사회에서 우주적인 조화에 대한 바람은 샤머니즘적 행위에서 보다 구체화되어진다. 이와 같이 샤머니즘은 하나의 믿음체계로써 한국인들의 사회적인 삶에서 중요한 위치를 점유하고 있었다(Kim, 1982, 161).

샤머니즘적 세계관에 따르면 우주는 세 개의 영역으로 나누어져 있다. 하늘, 땅, 그리고 지하계가 그것이다. 이 세 개의 영역은 하나의 중간통로를 통해 서로 연결되어 있다. 하늘에는 신들이 거주하고 있으며, 지하세계에는 악귀들이 몰려 있고, 땅에는 인간들이 살고 있다. 중간통로는 우주를 연결하는 도로의 역할을 한다. 신들은 이 중간통로를 통하여 땅으로 내려올 수도 있고, 지하계로 내려갈 수도 있다. 사람이 죽으면 그 영혼이 이 중간통로를 통하여 하늘로 올라갈 수도 있고, 땅으로 내려갈 수도 있다. 또한 지하세계에 살고 있는 악귀들은 이 중간통로를 통해 악한 기를 지상으로 올려 보낼 수도 있다. 신들은 이 악귀들의 악한 기를 지하세계에만 머물도록 제한함으로써 땅위에는 우주적 조화가 지속된다. 만일 인간이 금기를 깨뜨리거나 우주적 조화를 방해하는 행위를 했을 때 질서가 무너지면서 악귀들은 중간통로를 타고 지상으로 올라오며, 그 결과 홍수, 가뭄, 흉작, 질병 등과 같은 재해 현상이 발생한다. 재해가 발생하면 깨진 우주의 조화와 질서를 다시 회복시키기 위하여 샤먼(무당)이 동원된다. 샤먼은 깨뜨린 금기를 보상하는 의미에서 하늘의 신들께 제물을 바치거나 각종 제례행위(춤이나 운동경기)를 통해 우주의 조화가 다시 회복될 수 있도록 빈다. 이러한 샤먼의 염원은 신에게 전달되고, 감동한 신은 지상으로 내려와 악귀를 다시 지하계로 축출한다. 그리고 우주의 조화는 다시 원래대로 복구된다(Eliade, 1975, 250).

샤먼에 의한 제례행사는 우주적 조화의 상실 이후뿐만 아니라 파종 또는 추수 이전에 풍작을 기원하는 의미에서, 그리고 추수 이후에 풍작을 감사하는 의미에서 수행되기도 하였다. 따라서 신께 제례를 드리는 축일은 보통 파종이나 추수 전후인 3월이나 9월에 있었다. 샤머니즘적 세계관에 따르면 제례와 같은 인간의 특정 행위는 자연현상과 인과적 연관성을 갖는다. 이러한 사고는 전통사회의 한국인들에게도 무시할 수 없는 영향력을 행사하였다. 앞서 서술한 석전 같은 전통경기에서 나타나는 강한 승부욕은 지금까지 설명한 샤머니즘적 관점에서 이해하여야만 할 것이다. 이 점을 이진수는 다음과 같이 말하고 있다.

> "과연 돌싸움, 차전놀이, 고싸움 등에서 보이는 승부에 대한 격렬성은 어디에서 나오는 것일까? 그것은 이 승부가 농경사회에서 가장 중요한 수확과 직접적인 관계를 맺고 있기 때문일 것이다. 한국인들은 이러한 대중적이고 대규모적인 신체운동에서 승리한 마을 쪽에 풍년이 든다는 신앙을 가지고 있었던 것이다. 농경사회에 있어 그

해의 경작물의 수확이 많으냐 적으냐 하는 문제는 그 사회의 경제, 정치 등에 상당히 큰 영향을 끼쳤고, 이러한 이유로 한국인의 민속놀이는 격렬한 승부성을 표출하게 되었던 것이다."(이진수, 1990, 108)

지금까지 한국인들의 운동문화에 대한 일반문화의 영향, 즉 불교, 유교, 샤머니즘의 영향을 살펴보았다. 고찰 결과 불교나 유교는 한국인들의 운동문화에 그다지 큰 영향을 끼치지 않은 것으로 사료된다. 반면에 샤머니즘은 매우 큰 영향을 끼쳤을 것으로 추측된다. 예컨대 석전, 고싸움, 차전놀이 등과 같은 한국의 전통적 경기에서 보이는 특성들은 샤머니즘의 영향 하에서 발달한 것으로 추측된다. 특히 이 경기들이 보여주는 강한 경쟁성과 승부에 대한 집착은 샤머니즘적 사고와 밀접한 연관이 있는 것으로 여겨진다. 개항 이후 서양의 체육과 스포츠가 도입되어 발전하면서 특히 경쟁적 특성이 두드러졌던 이유도 샤머니즘적 문화풍토 속에서 싹터 습성화 되어버린 한국인의 승부에 대한 강한 집착과 무관하지 않을 것이다.

3. 서양 근대 체육 및 스포츠의 토착화에 영향을 미친 한국의 사회-정치적 배경

1) 근대화운동

스포츠가 유입되었던 19세기말은 한국에서 왕권에 기반을 둔 봉건적 사회질서가 와해되고 근대적 사회질서의 정착을 목표로 하는 근대화운동이 적극적으로 전개되던 때였다. 한국사회의 근대화 요청은 이미 16세기 말엽 일본과의 힘겨운 전쟁을 겪은 후부터 나타나기 시작하였다. 임진왜란에서 쓰라린 패배를 맛 본 조선조의 지식인들은 이상만을 앞세우는 비현실적 유교를 의혹과 회의의 눈으로 바라보기 시작했으며, 급진적인 이들은 격렬하게 비판하기까지 하였다. 정치, 경제, 사회의 제 영역에서 유교가 내세우는 이상주의적 요청과 조선조의 현실 사이에는 뛰어 넘을 수 없는 간격이 존재했기 때문이었다. 따라서 전통적인 유교의 이념은 근본적으로 변화되어야 하며, 혁신되어야만 한다는 요청이 강력하게 제기되었다.

한편 17세기부터 한국사회에도 서서히 서양문명이 유입되기 시작하였는데, 특히 한자로 번역된 서양의 지도와 과학서적, 그리고 기독교 교리를 적은 신학서적들이 중국을 통해 대량으로 흘러들어오면서 서양문물의 유입은 가속화되었다. 새롭게 유입된 서양의 기술과 과학, 그리고 기독교사상은 조선의 지식인층에 큰 영향을 끼쳤는데, 그 결과 한국에서도 합리적인 사고가 싹틀 수 있었으며, 학문연구의 방법이 획기적으로 변화하였고, 조선조의 봉건적 계급질서에 반대되는 평등의 이념이 널리 알려지게 되었다. 이와 같은 당시의 사회-문화적 경향을 실학운동이라고 부른다. 실학이란 말 그대로 이론지향이 아닌 실천지향의 학문을 뜻하며, 실학운동이란 서양의 기술과 과학과 같이 실천지향적인 이론체계를 적극적으로 수용하고자했던 사상적 노력이었다. 실학운동가들은 서양문물의 적극적 수용을 위해 문호를 개방하고 외국과의 상거래를 활성화할 것을 끊임없이 요청하였다. 그러나 그들의 요청은 여전히 유교를 신봉하는 집권 보수 세력의 견해와 부딪혀 좌절되곤 하였다. 근대화의 요청이 보수 세력의 벽을 극복하고 현실화되기 시작한 것은 19세기에 이르러서이다.

1876년 일본 전함의 위협을 통해 타의적으로 부산항을 개항하면서 서양문명과 접촉이 활발해졌고, 이로 말미암아 조선사회의 근대화는 새로운 국면을 맞이하게 되었다. 1881년부터 1886년까지 5년간 조선왕조는 미국, 영국, 독일, 이태리, 러시아, 프랑스 그리고 일본 등의 국가들과 공식적인 외교 관계를 수립하였다. 조선의 개방은 한국의 개화세력들에게 근대화라는 그들의 이상을 실현시키기에 유리한 조건을 만들어 주었다. 당시 근대화의 개념은 산업의 근대화, 인간 의식의 근대화, 그리고 계몽과 교육을 통한 과학의 근대화를 의미하였다.

개화세력들은 교육의 근대화와 관련하여 유교의 정치 이념 실현을 최상의 목표로 삼고 있던 기존 교육을 철저히 거부하고 그 대안으로 실용주의적 교육을 제창하였다. 그리고 서양 선교사들의 도움으로 실용주의 교육을 수행할 수 있는 근대식 학교를 설립하였다.

1885년 최초의 근대식 학교인 한성학교가 설립됐고, 1886년 미국의 선교사가 그곳의 교사로 초빙되었으며, 자연과학과 외국어가 학교의 정규 교과과정에 삽입되었다. 1894년부터 1897년까지 각급 수준의 공립학교가 기반을 마련하였고 이조의 군사전문학교와 같은 특수학교도 새롭게 설치되었다. 중급 및 고급 수준의 학교 가운데는 미국 선교사의 지원을 받아 사비로 설립된 곳도 있었다. 서양의 근대 스포츠와 체조는 이 기간동안 근대학교의 교육내용으로 채택되어 한국에 유입되었으며, 그 이후 근대학교의 정규교과로 자리 잡게 되었다. 여기서 근대적 체육과 스포츠가 교육개혁을 추진하던 개화파 세력들에 의해 적극적으로 수용되어 근대학교의 주요 교과로 자리 잡을 수 있었던 이유를 추론해 보자.

체육과 스포츠는 무엇보다도 다양한 신체활동을 통해 이루어지는 적극적이고 능동적인 삶의 표현이다. 따라서 실용주의적 교육을 지향했던 개화파 세력들이 체육과 스포츠에 깊은 매력을 느꼈을 것이다. 그들은 특히 스포츠를 학교의 교육내용으로만 국한하지 않고 한국 사회 전반에 보급하려고 노력하였다. 이러한 노력으로 말미암아 학교운동회가 활성화되었으며, 그 결과 근대 체육 및 스포츠가 한층 손쉽게 한국사회 전반으로 확산될 수 있었다. 그 이외에도 이들은 다양한 스포츠단체들을 결성하였으며 각종 활동을 통해 스포츠를 보급하였다. 1906년부터 1910년 사이에 무려 10개의 스포츠단체가 결성되었다. 이상에서 살펴 본 바와 같이 서양의 근대 체육과 스포츠는 개화파 및 서양 선교사들에 의해 개화기 한국사회의 근대화 방편으로 인식되어 적극적으로 지원되었으며, 이러한 지원에 힘입어 비약적인 발전을 거듭할 수 있었다.

2) 민족주의운동

앞서 개화기에 근대 체육 및 스포츠가 비약적으로 발전할 수 있었던 정치-사회적 배경을 근대화운동과 연관시켜 설명해 보았다. 근대 체육 및 스포츠의 전개에 영향을 준 또 하나의 정치-사회적 배경은 민족주의운동의 전개이다. 이하의 논의에서는 민족주의운동의 전개가 근대 체육 및 스포츠의 발달에 어떻게 영향을 주었는지 알아보겠다.

개항은 한국사회에서 근대화운동을 촉진시키는 계기로 작용했을 뿐만 아니라 외세(특히 일본)에 대항한 '한국적 민족주의'를 탄생시키는 결과를 가져왔다. 개항으로 인해 국가의 주권이 크게 위협받았기 때문이다. 개항 이후 일본, 러시아 그리고 영국을 포함한 세계 각국의 제국주의 세력들이 진출함으로써 조선왕조는 체제 유지와 안정에 큰 위협을 느끼게 되었다. 국가가 이러한 위기 상황에 처함에 따라 근대화운동은 독립협회와 같이 국권신장을 목표로 결성된 정치 세력에 의해 이끌어지게 되었다. 그에 따라 한국 사회의 근대화운동은 일제에 의한 주권침탈에 항거하는 애국적 계몽운동의 형태를 띠게 되었다. 이와 같은 주권신장 운동 세력들은 교육을 자신들의 이념을 현실화하는 발판으로 삼았으며, 한국 국민들에게 보다 많은 교육 기회를 제공하고 올바른 지식을 전달하는 일을 일차적 과제로 설정하였다(송건호, 1975, 15).

국가의 주권을 신장하기 위하여 산업을 육성하는 일 이외에 청소년 교육에 많은 노력이 기울여졌다. 청소년 교육은 새로운 개혁 운동을 발판으로 한 각급 학교의 신설로 이어졌으며, 신설된 학교에서 청소년 교육을 통해 국가에 대한 애국심과 민족의식을 일깨울 수 있었다. 청소년 교육을 통한 민족주의운동의 전개를 목표로 삼았던 당시 학교 교육에서 체육과 운동회는 매우 중요한 역할을 담당하였다. 현실적 삶과는 무관한 유교 경전의 이론적 지식을 단순히 암기함을 목적으로 하며, 그 결과 한국인들을 문약으로 흐르게 했던 봉건적 유교 교육과는 달리 새로 도입된 근대적 체육교육은 학생들에게 신체를 단련하고, 이러한 과정을 통해 건강하고 강한 신체와 정신을 형성할 수 있는 가능성을 열어주었다. 또한 학교 운동회는 무엇보다도 국민들을 계몽시킬 수 있는 계기를 마련해 주었다. 운동회에 참가하는 선수들은 대개 학생들이었으나 그 경기대회를 적극적으로 지지했던 관람자들 중에는 일반 대중이 다수를 차지하였다. 운동회가 열리는 동안 운동회장 주변에서는 여러 행사들이 함께 열렸는데 그 가운데는 국민 계몽을 위한 연설회도 포함되어 있었다. 이 연설회는 대개 운동회를 관전하기 위해 모여든 사람들을 정치적으로 계몽시키기 위한 행사였다. 개항 이후 봉건적 사회질서가 해체되면서 전통적 지역공동체 역시 급격하게 붕괴되었다. 지역공동체는 다른 무엇으로 손쉽게 대체할 수 없는 공통체구성원들 사이의 의사소통 기능을 담당하고 있었다. 그러나 개항에 따른 지역공동체의 붕괴로 당시 한국 사회에서 정보를 대중에게 전달하는 일은 매우 어려웠으며, 그 결과 자유로운 의사소통이 불가능하였고 대중의 여론을 수렴하기도 수월하지 않았다. 이와 같은 상황에서 학교운동회는 중요한 의사소통기제로 기능할 수 있었다. 학교운동회장 주변에서 개최된 연설집회에서는 특히 국가에 대한 애국적 태도, 교육개혁의 필요성, 그리고 외세의 침투에 직면한 민족적 주체성의 확립 등이 강조되었다. 그밖에도 운동회장 주변에는 수많은 태극기가 게양되었고, 운동회가 끝난 다음에는 학생선수들과 일반 관람객 모두가 단합하여 국가와 왕에 대한 만세를 세 번 외치기도 하였다(이학래, 1990, 59-70). 이와 같이 학교운동회는 해를 거듭하면서 민족주의적 특성을 보다 강하게 띠게 되었으며, 그와 같은 계기를 통하여 민족의식이 보다 강하게 고취되었고 종국에는 일제를 규탄하는 반일 운동의 산실이 되었다. 따라서 일제는 한일합병 이후에 학교운동회를 전면적으로 금지하게 되었던 것이다.

4. 샤머니즘, 근대화운동 그리고 민족주의운동

이 장에서는 19세기 말엽 서양 근대 체육 및 스포츠가 한국에 유입되어 토착화되어가는 과정을 역사-문화적 관점과 사회-정치적 관점 두 입장에서 이해하려고 시도하였다. 개항으로 특징 지워질 수 있는 19세기 말엽은 서양문물이 급작스럽게 들이닥치기 시작한 시기였다. 서양의 근대 체육 및 스포츠도 이 시기에 도입되었다. 교육의 일환으로 도입된 근대 체육과 스포츠는 학교운동회라는 계기를 통해 사회 전역으로 폭넓게 확산되었다. 당시 근대 체육 및 스포츠의 토착화과정이 보여주고 있는 특징은 다음과 같이 요약되어질 수 있다. 첫째, 문화적 이질성에도 불구하고 한국사회에 큰 갈등 없이 수용되었다. 둘째, 급속한 속도로 한국사회에 전파되었다. 셋째, 여러 특성 중에서 특히 경쟁성이 크게 부각되면서 발전하였다. 넷째, 근대 체육 및 스포츠를 사회 전반으로 확산시키는데 결정적인 역할을 하였던 학교운동회는 한일합방 이후 일제에 의해 강제적으로 폐지되었다.

이상에서 언급한 개화기 한국에서 서양 근대 체육 및 스포츠의 토착화과정이 갖는 특성을 이해하기 위하여 당시 한국 사회의 역사-문화적 배경과 사회-정치적 상황을 분석한 결과 다음과 같은 결론에 도달할 수 있었다.

불교, 유교, 샤머니즘은 당시 한국 사회의 역사-문화적 배경을 형성하는 복합적인 요인이다. 전통사회의 한국인들은 불교로부터 금욕주의적 생활태도를, 유교로부터 반개인주의적 사고방식을 습득하였다. 이와 같은 특성은 한국의 전통경기에도 그대로 반영되어 있었다. 한국의 전통경기에 내재해 있는, 미래의 승리를 위해 현재의 희생을 감수하는 금욕주의적 태도와 경기방식의 집단적 특성이 바로 그 증거이다. 한국의 전통경기는 이러한 특성 외에도 오락성, 승부를 결정하는 경기, 능숙한 신체기량의 요구, 관중의 동반과 같은 특성들을 포함하고 있었다. 한국의 전통경기에서 특기할만한 점은 승부에 대한 강한 집착이다. 이러한 성향은 무엇보다도 샤머니즘의 영향 하에서 발달되었을 것으로 사료된다. 경기에서의 승리가 풍작을 가져다준다는 샤머니즘적 사고는 당연히 승부에 대한 강한 집착으로 표출될 수 있기 때문이다.

이상에서 살펴 본 바와 같이 불교, 유교, 샤머니즘이라는 역사-문화적 배경 위에서 발달한 한국의 전통경기는 근대 체육 및 스포츠가 갖는 특성과 유사한 특성을 갖고 있었다. 이러한 동질성은 서양의 근대 체육 및 스포츠의 무리 없는 수용에 중요한 변수로 작용했을 것으로 사료된다. 또한 전통경기에서 나타나는 승부에 대한 강한 집착은 근대 체육 및 스포츠의 전개에서 나타나는 경쟁성을 설명해주는 주요 요인이라고 할 수 있다.

개화기의 사회-정치적 상황과 근대 체육 및 스포츠의 전개가 갖는 연관성은 외래문물의 유입에 대한 적극적 수용과 반발이라는 두 가지 차원으로 나누어 생각할 때 보다 잘 이해되어질 수 있다. 외래문물의 적극적 수용은 근대화운동으로, 반발은 민족주의운동으로 표출되었다. 이 두 가지 사회-정치적 경향은 당시 근대 체육 및 스포츠의 전개에 매우 큰 영향을 미쳤다. 봉건적 사회질서가 와해되던 구한말, 근대적 사회질서의 정착을 목표로 했던 근대화운동은 산업의 근대화, 의식의 근대화, 계몽과 교육을 통한 근대화로 구체화되었다. 교육의 근대화와 관련하여 유교의 정치이념실현을 최상의 목표로 삼고 있던 전통적 교육이 거부되었고, 그 대안으로서 적극적이고 능동적인 삶을 표방하는 실용주의적 교육이 대두되었다. 근대 체육 및 스포츠는 무엇보다도 다양한 신체활동을 통해 이루어지는 적극적이고 능동적인 삶의 표현이었다. 따라서 개화세력은 근대 체육과 스포츠의 수용과 발달을 적극적으로 지원하였다. 다른 한편으로 개항은 외세의 진출을 허용함으로써 국가의 주권을 위협하는 결과를 초래하였다. 이와 같은 상황에 직면하여 외세에 저항하는 민족주의운동이 대두되었으며, 민족주의운동을 전개하던 사람들은 모든 기회를 이용하여 국민을 정치적으로 계몽하려고 노력하였다. 그리고 당시 운동회장 주변에는 수많은 대중이 모여들었기 때문에 대중을 계몽하기에 좋은 기회가 아닐 수 없었다. 이와 같은 이유에서 민족주의자들 또한 학교운동회를 적극적으로 지지했을 것으로 사료된다. 그리고 동일한 이유에서 일제는 한일합방 이후 운동회를 강압적으로 폐지하였다.

제9장 한국 엘리트스포츠 발달의 정치적 배경

1. 스포츠 신흥강국 한국

한국의 스포츠가 세계무대에서 두각을 나타내기 시작한 때는 1970년대이다. 1976년 몬트리올에서 개최된 하계올림픽경기를 시발점으로 한국의 엘리트스포츠선수들은 서서히 세계를 제패해 나가기 시작하였다. 이 경기에서 양정모선수는 대한민국 정부수립 이후 최초의 금메달을 획득한다. 일제 시대에 손기정선수가 베를린 올림픽경기에 참가하여 금메달을 획득하였지만 그 때 그의 가슴에는 태극마크 대신 일장기가 달려 있었다. 우리 선수가 가슴에 태극마크를 달고 올림픽경기에 출전하여 금메달을 획득한 것은 이때가 처음이다. 이 경기에서 한국은 금메달 1개 외에 은메달 1개, 동메달 4개를 획득함으로써 '스포츠 신흥강국'으로서의 면모를 과시할 수 있었다.

한국의 성적은 해를 거듭할수록 향상되어 1980년대에 들어서면서 괄목할 만한 성장을 이루게 된다. 1982년 인도의 뉴델리에서 개최된 아시안게임에 참가한 한국은 메달집계에서 3위를 차지하였고, 1986년 서울경기에서는 중국에 이어 2위를 기록하였다. 1984년 LA에서 개최된 올림픽경기에서는 금메달 6개, 은메달 6개, 동메달 7개 등 총 19개의 메달을 획득하여 세계 10위권의 반열에 오른다. 한국 엘리트스포츠의 정점은 1988년 서울에서 개최된 하계올림픽경기였다. 이 경기에서 한국은 12개의 금메달, 10개의 은메달, 7개의 동메달을 획득하여 세계 4위라는 신화를 창조하였다.

이상에서 살펴보았듯이 한국의 엘리트스포츠는 비교적 짧은 시간 내에 매우 급속한 성장을 기록하였다. 그렇다면 이와 같은 급속한 성장은 어떻게 가능했을까? 한 사회에서 스포츠의 발달을 설명하는데 가장 빈번하게 적용되고 있는 이론은 피라미드 이론모형이다. 이 모형에 따르면 한 사회에서 엘리트스포츠 발달은 대중스포츠라는 저변을 토대로 해야만 가능하다. 다시 말해 먼저 대중스포츠가 충분하게 발달하여 저변이 두텁게 형성된 연후에야 그 저변을 토대로 엘리트스포츠가 발달할 수 있다는 설명이다. 한국 엘리트스포츠의 발달을 설명하는데 이 모형을 적용하는 것이 과연 타당할까?

피라미드모델은 한국 엘리트스포츠의 발달을 설명하기 위한 논리로서 적당하지 못하다. 그 이유는 피라미드모델에서 엘리트스포츠가 발달하기 위한 전제로 상정된 저변이 한국의 경우에는 존재하지 않기 때문이다. 엘리트스포츠가 급속하게 성장하던 1980년대 중반의 대중스포츠의 발달상황을 살펴보면 이 점을 분명하게 깨달을 수 있다. 당시 한국의 스포츠구조는 피라미드구조가 아니라 역피라미드구조를 이루고 있었다. 과도하게 발달한 엘리트스포츠가 빈약한 대중스포츠를 짓누르고 있는 형상이다. 1980년대까지 스포츠는 어린이나 청소년 활동이라는 인식이 강하였으며, 학교를 졸업하면 접해보기 힘든 그 무엇이었다. 다수 한국인의 삶에서 스포츠는 큰 의미를 갖지 못하였다. 그 이유는 무엇보다도 다수의 한국인이 적극적으로 스포츠에 참여할 수 있을 정도의 시간적, 물질적, 관습적 조건을 갖추지 못하였기 때문이다. 그렇다면 한국의 엘리트스포츠는 어떻게 그렇게 빠르게 성장할 수 있었을까? 한국 엘리트스포츠가 급격하게 발달할 수 있었던 비결은 정부의 조직적이고, 체계적인 엘리트스포츠육성정책에 있다. 한국정부는 1960년대부터 스포츠의 운영권을 거머쥐고 경제개발계획일정과 유사하게 스포츠발전계획을 수립하여 엘리트스포츠육성에 법적, 행정적, 조직적, 재정적인 지원을 아끼지 않았다. 그리고 이와 같은 정부의 정책은 일방적으로 엘리트스포츠의 육성에만 치우치게 된다. 이 점을 구체적인 사례를 들어 확인해 보도록 하자.

한국의 스포츠정책 행정주무부서는 1980년대까지 체육부였다. 체육부의 과제는 엘리트스포츠의 육성뿐만 아니라 대중스포츠의 육성이기도 하다. 정부의 엘리트스포츠중심적 스포츠육성정책은 엘리트스포츠와 대중스포츠의 불균등한 재정지원에서 확인해 볼 수 있다. 1983년부터 1987년까지 체육부 총예산중 대중스포츠육성을 위하여 투자한 비율은 2.4%에 불과하였다. 1988년 서울 올림픽이후에 대중스포츠육성을 위한 투자비율이 다소 늘기는 했으나 여전히 미미한 수준에 그치고 있다(3%-15%). 이와 같은 대중스포츠에 대한 정부의 미흡한 재정지원으로 인하여 대중이 쉽게 접근할 수 있는 공공스포츠시설은 매우 미흡한 실정이다. 스포츠시설은 공공시설, 학교시설, 산업체시설, 개인소유시설 등으로 나눌 수 있는데 체육부는 1990년도 전국 스포츠시설의 비율을 다음과 같이 보고하고 있다. 공공스포츠시설 982곳(2.2%), 학교스포츠시설 22,230곳(50.7%), 산업체스포츠시설 10,864곳(24.8%), 사설스포츠시설 9,787곳(22.3%) 등으로서 합계 43,867곳(100%)이었다.

공공스포츠시설은 수적으로 부족할 뿐만 아니라 대중이 접근하기에도 매우 어렵다. 학교스포츠시설은 절반 이상이 학교운동장이고, 체육관은 15.3%, 수영장은 0.9%에 불과하며, 그나마 운동선수학생들의 독차지가 되고 있다. 사설스포츠시설은 절반 이상이 당구장이며, 그나마 대도시에 집중되어 있다. 이와 같이 스포츠시설에 대한 투자의 미흡은 스포츠시설의 미흡으로 이어졌으며, 스포츠시설의 미흡은 대중스포츠발달을 저해하는 가장 결정적인 요인으로 작용하였다. 따라서 한국에는 1980년대까지 피라미드의 하부구조인 대중스포츠가 존재하지 않았다고 말할 수 있다. 오직 과도하게 비대해진 상부구조(엘리트스포츠)만이 존재했을 뿐이다.

이상에서 살펴보았듯이 한국 엘리트스포츠의 급속한 발달은 전통적인 피라미드 모형으로는 결코 설명할 수 없다. 그것은 엘리트스포츠를 중점적으로 육성하려했던 한국정부의 스포츠정책의 결과로 보아야만 한다. 이하의 논의에서는 이점을 엘리트스포츠발달과 연관된 사건, 제도, 기대 등과 관련지어 알아 볼 것이다.

2. 엘리트스포츠발달에 영향을 미친 국가 스포츠정책

한국의 20세기 스포츠역사에서 엘리트스포츠의 발달에 결정적인 영향을 미친 사건이 두 가지 있다. 국민체육진흥법제정과 하계올림픽 서울유치이다. 이 두 가지 사건이 엘리트스포츠발달에 어떻게 영향을 미쳤는지 알아보자.

1) 국민체육진흥법제정

국민체육진흥법은 1962년 9월 17일 혁명정부에 의해 공포된 체육관련특별법이다. 이때부터 정부는 스포츠의 주도권을 잡게 되었으며, 스포츠, 특히 엘리트스포츠는 국가정치체계 속으로 통합되었다. 이 점에 대하여 나현성은 다음과 같이 쓰고 있다. "5·16혁명이 軍事革命이 일어나 體育界도 모든 腐敗가 제거되어 새로운 希望속에 탄탄한 大路가 그 앞에 놓이게 되었다."(나현성, 1985, 278)

스포츠가 국가정치체계로 통합된 사건이 한국 스포츠의 건강한 발전을 위하여 바람직했는지는 의문의 여지가 있지만 양적인 측면만 고려할 때 그 사건은 한국 스포츠의 발전에 큰 영향을 미쳤다. 먼저 스포츠관련 법규에 미친 영향을 알아보도록 하자.

1962년까지 스포츠와 관련된 법규는 교육법시행령의 학교설치기준령에 따른 체육관 및 운동장에 관한 규정이 고작이었다. 1962년 국민체육진흥법이 다음과 같은 목적 하에 공포되었다. "본법은 국민체육을 진흥하여 국민의 체력을 증진하고 건전한 정신을 함양하여 명랑한 국민생활을 영위하게 함을 목적으로 한다."(곽형기 외, 1994, 322) '국민체육'이란 국가스포츠정책의 총체개념으로서 '경기체육'(엘리트스포츠)과 '건민체육'(대중스포츠)이라는 두 가지 하위개념으로 이루어진다. 그에 따라 정부의 체육진흥정책도 경기체육진흥과 건민체육진흥으로 나누어지게 되었다. 국민체육진흥법에는 "체육의 날과 체육주간의 설정, 지방체육의 진흥, 학교 및 직장 체육의 진흥, 특히 직장운동경기부의 설치, 지도자의 양성 특히 경기지도자의 자격기준 설정, 체육시설의 정비, 국립 종합경기장의 설치, 선수의 보호 및 육성, 체육용기의 생산 장려 및 면세조치, 체육행사를 주관하는 지방자치단체에 대한 보조 등"(이학래, 1990, 224)의 내용이 포함되어 있다.

정부는 위에 열거한 과제를 현실화시키기 위하여 체육담당 행정기구를 대폭 확대하였다. 당시 체육업무를 담당하던 정부부서는 문교부문화국 소속 체육과였으며, 업무를 담당하는 직원의 수는 4-5명에 불과하였다. 그러나 정부는 문화국에 소속해 있던 체육과를 체육국으로 승격시켰고, 그 아래에 국민체육과와 학생체육과를 두었으며, 직원 수도 20명으로 대폭 증원하였다(곽형기 외, 1994, 317-319).

그 외에도 서로 독립해 있던 경기스포츠단체들이 1968년 3월 1일 효율적인 경기운영을 이유로 대한체육회로 흡수, 통합되었다. 이때부터 애초 대중스포츠의 보급을 관장하던 대한체육회는 엘리트스포츠육성단체의 성격을 강하게 띠게 되었다. 대한체육회의 주요 업무를 살펴보면 다음과 같다. 첫째, 아마추어 경기단체의 통괄 지도, 둘째, 우수선수 훈련 및 양성, 셋째, 코치, 심판원의 육성, 넷째, 국내 각종 경기대회 개최, 다섯째, 국제경기의 개최 및 참가, 여섯째, 각종 국제회의 대표 파견, 일곱째, 선수 훈련시설의 관리와 운영 등이다(이학래, 1990, 226).

또한 정부는 1970년 3월 3일 국무총리를 위원장으로 하는 국민체육심의위원회를 구성하여 국민체육, 학교체육, 체육시설, 체육기금, 운동용구 및 기타 체육진흥에 필요한 사항을 심의, 분석케 하였으며, 그 결과를 체육정책에 반영하였다(이학래, 1990, 224).

정부와 정부산하기관은 1960대부터 1970년대까지 엘리트스포츠를 중점적으로 육성하기 위하여 다음과 같은 조처를 취하였다.

첫째, 선수들의 동기유발을 목적으로 각종 특별법을 시행하였다. 예컨대 기량이 뛰어난 선수들에게 병역특혜, 입학혜택, 연금지급 등의 특혜를 부여할 수 있는 법적 근거를 마련하였다. 둘째, 우수한 선수를 조직적으로 양성하기 위하여 각종 체육전문학교를 설립하였다. 예컨대 체육중학교, 체육고등학교, 한국체육대학교, 태릉선수촌 등이 설립되었다. 셋째, 국가대표선수들의 체력관리 및 기량향상을 과학적으로 도울 목적으로 스포츠과학(스포츠의학 및 역학, 심리학)분야를 적극적으로 지원하였다. 넷째, 유능한 체육지도자를 길러내기 위하여 코치아카데미를 개원하였다. 다섯째, 재능 있는 선수(꿈나무)를 조기에 선발하기 위하여 1972년부터 소년체전을 전국체전으로부터 분리시켜 개최하였다.

이상에서 언급한 한국정부의 법적, 행정적, 재정적 지원에 힘입어 대한체육회는 엘리트스포츠관련 업무를 큰 어려움 없이 수행할 수 있었으며, 그 결과 한국의 엘리트스포츠는 세계무대로의 도약을 준비할 수 있었고, 결국 1976년 몬트리올에서 한국인 레슬러 양정모는 대한민국 정부수립 이후 최초의 올림픽 금메달을 획득하게 된다.

2) 1988년 하계올림픽 서울 유치

1980년대에 들어서면서 정부는 1960년대나 1970년대 보다 강력하게 엘리트스포츠를 지원, 육성하였다. 정부가 엘리트스포츠를 보다 강력하게 지원, 육성한데에는 88하계올림픽 서울유치가 중요한 변수로 작용하였다. 이와 같은 엘리트스포츠육성을 중심으로 하는 정부의 체육정책으로 말미암아 한국의 엘리트스포츠는 한층 더 발전하였다.

사실 1980년대는 국민소득증대 및 노동시간의 감소로 대중의 스포츠 수요가 크게 증가하던 시기였다. 그렇지만 정부는 급증하는 대중의 스포츠수요를 외면하고 오직 엘리트스포츠만을 중점적으로 지원, 육성함으로서 한국스포츠의 건전한 발달을 저해하는 결과를 가져왔다. 당시에 5공화국 정부는 엘리트스포츠를 중점적으로 육성하기 위하여 다음과 같은 두 가지 기초 작업을 추진하였다. 첫째, 국민체육진흥법을 개정하였다. 둘째, 정부조직법을 개정하여 체육부를 발족하였다. 그 외에도 과학적으로 국가대표선수들의 체력을 관리하고 운동기량을 향상시키기 위하여 태릉에 스포츠과학연구소를 설치하였다.

국민체육진흥법 개정의 핵심은 국가스포츠정책의 최종목적이 “국민의 명랑한 생활영위"에서 "국위선양"으로 바뀐데 있다(체육부, 1986, 382). 국위선양은 3공화국 때에도 정부가 스포츠를 육성, 지원하는 가장 중요한 목적이었지만 그것이 공식적으로 표면에 드러나지는 않았었다. 그러나 1980년대 들어서면서 국민체육진흥법개정을 통하여 국위선양이 국가스포츠정책의 최종목적으로서 표면에 드러나게 된다. 이학래는 이 점을 "체육의 수단적 가치를 강조하게 되었다"(1990, 231)고 말한다.

개정된 국민체육진흥법에는 대중스포츠육성에 관한 조항도 포함되어 있다. 예컨대 100인 이상을 고용하고 있는 정부기관이나 공공기관 또는 사설 기관에는 최소한 한 종목 이상의 스포츠시설을 갖추고 있어야 하며, 연 2회 운동회를 개최해야만 한다는 규정이 있다(체육부 1986, 385). 그러나 법적 요청과 그 요청의 현실화 간에는 뛰어넘을 수 없는 간격이 존재한다. 그 법규가 상기 규정의 실현을 의무화하는 것이 아니라 단지 권장만 하고 있기 때문이다.

개정된 법규의 내용은 주로 아시안게임(1986)과 올림픽게임(1988)의 개최와 관련된 업무들이다. 이때부터 정부의 스포츠관련 업무는 크게 증가하였다. 증가하는 업무를 착오 없이 처리하기 위해서는 보다 큰 스포츠전담 행정기구가 필요했다. 결국 정부는 1982년 초 정부조직법을 개정한 후 체육부를 발족(3월 1일)하기에 이른다. 체육부를 발족한 후에는 각 지방에 독자적인 스포츠업무전담 행정기구를 설치하였다.

체육부의 발족은 무엇보다도 정부예산의 일부가 정기적으로 스포츠진흥에 책정되었음을 의미한다. 해방이후 한국 스포츠의 발전을 저해하는 가장 큰 요인은 체육예산의 절대적 부족이었다. 1950년대까지 스포츠조직들은 재정적으로 얼마 되지 않는 정부의 불규칙적인 지원에 의존했었다. 1960년대에 제3공화국이 들어서면서 정부의 보조가 다소 증가하였고, 1972년 국민체육진흥기금을 조성하기 위한 조직이 만들어지면서 사정이 나아지긴 하였으나 여전히 미흡한 실정이었다. 그러나 체육부가 발족되면서 재정적 어려움은 일소에 해소되었다. 체육부예산이 매년 큰 폭으로 증가하였기 때문이다(체육부, 1986, 692).

정부가 체육부를 발족한 이유는 두 가지로 요약될 수 있다. 첫째는 86년 아시안게임 및 88년 올림픽게임의 조직적인 준비이고, 둘째는 엘리트스포츠의 체계적인 육성이다. 이 점은 체육부예산의 지출현황을 살펴봄으로써 쉽게 확인할 수 있다. 체육부의 공식적인 업무내용은 다음과 같다(체육부, 1986, 114-119).

첫째는, 국민체육진흥(국민체육진흥을 위한 단기 및 장기계획 구상, 학교 및 대중체육육성, 지역체육시설확장, 우수선수 발굴 및 육성, 아시안게임 및 올림픽게임 준비)이고, 둘째는, 스포츠과학육성이며, 셋째는, 국제스포츠교류촉진이고, 넷째는, 행정기구운영이다.

이상에서 열거한 체육부의 업무에는 엘리트스포츠뿐만 아니라 대중스포츠의 육성에 관한 내용도 포함되어 있다. 그러나 실질적인 예산지출현황을 살펴보면 대다수가 엘리트스포츠육성에 할당되어 있음을 알 수 있다. 예를 들면 1987년에 엘리트스포츠육성을 위하여 지출된 체육부예산은 대중스포츠육성을 위한 예산보다 훨씬 많았다. 체육부는 엘리트스포츠중점육성정책에 따라 스포츠과학연구사업에 12억1천5백만원, 신인선수 발굴육성과 훈련비 37억7천9백만원, 외국인 코치 초빙 및 대표선수 해외전지훈련비 68억9천9백만원, 대표선수를 위한 훈련장 시설비 등으로 18억6천1백만원이나 지출했다. 그러나 대중스포츠육성을 위해서 지출한 예산은 지나치게 적다. 엘리트스포츠육성에 투입된 총액이 1백 37억 5천 4백만원임에 비해 대중스포츠육성을 위해서는 학교체육진흥비 5억5천1백만원과 사회체육육성비 6억5천3백만원 등 체육부 총예산의 4%만이 투자되었을 뿐이다(경제기획원 1988, 101-102). 체육부가 엘리트스포츠를 집중적으로 육성하기 위하여 설립되었다는 가설은 이상과 같은 사실로부터 입증될 수 있다.

3. 엘리트스포츠 육성을 위한 각종 제도

우리나라에서 엘리트스포츠를 육성하고자 시행하고 있는 제도로는 각종 특별법, 선수선발제도, 체육계열학교 운영, 국립선수훈련원 운영 그리고 한국체육과학연구원의 설치 및 운영 등을 들 수 있다. 엘리트스포츠에 대한 국가적 지원과 관리 양상을 알아보기 위하여 각 제도별 세부내용을 살펴보면 다음과 같다.

1) 특별법 제정

특별법은 국가에서 엘리트선수들을 육성, 관리하기 위한 법적 조처로서 크게 체육인 연금제도, 체육특기자제도 그리고 병역특례법 등으로 구분할 수 있다.

체육인 연금제도는 정부의 유공 체육인 보호·육성정책에 기반을 두고 있는 국민체육진흥법 및 동법 시행령에 의한 선수관리제도인 경기력 향상 연구 연금지급, 대한민국체육상 시상, 체육장학금 지급, 국민주택 특별분양, 보험 가입 등 여섯 가지의 제도 중 하나이다.

수혜대상은 우수선수로서 은퇴한 자 또는 체육지도자인데, 이들의 복지향상을 위한 생활보조금 및 현역 우수선수의 경기력을 향상시키기 위한 연구비 등을 1975년부터 국민체육진흥기금에서 지급해왔으며, 1983년에는 경기력향상연구 연금지급제도를 대폭 개선하였다. 올림픽경기 이외의 대회에서 은메달 또는 동메달을 획득한 선수는 연금지급 대상에서 제외되었던 것을 각 대회에서 획득한 금, 은, 동메달에 각각 평가수치를 부여하여 연금을 지급하도록 변경한 것이다. 또한 수령액은 금메달 획득의 경우 월 24만원에서 월 60만원으로 150%, 은메달의 경우 월 12만 6천원에서 30만원으로 138%, 동메달의 경우 월 9만원에서 20만원으로 122% 인상하였다. 또한 메달 획득에 공을 세운 경기지도자에게는 일시금으로 지급하도록 하였고, 세계학생경기대회와 아시아경기대회에서 금메달 1개를 획득한 자로서 연금에 해당되지 않는 자에게는 300만원의 장려금을 지급하도록 제도를 개선하였다. 1983년도 연금수혜자는 총 79명으로 연금지급액은 2억3,400만원이며, 경기지도자 8명에게도 일시금 8,250만원이 지급되었다(체육부, 1984, 222-224).

특기자제도의 대표적 사례는 대학입학 특기자제도인데, 이는 1981년에 문교부 훈령 제344호로 공포된 대학입학학력고사 특기자 심사규정에 의한 것이다. 이 훈령은 대학입학학력고사령 제16조 제2항의 규정에 의하여 예능 및 체육특기자로 대학에 입학이 허용되는 특기자는 교육부장관이 결정하게 되어있다. 또한 교육부장관이 예능 및 체육특기자를 결정함에 있어 대학입학학력고사위원회의 심의에 필요한 특기자 심사대상 및 심사기준 등에 관한 사항을 규정하고 있다.

체육특기자의 경우, 심사대상은 심사년도 10월 20일을 기준으로 하여 고등학교 3학년의 재학기간에 해당하는 기간의 고등학교 재학 중 입상실적을 가진 자로 하는데 단, 국제대회에서 입상한 경우에는 졸업 후의 실적도 심사대상으로 하고 있다. 입상성적은 1위에서 3위까지만 인정하되, 단체경기종목의 특별수상자와 육상의 계주와 역전 경주대회 구간 1위자 및 신기록 수립자도 대상자로 한다.

심사기준은 대한체육회에서 추천한 고등학교 국가대표선수(고교상비군, 청소년대표 포함) 및 단체경기종목에서 개인·특별상 수상자, 심사년도의 전국규모대회에서 1-3위로 입상한 자, 심사년도의 각 연맹주최 종목별 대회에서 1-3위로 입상한 자(육상계주와 역전대회의 구간 1위자 및 신기록 수립자 포함), 심사년도의 국제대회에 출전한 국가대표선수, 심사전년도의 전국규모대회에서 1위 및 2위 입상한 자와 3위에 2회 이상 입상한 자, 심사년도의 단체경기 특별상 수상자(감투, 타격, 모범 등), 단체경기는 대한체육회의 경기종목별 참가인원수 범위 이내인 자, 심사전년도 전국규모대회 1위 입상자 및 2위 2회 이상, 3위 및 특별상 3회 이상 입상자 등이다(체육부, 1984, 437-440).

2) 선수선발제도 개선

선수선발제도에 있어서 가장 중요한 역할을 하는 것은 전국 규모의 체육대회인 전국체전, 소년체전 그리고 각종 종별선수권대회 등이다. 이들 경기대회는 많은 선수들이 서로의 기량을 겨루는 행사임과 동시에 우수한 기량을 가진 선수들을 선발하는 기능을 수행한다.

우리나라 최초의 전국 규모 체육대회는 1920년 11월에 개최된 제1회 전조선야구대회였다. 1920년 창립된 조선체육회는 그동안 산발적으로 기준 없이 행해져 오던 모든 경기를 조직적으로 지도하고 육성할 수 있는 획기적인 계기를 마련하였으며, 그 첫 사업이 전조선야구대회였다. 이후 다른 종목의 전국대회도 1933년까지 다양하게 개최되어 오늘날의 전국체육대회규모로 발전하였다. 광복 직후인 1946년에 제27회 대회에서는 육상, 농구, 야구, 럭비, 배구, 테니스, 복싱, 역도, 사이클, 수영 등의 16개 종목이 실시되었고, 이 때 대회명칭이 조선올림픽대회로 개칭되었다.

1948년의 제29회 대회부터는 전국체육대회로 다시 명칭이 바뀌었고 경기운영방식을 시·도 대항으로 전환하여 실시하였다. 1957년 제38회 대회부터는 지방체육의 균형적인 발전을 도모한다는 취지아래 지방순회개최를 원칙으로 각 시·도에서 번갈아 개최하도록 하여 체육의 전국적인 보급을 도모하였다. 1966년 제47회 서울 전국체육대회부터는 매년 대회 표어를 채택하도록 하였는데, 1970년 제51회 대회에 이르러서는 '굳센 체력, 알찬 단결, 빛나는 전진'이라는 고정 표어를 제정하여 계속 사용하기로 하였다. 1972년 제53회 대회부터는 소년체육대회를 스포츠 소년체육대회라 명명하여 분리 개최하게 되었다. 또 이 대회부터 해외 동포선수들의 참가가 이루어졌다.

전국체육대회는 개폐회식, 시·도선수단 입장, 공개행사, 성화 점화, 선수대표 선서, 카드섹션 연출, 경기 진행 등으로 구성된다. 경기종목은 제64회 대회 때의 경우, 고등·대학·일반으로 나누어 각각 26개, 26개, 28개 종목으로 구성되었다. 종목은 육상, 수영, 축구, 야구, 테니스, 연식정구, 농구, 배구, 탁구, 핸드볼, 럭비, 사이클, 복싱, 레슬링, 역도, 씨름, 유도, 검도, 국궁, 양궁, 사격, 승마, 체조, 하키, 펜싱, 배드민턴, 태권도, 조정, 롤러스케이팅, 요트, 볼링, 근대5종 등이다. 이들 종목은 올림픽의 종목편성과 유사한 특징을 갖는다(체육부, 1984, 98-116).

전국소년체육대회는 '몸도 튼튼, 마음도 튼튼, 나라도 튼튼'이라는 대회표어 아래 1972년부터 전국체육대회와 분리 운영되어 발전하였으며, 이제는 우수선수의 선발 및 육성을 위한 꿈나무 발굴의 산실일 뿐만 아니라 경기력의 향상으로 한국 신기록을 수립하는 등의 성장을 이루었다.

초기의 전국소년체육대회는 '자라나는 소년·소녀에게 기초적인 스포츠를 보급하고 스포츠정신을 고취하며 학생체위를 향상시키고 체육인구의 저변확대로 신인선수를 선발하며 나아가 학원체육의 진흥으로

이 나라 체육발전에 이바지한다'라는 목적을 가지고 소년소녀스포츠대회라 칭하다가 1974년 제3회 대회 때부터 전국소년체육대회라 명명하기 시작하였다. 또한, 1980년대에 이르러 목적도 86아시안게임과 88올림픽대회에 출전할 선수양성이라는 미래지향적인 의미를 담는 것으로 바뀌었다.

경기방법은 1972년 제1회 대회부터 1987년 제16회 대회까지 시·도 대항으로 기록경기를 제외한 모든 경기는 토너먼트방식으로 진행하고 시드제를 적용하여 종목별시드는 2개 팀을 배정하였다.

참가자격은 제1회 대회 때부터 다음과 같이 규정하였다. 첫째, 대한민국국민으로서 아마추어 임원·선수에 한하며, 둘째, 대한체육회 가맹경기단체의 등록 규정에 의하여 선수등록을 한 자이고, 다만 초등학교부에 있어서 등록규정을 적용할 수 없는 경우에는 시·도 교육감의 확인서를 제출하도록 하고 대한체육회의 사전승인을 받은 후 참가토록 한다. 셋째, 초등학교부 참가자는 5-6학년에 재학 중인 자에 한한다. 넷째, 특수한 경우에는 해당 시·도 지부장의 추천에 의하여 참가하고 대한체육회의 사전승인을 받아야 한다.

경기의 규모는 1972년 제1회 대회에 6,652명이 참가한 것을 시작으로 제16회 대회에는 12,927명이 참가하는 규모로 성장하였으며 종목은 19개 종목에서 26개 종목으로 늘어났다(안풍식 외, 1988).

3) 체육계열학교 설립

체육계열학교는 일반학교와는 달리 선수양성을 목적으로 설립되었는데, 여기에는 체육중학교, 체육고등학교, 체육대학교가 포함된다. 이들 학교들은 모두 기숙전일제이며, 주로 개인스포츠종목의 선수를 선발하고 있다.

체육중학교는 1971년 서울체육중학교가 처음으로 개교하였다. 원래는 교육법 85조에 의해 특수목적학교인 체육학교로 설립인가를 받았는데, 1973년 교육법 85조 1항의 규정에 의하여 서울체육중학교로 명칭이 바뀌었다.

서울체육중학교의 설립목적은 "장차 우리나라 체육진흥에 앞장설 수 있는 유능한 체육지도자와 우수선수로서의 기본 자질을 함양"하는 것에서 알 수 있듯이 지·덕·체를 겸비한 모범적인 체육지도자를 양성하는데 있었다. 따라서 교육목표도 "21세기 주역이 될 민주시민 육성에 중점을 두고 근면하며 협동하는 참다운 체육인을 육성"하는 것으로 되어 있다.

서울체육중학교는 전교생이 기숙사 생활을 하며 전교생에게 숙식과 의복이 무상으로 제공된다. 교육과정은 주당 정규수업 33시간과 특별활동 2시간 등 모두 35시간으로 짜여있다. 교과는 크게 일반교과와 체육필수, 체육전문으로 나누어지는데 국어, 수학, 외국어 등의 일반교과시간이 22시간이고 육상, 구기 등의 체육필수교과와 체육전문교과시간이 11시간으로 배당되어있다. 학교수업은 대개 오전에는 일반교과, 오후에는 체육시간으로 짜여있다.

전국에는 서울체육중학교를 비롯하여 전남체육중학교, 경북체육중학교 등 모두 3개의 체육중학교가 있는데 서울체육중학교의 경우 80명 정원의 1학급이고, 나머지 두 학교는 120명의 2학급으로 입학생을 받고 있다. 입학시험과목은 수영, 양궁, 유도, 육상 등 조기교육이 필요한 종목으로 이루어져 있는데 수영에는 다이빙도 포함되어 있다. 입학시험에 응시하는 수험생들은 누구나 기초체력테스트와 전문기능검사를 받아야 하며 합격이 되더라도 건강진단에서 결격사유가 발견되면 탈락된다. 지능검사에도 80이상을 받아야 한다.

체육고등학교는 1971년 서울에서 처음으로 개교하였으며 전국에 6개교가 더 있다. 체육고등학교도 체육중학교와 마찬가지로 기숙사생활, 숙식과 의복 무료제공, 수업료 면제 등을 특징으로 하며, 서울체육고등학교의 경우 9개 교실과 480명을 수용하는 기숙사, 전교생 480명이 동시에 식사할 수 있는 식당을 구비하고 있으며, 부대시설로는 체조와 구기를 할 수 있는 체육관과 역도, 레슬링, 유도, 복싱, 태권도는 물론 사격까지 할 수 있는 종합체육관, 축구뿐만 아니라 육상의 투척과 양궁훈련까지 할 수 있는 넓은 운동장을 갖추고 있다.

학생선발은 체육중학교와 마찬가지로 개인종목만 선발한다. 육상, 체조, 수영, 태권도, 유도, 복싱, 사격, 양궁, 역도, 사이클, 레슬링, 배드민턴의 12종목에서 두 학급에 해당하는 120명을 뽑는다. 학생의 남녀비율은 대략 7:3 내지 8:2 정도이다. 입학시험은 1989년 당시 연합고사, 전문체력검사, 전문기능검사의 시험을 치르고 신체검사를 통과해야 입학이 가능하다.

교육과정은 일반교과 17시간, 전문교과 17시간으로 구성된다. 그리고 전문교과의 경우 전공종목 시간이 13시간이다. 체육고등학교가 단체종목 선수를 선발하지 않는 이유는 구기 종목의 경우 다른 일반 학교에서도 많이 양성할 수 있으며, 단체종목을 선발할 경우 한 종목에 너무 많은 학생들이 배정되어야 하므로 다양한 종목의 지도자를 양성하고자 하는 체육고등학교의 취지에 맞지 않기 때문이며, 국가에서 정책적으로 체육전문학교를 통하여 비인기종목을 양성하여야 한다는 점에 근거를 두고 있다(기영노, 1989, 46-51).

마지막으로 한국체육대학에 대해 알아보자. 한국체육대학의 역사는 그리 길지 않다. 1976년 12월 30일 설립인가를 받아 1977년 개교하였다.

이후 두 차례의 이전과 시설확장을 통해 학사과정 학생수가 960명인 규모로 성장하였다. 입학정원 240명 가운데 160명은 특기자전형이며 나머지 80명은 각각 40명씩 일반전형과 사회체육과로 나누어진다. 입학 시 특기자 160명을 선발하는데 있어서 올림픽이나 세계선수권대회 입상자에게 우선권이 주어지고, 다음으로 각종대회 입상자에게 기회가 주어진다. 어느 경우라도 고3때 전국대회 3위 이내 입상경력이 있어야 한다. 특기자들은 일반학생과 동일하게 학력고사를 치러야하지만 그 결과가 합격의 결정적인 요인은 아니다.

전공은 대학에 들어와서 선택하며 일단 선택을 하면 그 종목을 바꿀 수 없다. 학생들은 수업료를 면제받으며 숙식과 함께 운동용품도 무상으로 제공받고 있다(기영노, 1989, 36-39).

4) 국립선수훈련원(태릉선수촌) 개원

전국체전 및 소년체전을 비롯한 엘리트 스포츠의 과학화를 위해 태릉선수촌이 대한체육회에 의해 설립되었다. 이후 태릉선수촌은 한국 엘리트 스포츠의 메카로 자리 잡는다.

태릉선수촌은 1964년도 도쿄올림픽대회에 대비한 '우수선수 강화훈련단'이 1963년 1월 31일 국민회당에서 결성되면서부터 시작되었다. 당시 종로구 동숭동에 있는 건물 하나를 매입하여 합숙훈련을 시작하였는데 이것이 태릉선수촌의 전신이다. 도쿄올림픽대회 이후 대한체육회는 우수선수의 지속적 강화훈련을 위하여 서울 공릉동에 대지 9,786평과 건평 540평을 확보하여 1966년 6월 28일 태릉선수촌의 준공식을 갖게 되었다. 그 후 계속적인 대지와 시설 확충으로 현재 전진관(前進館)을 비롯한 7개 숙소와 개선관(凱旋館)을 비롯한 10개 실내체육관 그리고 국제

스케이트장을 비롯한 7개의 옥외경기장 그리고 실내수영장, 실내빙상경기장, 옥외아이스링크 등의 체육시설이 갖추어져 있다.

대한체육회는 동계 전지훈련에 필요한 선수촌인 진해분촌(1984년 9월 30일 준공)과 온양온천수영장(1986년 12월 준공)을 추가로 개원하여 국가대표선수들에게 체계적인 훈련기회를 제공하고 있다(곽형기 외, 1994, 334-335).

5) 한국체육과학연구원 설립

한국체육과학연구원의 전신이었던 대한체육회 산하 스포츠과학연구소는 1980년 12월 29일에 대한체육회 정칙 제61조를 근거로 설립되었는데, 스포츠과학의 개발 및 국민체력 향상 연구, 훈련프로그램의 개발, 연구결과의 현장적용 등을 설립목적으로 하고 있다. 당시 조직은 연구부와 행정부서로 구성되었으며 연구부는 스포츠생리학실, 스포츠역학실, 심리·사회·철학실, 트레이닝 및 처방실, 운동기술분석실 등으로 이루어져 있었다.

스포츠과학연구소의 발족은 우리나라의 대표 및 우수선수들의 경기력 향상을 위한 체계적 연구와 국민체력 향상, 그리고 전국의 스포츠과학 연구수준의 향상이라는 측면에서 큰 의의를 가진다. 1981년에는 86아시안게임과 88서울올림픽대회에 대비한 한국운동선수의 적정연령을 산출하고 종래의 체력측정항목을 운동종목별로 필수와 선택 항목으로 구분하였으며, 이러한 항목에 근거하여 국가대표선수의 체력측정을 실시한 바 있다. 또한 1982년에는 우수한 재능을 지닌 신인선수를 발굴하기 위한 기준치설정에 관한 연구를 수행하였으며, 그들을 선발하는 사업을 지원하여 4,359명의 신인선수를 선발한 바 있다.

또한 국민체력 향상을 위해 국민체력의 평가기준치를 설정한 바 있고, 과학적 이론의 개발과 현장적용을 위하여 여러 대학연구소와 협력관계를 확립하였으며, 스포츠과학의 활성화를 위한 세미나를 개최하여 이론연구자와 현장실천가들이 협력하여 한국 체육의 발전에 기여할 수 있는 계기를 마련하였다. 1983년에는 스포츠과학기자재를 이용한 실험·실습 및 운동처방에 관한 연구와 각종 외국서적을 번역, 보급하고, 수집된 정보와 자료를 전산화하기 시작하였다.

4. 정부주도적 엘리트스포츠 육성의 정치적 배경

앞에서 살펴본 바와 같이 한국 엘리트스포츠의 급속한 발전은 정부의 다양한 제도적 뒷받침에 기인한 것이었다. 이제 왜 한국 정부가 엘리트스포츠를 발전시키기 위해 노력하였는지 알아보도록 하자. 이점을 규명하기에 앞서 엘리트스포츠와 정치의 관계를 이론적으로 검토해보고, 이를 바탕으로 1960년대에서 1980년대에 이르는 한국 엘리트스포츠의 발전과 정치권력의 변천양상을 서로 관련지어 살펴보도록 하겠다.

1) 엘리트스포츠와 정치

엘리트스포츠에 대한 국가적 지원과 관리, 즉 엘리트스포츠정책은 말 그대로 엘리트스포츠가 국가정책의 대상이라는 것을 의미한다. 정책을 정치적 의도의 실현을 위한 구체적 노력으로 이해할 때, 엘리트스포츠 정책은 정치적 의도와 불가분의 관계에 있을 수밖에 없다. 정치와 스포츠의 관계는 '스포츠의 정치도구화'라는 말에서 가장 잘 표현되고 있다. 즉, 정치와 스포츠는 서로 밀접한 연관성을 가지고 있지만, 정치가 주도적인 위치에 있으며 스포츠는 정치적 의도의 실현을 위한 수단으로 활용된다는 말이다. 그렇다면 스포츠의 정치도구화는 어떻게 성립할까? 스포츠의 정치도구화는 스포츠가 지니고 있는 상징적 선전성에 바탕을 둔다. 국제무대에서 스포츠는 국위선양의 효과적 수단으로 여겨진다. 즉, 자국의 선수가 국제경기에서 우수한 성적을 거두거나, 자국에서 국제스포츠행사가 성공적으로 개최되었을 경우에 국민 다수는 자국의 국가적 위상이 향상된 것으로 생각하는 경향이 있다. 스포츠의 정치도구화 현상의 대표적 사례는 스포츠의 영역이 여타의 사회제도 영역에 비해 특이하게 발달한 국가에서 발견할 수 있다. 특히, 정치·경제 영역의 성장에 비해 엘리트스포츠가 급속하게 성장한 제3세계의 국가들에서 이러한 현상이 생겨난다.

스포츠를 통한 국위선양은 국민통합과 밀접한 관련을 맺는다. 디겔(H. Digel)에 따르면 스포츠를 통한 국민통합은 다음의 두 가지 양상과 관련지어 이해할 수 있다고 한다(1988, 245). 첫째, 아래에서 위로의 통합이다. 이는 교육학적 시도라고 규정할 수 있는데, 학교교육을 통한 국민의식의 변화를 주요 과제로 삼는다. 둘째, 위에서 아래로의 통합이다. 이는 정치적 시도라고 규정할 수 있는데, 엘리트스포츠를 통해 국민을 통합시키려는 시도이다. 그러나 엘리트스포츠의 육성이 필연적으로 국민적 통합을 가져오지는 않는다. 즉, 엘리트스포츠는 때에 따라서는 오히려 국론 분열을 촉진시킬 수도 있다. 이러한 점에서 엘리트스포츠는 국민적 통합과 단지 개연적으로만 관련될 뿐이다.

그렇다면 엘리트스포츠와 국민통합은 어떤 과정을 통해 현실적으로 관계를 맺을 수 있을까? 엘리트스포츠가 국민통합과 연관되는 과정은 상징화와 동일화의 개념으로 설명할 수 있다. 첫째, 상징화(symbolization) 단계는 엘리트스포츠의 표현(representation) 기능과 연관된다. 여기서 상징화는 어떤 것이 '다른 것을 대신하여 표현해 주는 것'을 의미한다. 즉, 엘리트스포츠가 경제력이나 사회정치체제를 대신 나타내준다는 것이다. 이러한 관점은 선수 개인의 우수한 성취는 그가 속한 팀, 집단, 지역사회, 국가의 우수함을 표현한다는 논리에 바탕을 두고 있다. 둘째, 동일화(identification) 단계이다. 다수의 일반 국민들이 우수한 성취를 거둔 자국 선수와 자신을 동일시함으로써 우리 의식 또는 공동체의식을 형성, 강화하고, 결국에는 국가 전체사회로의 통합이 가능하다는 것이다.

일본 식민지 시절 민족주의자들은 운동회(運動會)라는 스포츠행사를 통하여 민족·국민의식을 강화하려고 노력하였다. 당시 운동회는 민족주의운동의 일환으로 민족의식의 고양을 목적으로 실시되었다. 일제하의 운동회는 대중동원을 위한 가장 효과적인 수단이었으며, 다양한 스포츠행사의 진행 속에서 민족의 동질의식과 국권회복의지를 확인하고 강화하는 데 중요한 역할을 담당했다. 운동회는 민족지도자들에게 대중을 계몽할 수 있는 기회를 제공해주었으며 여기에 참석한 대중은 공간적 일체감 속에서 심리적 동질감을 경험할 수 있었다. 이러한 맥락에서 하이네만(K. Heineman)은 스포츠가 국민의 국가동일화 감정을 고조시킴으로써 국민 통합의 기능을 수행하는데, 이는 정치 수준에서의 스포츠의 통합 기능을 보여준다고 하였다(1980, 204-206).

결국 정치와 스포츠의 관계는 양자의 상호작용을 밑바탕으로 하며, 스포츠의 정치도구화는 정치적 의도에 의해 스포츠의 전개양상이 규정된다는 것을 의미한다. 스포츠의 정치도구화는 정치적 의도의 실현을 위하여 스포츠가 지니고 있는 속성인 재현기능을 극대화시킨 것이다. 스포츠의 재현기능은 국가적 위상을 상징적으로 드러내는데 매우 효과적이며, 국가적 위상에 대한 긍정적 인식을 확대, 재생산함으로서 국민통합을 유도하고, 이는 곧 정권 안정이라는 정치효과로 이어진다. 스포츠와 정치의 관계에 대한 이상의 논의를 바탕으로 우리나라에서 스포츠 정책과 정치논리는 어떠한 관계를 맺어왔는지 알아보자.

국민체육진흥법 제정과 88올림픽 서울 개최는 한국 현대 스포츠역사에서 가장 중요한 사건이었다. 이 두 사건은 특히 한국에서 엘리트스포츠의 정치도구화를 설명하는 데 있어서 주목해야 하는 대표적 사례이다. 한국 엘리트스포츠의 정치도구화에 있어서 국민체육진흥법의 제정은 1960년대의 상황을, 서울올림픽의 개최는 1980년대의 상황을 잘 드러내 주고 있다. 이러한 한국 엘리트스포츠의 정치도구화를 이해하기 위해서 당시의 정치·사회적 상황을 알아보고, 이를 바탕으로 엘리트스포츠의 발달과정을 살펴보도록 하자.

2) 제3공화국의 성립과 국민체육진흥법의 제정

제1공화국의 이승만정권이 출범한 후 시간이 지나면서 정권에 대한 국민적 불신과 사회적 혼란은 갈수록 심화되어갔다. 독립정부가 수립되면서 국민들은 새로운 희망에 부풀었다. 그러나 정치가 불안정해지고 경제가 어려워지면서 국민 다수는 정치를 불신하고 정권에 저항하게 되었다. 정권에 대한 불신과 저항은 4·19혁명으로 이어져 결국 의원내각제의 제2공화국이 시작되었다. 그러나 제2공화국은 민주화와 경제발전에 대한 국민적 열망을 현실화시키기도 전에 한계를 드러내고 말았다. 정치적 혼란은 계속되었으며, 경제적 어려움은 해결의 기미를 보이지 않았다. 이러한 정치·경제적 혼란은 5·16군사혁명과 국가재건위원회의 발족(1961)의 빌미가 되었다. 1963년 8월 국가재건위원회가 해산되고 박정희장군이 대통령에 취임함으로써 장기 군사독재체재인 제3공화국이 시작되었다. 박정희정권의 등장은 정치와 스포츠의 관계, 즉 스포츠의 정치도구화를 가져오는 계기가 되었다. 스포츠의 정치도구화로 말미암아 정치이념이 스포츠의 향배를 규정하게 된다. 1960년대 이후 정치이념에 대한 검토를 바탕으로 스포츠의 전개양상을 살펴보자.

제3공화국 정부의 기본 통치이념이 된 박정희대통령의 역사의식과 시대의식은 그의 저서인 『우리 민족의 길』(1962)에 잘 나타나 있다. 이 책자에서 박정희는 당시를 민족적 위기로 규정하고 그 위기의 근원을 당파성, 경제난, 수입된 민주주의로 꼽았으며, 위기를 극복하기 위해서는 국민적 통합이 필요하다고 역설하고 있다. 그는 민족적 위기를 극복하기 위해서는 부족한 공동체의식과 당파간의 분열을 해소해야 하며, 이를 위하여 국민통합과 연대를 강조하고 애국심을 고취시켜야 한다고 주장하였다. 이에 따라 단일국가, 단일민족과 같은 용어의 사용을 통하여 애국심의 고취와 국민통합을 꾀하고자 하였다. 이러한 박정희대통령의 국민통합의 열망과 논리 속에는 집단주의적 이데올로기를 찾아내는 일이 그다지 어렵지 않다. 포퍼(K. Popper)는 집단주의를 '집단, 무더기, 국가, 민족의 가치가 개인의 가치보다 높다.'는 사고방식을 바탕에 두고 있다고 보았다. 즉, 집단 없이 개인은 어떠한 가치도 가질 수 없다는 논리를 가정하고 있는 것이다. 이러한 집단주의는 속성상 반개인주의적일 수밖에 없다.

박정희정권의 집단화정책은 필연적으로 스포츠정책에 영향을 미쳤는데, 그 영향은 바로 국민체육진흥법의 제정에서 집약되어 나타난다.

1945년 해방 이후 체육관련 법규에는 교육법시행령에 의한 대학설치기준령, 중·고·사범학교 설치기준령, 초등학교 설치기준안 등이 있었다. 이 법규에 의해 각 학교는 체육관, 운동장 등 최소한의 체육시설을 구비할 수 있었다. 그러나 국민체육 전반에 걸친 법규는 없었다(곽형기 외, 1994, 322). 이러한 현실에서 1962년 9월 19일 공포된 국민체육진흥법은 체육이 정책의 대상으로 총체적인 접근이 필요하다는 인식을 갖게 만든 사건이 되었다. 법의 제안이유에 나타나있듯이 국민체육진흥법은 "국민의 체위향상을 국가 백년의 대계"로 규정하였고, 당시의 혁명정부는 이러한 인식을 바탕으로 과감한 체육정책을 추진하였다.

박정희정권의 스포츠정책은 국민체육의 이념과 국민통합의 관계 속에서 이중적인 양상으로 나타난다. 이는 앞에서 스포츠의 통합적 기능에 대한 디겔의 관점에서 설명할 수 있다. 박정희정권의 스포츠정책은 경기체육과 건민체육을 중추이념으로 설정하고 있는데, 이 두 가지 이념은 직접 및 간접적으로 국민통합과 연결되어있다. 전자는 위에서 아래로의 통합과, 후자는 아래에서 위로의 통합과 연관된다. 경기체육정책은 엘리트스포츠를 집중적으로 육성하여 각종 국제대회에서 한국 선수가 우수한 성적을 거두도록 함으로써 국가적 위상을 높이고 국민들로 하여금 동질의식과 우월감을 동시에 경험하도록 한다. 이러한 위로부터 아래로의 통합기능은 국민에게 동질의식과 우월감을 고취함으로서 정권안정화에 긍정적으로 작용한다는 점에서 불안정 속에 있었던 박정희정권의 입장에서는 매우 매력적으로 보였을 것이다.

또 한 가지 설명은 국위선양의 효과이다. 주지하다시피 우리나라에는 자원이 없다. 일제에 의한 침탈과 전쟁으로 전국토가 황폐해 있던 시절 박정희대통령은 수출지향적 경제정책을 시행하였다. 외국에서 값싼 원자재를 수입하여 풍부한 노동력을 동원하여 가공한 후 외국에 되파는 작전이었다. 여기서 문제는 made in Korea 상품을 외국에 파는 일이었다. 아직 국가인지도가 낮았던 시절이었기 때문에 모든 방법을 동원해서 국가를 외국에 알리는 일이 절대적으로 필요했다. 엘리트스포츠는 국가의 이름을 알리는 데 매우 효과적인 수단이었다. 특히 올림픽경기 같은 국제대회에서의 우승은 국가를 선전하는 데 매우 효과적이었다. 시상식에서 선수가 클로즈업되고, 국기가 게양되며, 국가까지 연주되기 때문이다. 이러한 이유에서 박정희정권은 세계적인 엘리트스포츠선수를 육성하기 위해 많은 노력을 기울였다.

3) 신군부의 등장과 1988년 서울올림픽대회의 유치

1970년대 말에 이르러 박정희 군사독재정권에 대한 국민적 반감이 고조되었다. 또한 실업률과 물가가 상승하면서 국민경제는 더욱 어려워져 갔는데, 이로 인하여 일방적인 수출지향적 정책의 한계가 노출되었다. 중국은 경제적으로 급격하게 성장하면서 개발도상국의 선두에 서있던 한국을 추격하기 시작하였다. 이러한 정치, 경제적 상황은 경제성장을 위해 독재가 불가피하다는 박정희의 정치논리에 대한 불신을 증폭시켰다. 극대화된 정치 및 경제적 불안정은 박정희대통령의 사망으로 이어졌고, '서울의 봄'으로 일컬어지는 새로운 시대가 개막되었다. 장기적인 군사독재체재가 무너지면서 새로운 희망이 생겨났으며 민주화에 대한 낙관론이 확대되었다. 그러나 정권공백기의 사회혼란은 신군부세력의 등장으로 이어졌다. 새로이 등장한 신군부세력은 위기에 처한 국가를 회생시켜야 한다는 논리를 바탕으로 제5공화국을 출범시킨다. 1980년 8월 전두환장군이 대통령에 취임한 것이다.

전두환정권은 정권의 획득과 안정을 위하여 박정희정권의 통치논리를 더욱 강화시킨 방식을 취한다. 제5공화국은 정의사회 구현과 반공이데올로기를 통치이념으로 표방했으나 국민적 설득력은 얻지 못했다. 국민들은 정의롭지 못한 정권획득방식에 대해 비판적 태도를 견지하였으며, 냉전체제의 종식, 미국과 중국의 관계정상화, 북한과 일본의 수교, 북한의 무력통일정책포기 공개선언 등의 국제정세 변화는 반공이데올로기의 설득력을 약화시켰다. 제5공화국은 정권의 정치적 안정을 위하여 반공주의를 이용하였으나 이로 인해 오히려 정권에 대한 불신이 심화되었고, 국민의 저항은 더욱 거세어지기만 했다.

정권 획득의 정당성과 국민적 지지를 확보하지 못한 전두환정권은 국민의 비판적 관심을 다른 곳으로 돌리고 정권의 정당화를 위한 획기적인 계기를 마련하는 일이 시급했다. 이에 아시안게임과 올림픽의 유치에 모든 역량을 결집시켰다. 1981년 바덴바덴에서 개최된 국제올림픽위원회의에서 88올림픽의 서울 개최가 확정되었고, 국내의 유력 일간지는 물론 모든 언론들은 이를 톱기사로 대서특필하였다. 서울올림픽은 국민적 고통을 치유할 수 있을 것으로 기대되었다. 정부통제 하에 있었던 당시 신문들은 "1988년은 한국 역사의 대전환점이 될 것이며, 개발도상국에서 선진국으로 발돋움할 것이다."라고 썼다. 또한, 독일의 한 일간지는 1982년 10월 14일 제63회 전국체육대회에서 전두환대통령이 행한 기조연설을 인용하여 "한국은 올림픽을 위해 5,000년을 기다렸다"고 썼다.

올림픽 유치에서 나타난 전두환정권의 정치적 의도는 국민체육진흥법의 전면 개정에서도 명백하게 드러난다. 박정희정권이 제정한 국민체육진흥법은 스포츠를 통한 국민통합을 강화하는 방향으로 변모하였는데, 그러한 변화양상은 1982년 전두환정권에 의해서 이루어진 전면개정에서 첨예하게 나타난다. 공포 당시 국민체육진흥법은 "국민체육을 진흥하여 국민의 체력을 증진하고 건전한 정신을 함양하여 명랑한 국민생활을 영위하게 함을 목적으로 한다."고 되어 있었으나 1982년 12월 31일 전면 개정된 내용에는 "국민체육을 진흥함으로써 국민의 체력을 증진하고 건전한 정신을 함양하여 명랑한 국민생활을 영위하게 하며, 나아가 체육을 통하여 국위선양에 이바지함을 목적으로 한다."(체육부, 1986, 382)로 변경되었다. 근대 한국스포츠정책의 기본방향을 규정하고 있는 국민체육진흥법의 제정 상황과 내용에는 이와 같은 정치적 의도가 담겨져 있었던 것이다. 또한 1982년 전면 개정된 법령의 목적에 "국위선양에 이바지 한다"는 내용이 첨가된 것과 전두환정권의 등장, 86아시안게임, 88서울올림픽 유치 등과 같은 당시의 정치적 상황은 상호 밀접하게 관련되어 있다.

디겔은 정당성이 부족한 독재 정권은 스포츠축제를 선호하는데, 이는 스포츠축제가 정권의 부정적 이미지를 제고하는 효율적 수단이기 때문이라고 하였다. 특히 그는 한국의 올림픽 유치를 예로 들면서, 한국정부가 올림픽유치에 필사적으로 노력한 이유가 바로 여기에 있다고 하였다. 이러한 맥락에서 우리는 왜 전두환정권이 올림픽유치를 위해 노력하고 엘리트스포츠 육성에 매진하였는지 짐작할 수 있다. 올림픽경기는 최대의 국제스포츠행사라는 점에서 대대적인 국민적 관심을 불러일으킨다. 또한 올림픽 개최를 선진국의 상징으로 생각하는 사람들이 많다. 따라서 제5공화국이 올림픽을 유치하게 되면 그들이 한국의 선진화를 앞당겼다는 논리를 펼 수 있게 되고, 이를 통해 정권 등극을 정당화할 수 있기 때문이다.

제10장 독일의 학교체육[13)]

1. 답답하지만 신뢰가 가는 나라 독일

독일에서는 모든 것이 느리게 진행된다. 사람들의 발걸음도 느리고, 관공서나 은행의 업무처리속도도 느리며, 도로나 건축물의 공사 진행속도도 느리다. 조급증에 걸린 듯한 우리의 눈으로 보면 답답하기 그지없는 노릇이다. 예를 들어 운전면허를 따는 데에도 독일에서는 최소 몇 달이 소요된다. "속성 완성", "2주 완성" 등의 광고 문안을 내걸고 수강생을 모집하는 학원에 가면 실제로 1~2주 만에 운전면허증을 손에 쥘 수 있는 우리나라의 경우와 비교하면 독일의 운전면허취득 과정은 그야

13) 체육을 영어식으로 표현하면 physical education이고, 이 말을 독일어로 번역하면 Leibeserziehung이 된다. Leibeserziehung은 신체를 의미하는 Leib와 교육을 뜻하는 Erziehung이 결합되어서 만들어진 단어이다. 1960년대까지 독일에서도 체육(Leibeserziehung)이란 말이 공식적으로 사용되었지만 현재는 거의 사용되지 않고 있다. 슈피스(A.Spiess)와 얀(F.L.Jahn)에 의해 시작되어 히틀러의 국가사회주의시대에 최고정점에 달한 독일의 국가주의 체육(Leibeserziehung)은 단어적 이미지가 매우 부정적이었기 때문에 1970년대에 들어서면서 Sport란 말로 대치되기 시작하였다. 요즘은 각급 학교의 교과목 명칭으로 체육(Leibeserziehung) 대신에 Sport란 말이 쓰이고 있다. 따라서 이 글에서 '독일의 학교체육'이라고 쓸 때 체육은 Sport를 의미한다.

말로 긴 세월이다. 그러나 시간이 오래 걸리는 만큼 자격증에 신뢰가 간다. 우선 독일의 교통사고율은 세계에서 가장 낮다. 그리고 독일에서 운전면허를 취득한 사람은 그 즉시 고속도로고 시내 중심가고 큰 부담 없이 차를 몰고 나갈 수 있다. 그만큼 독일의 운전교육은 실질적이다. 반면 중국에 이어 교통사고율 세계 2위를 기록하고 있는 우리나라의 경우 운전면허증을 손에 쥐고도 실제 도로에서 자신 있게 운전할 수 있는 사람은 그다지 많지 않다. 왜 이런 차이가 나타나는 것일까? 그 이유를 독일과 한국의 서로 다른 교육풍토에서 찾는다면 논리의 비약일까?

표면적으로 볼 때 독일의 학교체육은 우리의 경우와 크게 다르지 않다. 아니 어떤 면에서는 우리 보다 뒤떨어지는 것처럼 보이기도 한다. 운동장이 없는 학교가 태반이고 학교체육수업내용도 우리처럼 그리 다양하지 않기 때문이다. 그러나 그 내면을 조금만 깊이 들여다보면 이러한 우리의 생각이 오해에서 비롯된 것이며, 오히려 우리가 배울 점이 많다는 점을 알게 된다. 짧은 지면을 빌어 독일의 학교체육을 소개하는 일이 쉽지는 않겠지만 간략하게나마 독일의 학제를 소개하고, 학교체육이 어떤 방식으로 운영되고 있는지 살펴보면서 우리와의 차이는 무엇이고, 또 우리가 배울 점은 무엇인지 알아보도록 하겠다.14)

2. 독일의 학제와 학교체육의 구조

우리나라의 학제는 초등학교 6년, 중학교 3년, 고등학교 3년 등 모두

14) 독일은 2차대전에 패한 후 점령군이 취한 지방분권주의 정책으로 인하여 철저하게 지방자치제를 실시하는 나라가 되었다. 따라서 학교제도도 지방마다 조금씩 다르다. 그렇지만 그 큰 틀은 어느 정도 통일되어있다. 여기서는 독일 중서부지역에 위치한 노르트라인-웨스트팔렌주(Nordrhein-Westfalen)에서 펴낸 학교체육지침을 토대로 독일의 학제와 학교체육을 알아보았다.

12년으로 구성되어 있다. 그러나 독일은 초등학교(Primarstufe) 4년, 중학교(Sekundarstufe I) 6년, 고등학교(Sekundarstufe II) 3년 등 모두 13년으로 구성되어 있다. 그룬트슐레(Grundschule)라고 불리는 초등학교를 졸업한 어린이들은 내신성적에 따라 각기 다른 4종류의 중학교로 진학하게 되는데, 학생의 약 20%가 김나지움(Gymnsium)[15]에, 약 20%가 레알슐레(Realschule)[16]에, 약 50%는 하우프트슐레(Hauptschule)[17]에, 나머지 약 10%가 게잠트슐레(Gesamtschule)[18]에 진학한다. 고등학교로는 대학진학을 목표로 하는 상급김나지움(Gymnasiale Oberstufe)과 직업교육을 목적으로 하는 직업학교(Berufsschule)가 있다. 이 모든 학교에서 체육은 매우 중요시되고 있는 필수교과목 가운데 하나이다. 각급 학교에서 이루어지는 체육활동은 크게 정과체육수업(Sportunterricht)과 과외체육활동(Aussunterrichtlicher Schulsport) 두 영역으로 대별된다. 정과체육수업은 직업학교를 제외하고 모든 학교, 모든 학년에서 주 3시간이 의무로 규정되어 있다. 직장에 근무하면서 일주일에 하루만 나가는 직업학교에서는 최소 주 1시간 체육수업을 하도록 의무화되어 있다.

정과체육수업은 필수종목(Pflichtunterricht)과 선택필수종목(Wahlpflichtunterricht), 그리고 특수체조수업(Schulsonderturnen) 등으로 나누어진다. 의무교과는 육상(Leichtathletik), 기계체조(Turnen), 체조(Gymnastik)/춤(Tanz), 수영(Schwimmen), 게임의 기초(Spiele - Vorbereitende Einheiten) 등 모두 다섯 단원으로 이루어져 있으며, 이것들은 각급 학교, 모든 학년에서 필수적으로 다루어져야만 하는 체육수업내용이다. 학생들은 매년 동일한 내용을 배우지만 학년이

15) 인문계중학교로서 졸업 후 대학진학을 목표로 하는 상급김나지움에 진학한다.
16) 공업이나 상업, 농업 등과 같은 실무를 가르치는 학교로서 학생들은 졸업 후 대개 직업학교나 상급김나지움에 진학한다.
17) 학생들은 졸업 후 주로 직업에 종사하면서 직업학교에 진학한다.
18) 세 종류의 중학교형식이 모두 존재하는 종합학교로서 최근에 생겨났다.

높아질수록 그 난이도가 점차 높아진다. 선택의무교과는 배드민턴, 테니스, 탁구, 배구로 구성된 받아치기 게임(Rueckschlagspiele), 농구와 핸드볼로 구성된 던지기 게임(Wurfspiele), 축구와 하키로 구성된 골 넣기 게임(Torschussspiele) 등 세 단원으로 이루어져 있으며, 각 단원에서 한 종목이 체육수업내용으로 선택되어진다. 이 종목 이외에도 지역에 따라 투기(펜싱, 유도)나 수상스포츠(카누, 조정) 중의 한 종목이 체육수업의 내용으로 선택될 수 있다. 한편 신체적으로 허약하거나 운동신경이 매우 떨어지는 학생들은 의무적으로 이들을 위하여 특별히 제공되는 특수체조수업에 참여해야만 한다. 특수체조수업의 내용은 주로 기초체력강화를 위한 체조로 이루어져 있다.

독일의 학교체육지침서에는 "체육이 학교에서 단순히 수업시간을 통해서만 가르쳐지는 교과가 되어서는 안 되며, 그것이 교육적 효력을 나타내기 위해서는 정과체육수업의 범위를 넘어서 학교생활의 한 부분으로 정착되어야만 한다."고 명시되어 있다. 즉 정과체육수업은 학교체육의 단지 한 부분일 뿐이라는 것이다. 따라서 독일의 학교에서는 학생들이 정과체육수업 이외에 과외로 다양한 체육활동에 참여할 수 있도록 제도적으로 배려하고 있다. 각급 학교에서 제공되고 있는 과외체육프로그램으로는 휴식시간체육활동(Pausensport), 여가체육활동(Sportfreizeiten), 체육동아리(Sportarbeitsgemeinschaften), 대내경기(Schulsportfeste/Sport im Rahmen von Schulfesten), 대교경기(Schulsportliche Wettkampfwesen) 등이 있다. 휴식시간체육활동이란, 학생들이 매일 운동할 수 있도록 여건을 조성해준다는 취지에서 학교당국이 체육활동을 할 수 있는 장소를 지정해 놓고 있는데, 여기서 이루어지는 체육활동을 말한다. 체육여가시간이란 전교생이 함께 참여하는 체육의 날(수영하는 날, 스케이트타는 날 등)행사나 집중체육강좌(스키나 조정 등을 몇 일 동안 집중적으로 배우는 프로그램), 원거리도보여행(소풍, 반더포겔) 등을 총칭한다. 동아리체육활동이란 체육에 특별한 관심을 갖고 있는 학생들을 모아 그들의 훈련을 조직적으로 지원하는 프로그램으로서 우리나라의 운동서클 또는 운동부와 그 성격이 비슷하다. 대내경기는 우리나라의 체육대회나 운동회와 유사하며, 대교경기는 학교별 대항경기를 의미한다. 이상에서 설명한 독일 학교체육의 구조를 그림으로 나타내면 아래와 같다.

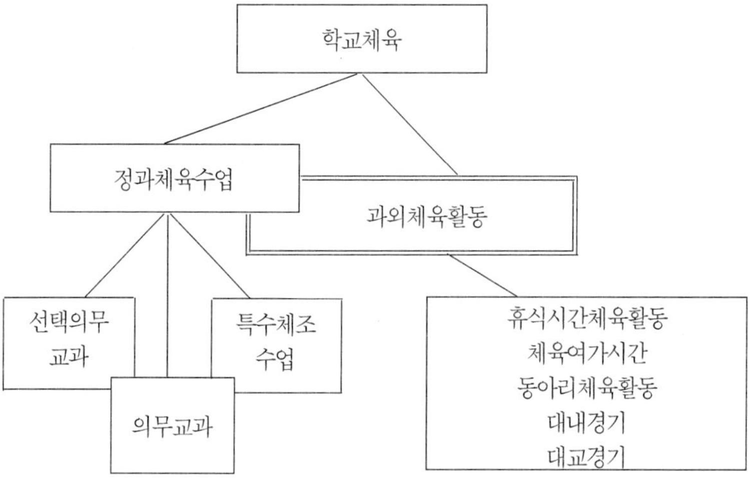

<그림 3> 독일 학교체육의 구조

3. 독일 학교체육의 특징

앞에서 살펴보았듯이 표면적으로 볼 때 독일의 학교체육은 우리의 경우와 크게 다르지 않으며, 정과체육수업의 내용은 다양성에 있어서 오히려 우리보다 떨어지는 것처럼 보인다. 또한 독일의 학교를 방문해 보면 대부분의 학교에 운동장이 없다. 이런 점들만을 보면 독일의 학교체육이 전반적으로 우리보다 못하다고 생각할 수도 있을 것이다. 그러나 이러한 판단은 분명 오해이다. 독일과 한국의 학교체육 중에 어느 쪽이 낫다고 일괄적으로 판단할 수는 없겠지만 우리는 분명 독일로부터 배울 점이 많다. 이제부터 한국과의 차이점을 부각시키면서 독일 학교체육의 특징을 몇 가지로 요약해서 설명하도록 하겠다.

1) 체육시설

독일의 학교에는 체육관이나 운동장 등과 같은 체육시설이 그리 많지 않다. 그렇다고 학교체육이 파행적으로 운영되는 것은 아니다. 대부분의 학교들은 학교주변에 산재해 있는 수영장, 잔디구장, 체육관 등의 공공체육시설을 자유롭게 이용할 수 있다. 체육시설은 크게 공공체육시설, 학교체육시설, 상업 및 산업 체육시설 등으로 나누어진다. 학교체육시설과 상업 및 산업체육시설이 주류를 이루고 있는 우리나라와는 달리 독일에는 공공체육시설이 체육 인프라의 골격을 이루고 있다. 공공체육시설을 중심으로 학교체육도 이루어지고 있고, 사회체육도 활성화되고 있는 것이다. 우리나라의 학교체육시설이나 공공체육시설은 그 수도 얼마 되지 않으려니와 시설도 매우 낙후되어 있으며, 그나마 관리문제로 외부에 개방되지 않아 이용률이 매우 저조한 반면 독일의 공공체육시설은 수적으로 매우 많고, 시설도 매우 잘되어 있으며, 조직적으로 관리되고 있고, 지역주민에게 자유롭게 개방되어 있다. 200년이 넘는 사회체육 중시 전통과 1960년대 이후 두 차례에 걸쳐 진행된 골든플랜(Golden Plan)[19], 그리고 트림-디히-130(Trimm-Dich-130)[20] 운동이 독일로 하여금

19) 2차세계대전후 폐허가 되었던 독일은 1960년대에 골든플랜(golden plan)'이라는

세계 최고의 체육 인프라 보유국이 되게 만든 것이다.

2) 체육교사의 위상

요즘이야 많이 바뀌었지만 불과 얼마 전까지만 해도 우리나라에서 체육교사하면 떠오르는 이미지가 매우 부정적인 것이었다. "무식하다, 변덕스럽다, 몽둥이, 괴팍하다, 선글라스와 모자, 기합을 준다, 덩치가 크다, 욕을 잘한다, 성질이 더럽다 등등." 독일의 체육교사들은 전혀 이런 이미지를 갖고 있지 않다. 그 이유는 무엇보다도 독일에서는 모든 교사가 두 과목 혹은 세 과목의 교사자격증을 갖추고 있기 때문이다. 체육교사는 체육만 가르치지 않고 동시에 영어를 가르치기도 하고, 수학을 가르치기도 한다. 한 마디로 체육교사는 지적인 면이나 인격적인 면에서 다른 교사와 동등한 자질을 갖추고 있는 것이다. 학교에서 그다지 높지 못한 우리네 체육교사의 위상을 쇄신하기 위해서는 교사교육에 있어서 독일식의 복수전공제 도입을 한 번쯤은 고려해 볼 필요가 있다.

3) 사회체육과의 관계

독일을 일컬어 사회체육의 천국이라고 한다. 그만큼 사회체육이 활성화되어 있다는 말이다. 독일의 사회체육은 스포츠페어아인(Sportverein)이라고 불리는 체육동호회중심으로 이루어진다. 2000년 현재 독일에는

체육정책을 수립하고 시행하여 경제 강국으로 거듭날 수 있었다. 이 계획은 무엇보다도 모든 독일국민이 집에서 도보로 5분 거리에 닿을 수 있는 곳에 다양한 체육시설을 건립하여 사회체육활동을 활성화하는 데 목적이 있었다.

20) 트림-디히-130은 하루에 30분 이상 맥박이 분당 130회가 될 정도의 강도로 운동을 해야만 건강하게 살 수 있다는 과학적 근거를 토대로 체육활동을 권장하는 전국적 차원의 계몽운동이다.

약 90,000여개의 스포츠클럽이 존재하며, 여기에 2천5백만 명 이상이 회원으로 등록되어 있다.[21] 스포츠페어아인과 학교는 상호 긴밀한 관계를 유지하면서 지역사회 체육발전을 위하여 공동으로 노력하고 있다. 스포츠페어아인은 학교에 전문트레이너를 파견하여 체육수업을 돕거나 과외체육프로그램을 함께 운영하며, 학교는 스포츠페어아인에 학교체육시설을 개방하거나 체육적성우수학생의 선발 및 훈련을 위촉한다. 학생들은 낮 동안 체육수업시간에 배운 체육활동을 방과 후 가족과 함께 스포츠페어아인에 가서 복습하며 즐긴다. 이와 같이 독일에서는 가정, 학교, 지역사회가 체육활동을 매개로 의사소통을 하며 상호간의 틈을 좁혀나가고 있다. 이러한 독일의 예는 갈수록 소통의 기회가 줄어들고, 그 결과 상호간 갈등의 골이 점차 깊어지고 있는 우리사회에 여러 가지 면에서 시사하는 바가 많다.

4) 체육수업

우리나라에서 체육수업은 고학년으로 갈수록 파행적으로 운영되는 경향이 있다. 대학입시를 최고 목적으로 하고 있는 학교교육에서 입시와 크게 관련이 없는 체육시간이 쉬는 시간으로 인식되거나 다른 과목으로 대치되는 것은 크게 이상할 것이 없다. 그러나 독일의 경우 이러한 일은 상상할 수조차 없다. 청소년기의 체육활동은 그 무엇으로도 대치

21) 스포츠페어아인은 1980년대 초 상업적 피트니스스튜디오(Fitnessstudio)가 성업하면서 도전에 직면하게 된다. 새로 생긴 피트니스스튜디오는 사람들이 원하는 새로운 프로그램을 적절하게 제공해준 반면에 스포츠페어아인은 전통적인 체육프로그램만을 고수해 왔기 때문이다. 그러나 스포츠페어아인이 많은 자구적인 노력을 기울인 결과 현재는 양자가 대등한 위치에서 경쟁하고 있다. 스포츠페어아인은 회비가 저렴한 반면 규정된 시간에만 운동을 할 수 있고, 피트니스스튜디오는 회비가 비싼 반면에 아무 때나 운동할 수 있는 장점을 지닌다.

될 수 없는 교육적 가치를 지닌다는 인식이 일반화되었기 때문이다. 또한 독일의 대학입시는 우리나라처럼 그렇게 경쟁이 치열하지 않고 대학간 서열도 없다. 단지 과별로 몇 개의 지명도가 높은 대학이 있을 뿐이다. 독일에서는 대학에 입학하기는 쉬워도 졸업하기는 어렵다. 대학졸업에 소요되는 평균 수학기간은 약 8년으로 세계에서 가장 길다. 한국의 학생들은 고등학교 때까지 열심히 공부하지만 막상 원하는 대학에 입학하면 그때부터 공부를 하지 않는다. 영어공부나 취직을 위한 시험공부가 고작이다. 그러나 독일의 학생들은 대학에 입학하면 더욱 열심히 공부한다. 그렇게 하지 않으면 대학졸업장을 받지 못하기 때문이다. 이렇듯 독일의 젊은이들은 인생의 경쟁을 대학에 입학하면서 본격적으로 시작한다. 반면에 우리나라의 젊은이들은 대학입시로 인생의 경쟁이 판가름 난다. 잘못된 교육제도로 인해 너무 일찍 인생의 경쟁에서 패배감을 맛보는 수많은 우리 젊은이들이 안쓰러울 따름이다.

5) 대교경기

독일에서도 우리나라처럼 다양한 종류의 학교대항경기대회가 열리고 있다. 그러나 우리의 경우처럼 그렇게 치열하지는 않다. 우리나라의 학생선수들은 명목상으로만 학생선수이지 실제로는 직업선수나 마찬가지이다. 수업도 들어가지 않고 하루 종일 운동만 한다. 경기에서의 승리는 단지 선수 자신의 명예나 기쁨만을 의미하는 것이 아니다. 그것은 동시에 학교의 명예와 학교장의 위신이 걸린 문제요, 선수의 상급학교진학과 미래가 걸린 문제이고, 또한 지도코치의 생계가 걸린 문제이다. 따라서 승리하기 위해 모든 수단이 동원된다. 비록 그 수단이 교육적이지 못한 것일지라도. 학생선수들은 학생으로서 누려야 할 교육받을 권리를 박탈당한 채 운동에만 전념해야 하고, 때론 지도코치의 비인간적인 욕설과 폭력을 감내해야만 한다. 우리나라와 달리 독일의 대교경기는 철저하게 교육적 목적을 지향한다. 즉 운동경기의 일차적 목적이 우수선수를 선발하기 위해 승패를 가리는 데 있는 것이 아니라 참여청소년들에게 교육적으로 가치 있는 다양한 경험들을 가능하게 해주는 데 있는 것이다. 실제로 독일의 학생들은 경기에 참여하며 기쁨, 자신감, 좌절감, 성취감 등과 같은 다양한 감정을 경험하며, 이러한 경험을 통해 세상을 보는 안목이 넓어졌고, 나아가 인격적으로도 보다 성숙한 인간이 되었다고 술회하기도 한다. 독일에서 교사나 지도자의 폭력은 어떠한 경우에도 용납되지 않으며, 운동경기가 교육적인 성격을 상실했을 때에는 그 폐지가 거론되기도 한다.

4. 독일이 주는 교훈

'교육은 백년지대계(百年之大計)'라고 말한다. 그러나 요즘 우리나라의 교육현실을 바라보면 교육은 백년지대계는커녕 십년지소계(十年之小計)조차 되지 못하고 있다는 느낌이 든다. 정권이 바뀔 때마다, 교육담당 고위공직자가 바뀔 때마다 우리의 교육은 매번 평지풍파(平地風波)를 겪는다. 교육의 목적과 과제는 시대와 사회에 따라 달라져야 하기 때문에 급변하는 사회에서 교육도 보조를 맞추어 변화하는 것은 당연하다고 자위도 해보지만 우리 교육의 격심한 변화 동인이 변화하는 사회현실에 적응하기 위한 교육 자체의 자구적인 노력에서 나왔다기보다는 자본주의적 시장논리를 앞세우는 정치적 외압으로부터 비롯된 것이 아닐까하는 의구심을 떨쳐버릴 수 없다. 교육의 목적이 단순히 기존의 사회질서에 순응하는 인간을 길러내는 것(Sozialization)만이 아니라 동시에 기존의 사회질서를 비판하고, 개혁할 수 있는 주체를 양성하는 것(Individuation)이라면 교육은 분명 정치나 경제 등의 사회 제 영역들로부터 어느 정도 거리를 유지할 필요가 있다. 이러한 관점에서 교육과 교권의 자율성을 굳건하게 지켜내면서 일관되게 교육정책을 추진해 나가고 있는 독일의 예는 정치권력과 시장논리에 휘둘리고 있는 우리의 교육현실에 타산지석(他山之石)의 교훈을 줄 수 있을 것으로 기대한다.

제11장 독일 스포츠클럽의 과거와 현재[22)]

1. 독일인들의 일상생활에 있어서 클럽의 중요성

독일 하면 클럽의 나라로 알려져 있다. 실제로 독일 성인남녀 가운데 한두 개 이상의 클럽에 가입해 있지 않은 사람을 찾기란 쉽지 않다. 클럽의 수 역시 지금까지 꾸준히 증가해 왔으며 현재도 지속적으로 증가하고 있다. 이러한 경향은 특히 지난 40년간 이루어진 스포츠클럽의 발달과정에서 확연하게 드러난다.

1960년 29,500개의 클럽에 530만 명의 회원이 등록되어 있었고, 1970년 40,000개의 클럽에 1,000만 명의 회원이 등록되어 있었다. 1980년 53,000개의 클럽에 1,700만 명의 회원이 등록되어 있었고, 1989년 66,500개의 클럽에 2,100만 명의 회원이 등록되어 있었다. 1994년 현재 81,000개의 스포츠클럽이 존재하고 있으며 이 중 70,000개는 서독지역에 11,000개는 동독지역에 있고, 이곳에 등록된 회원수는 2,400만 명에 달하고 있다.

22) 이 글은 주로 Heinemann과 Schubert의 자료 "Sports Club in Gernmany"(1999)을 참조하여 작성하였다. 이 자료는 이들이 1994년에 시행한 스포츠클럽 조사연구의 결과를 단행본으로 정리한 *Der Sportverein: Ergebnisse einer repraesentativen Untersuchung*(1994)을 토대로 하고 있다.

이렇듯 독일에서 스포츠클럽은 여러 클럽들 가운데 특히 이목을 끈다. 그러나 클럽만이 스포츠활동을 위한 조직적인 틀을 제공해주는 것은 아니다. 1995년 독일국민의 65%가 규칙적으로 스포츠활동에 참여하는 것으로 나타났는데 이들 중 18.4%만이 스포츠클럽에 가입되어 있는 것으로 나타났다. 독일인들의 스포츠활동참여와 관련하여 스포츠클럽은 점차 그 중심적인 위상을 잃어가고 있다고 할 수 있다. 그 대신에 조직적인 스포츠활동을 위한 여러 가지 대안적 형식들이 새롭게 출현하고 있다. 예를 들면 여가활동의 일환으로 볼 수 있는 비공식적으로 조직화된 스포츠활동이 도처에서 산발적으로 이루어지고 있고, 피트니스센터나 춤, 체조, 에어로빅 등을 제공하는 상업적 스포츠공급자들이 빠르게 증가하고 있으며, 주정부기관이나 연맹 또는 교회, 교육기관, 교류연합, 성인교육센터, 문화센터 등에 소속된 클럽들이 다양한 종류의 스포츠강좌를 제공해주고 있다. 아래에 나타난 <그림 4>는 독일에서 조직적으로 스포츠활동에 참여하는 사람들의 분포비율을 보여주고 있다.

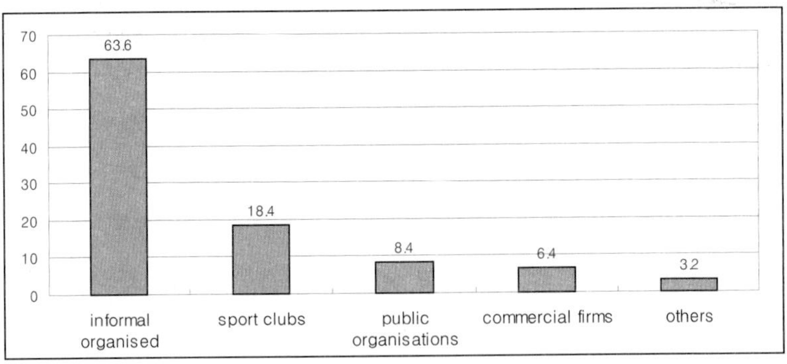

<그림 4> 백분율로 나타낸 스포츠참여의 조직적 틀 출처: Weber(1995)

<그림 4>에서 볼 수 있듯이 조직적으로 스포츠활동에 참여하는 사람들 가운데 단지 18.5%만이 스포츠클럽에 가입되어 있는 것으로 나타났다. 이는 독일의 스포츠시장이 점차 공급자중심에서 소비자중심으로 바뀌어가고 있음을 의미한다. 그 결과 클럽을 포함한 모든 스포츠공급자들은 수요, 즉 수요자들의 신체활동욕구에 더욱더 민감하고 유연하게 반응해야만 하는 처지에 놓이게 되었다. 각 공급자들은 자신만의 노하우를 축적해야만 하며, 자신만의 스포츠공급정책을 펼쳐야만 한다. 스포츠클럽 역시 독점적 위치를 차지해왔던 지금까지와는 달리 많은 요인들에 의해 영향을 받게 되었으며 변화된 상황에 적절하게 적응해야만 경쟁에서 살아남을 수 있게 되었다. 그럼에도 불구하고 지역 스포츠시설과 용구, 스포츠활동에 요구되는 어느 정도의 지도, 코칭, 안내 등을 필요로 하는 스포츠종목에 규칙적으로 참여하기 위해서는 다른 곳보다 스포츠클럽에 가입하는 것이 여전히 유리하다. 특히 경기대회에 참가하기를 원하는 사람이나 팀스포츠에 참여하기를 원하는 사람의 경우에는 더욱더 그러하다. 스포츠클럽은 여전히 독일스포츠에서 확고한 지위를 차지하고 있으며, 특정 종목에 있어서는 독점을 유지하고 있다.

2. 독일에서 클럽의 역사적 기원

1) 같은 취미를 가진 사람들의 공동체로서 클럽

스포츠클럽은 독일인들의 삶에서 매우 특별한 위치를 차지하고 있다. 독일에서 스포츠클럽이 차지하고 있는 특별한 위치를 적절하게 이해하기 위해서는 무엇보다도 다음 두 가지 의문을 먼저 해결할 필요가 있다. 첫째, 독일에서 스포츠 및 클럽 운동이 어떤 사회문화적 배경하에서 나타났는가? 둘째, 클럽이 발달하기 시작한 시기를 전후하여 독일사회는 어떤 구조적 변화를 겪었는가?

트루넨(이하에서는 체조로 명명)이라고 부르는 19세기 초기에 형성된 독일적 스포츠형식이 있다. 이것은 목적, 주체, 사회문화적 기원에 있어서 영국의 스포츠와 매우 다르다. 영국 스포츠의 주요 특징은 경쟁과 기록추구를 통한 성취의 비교라고 할 수 있다. 서로 경쟁하게 될 두 팀은 시작 시점에 서로 동등하지만 끝나는 시점에는 승리와 패배에 따라 서로 동등하지 않게 규정된다. 이것이 영국스포츠의 주요 특징이다. 독일 체조는 경쟁을 통한 비교의 이념에 의해 특징지어지지 않는다. 1816년 출판된 『독일체조술』에서 얀과 아이젤러는 체조가 신체적 건강, 멋진 체형, 단련, 힘과 민첩성, 순결한 영혼, 용기 등의 육성을 목적으로 하며, 동시에 인간의 지적 및 도덕적 성장을 고무해야만 한다고 쓰고 있다. 그들은 이러한 스포츠유형이 독일인의 성격과 일치한다고 명시적으로 진술하고 있다. 독일 체조 및 스포츠운동이라는 표현은 독일스포츠의 특징을 직접적으로 나타내고 있는 것이다. 체조운동은 독일민족의 활동과 동일시될 수 있으며 스포츠와 체조는 특별한 독일적 방식으로 발달하게 된 것이다.

이러한 독일의 체조와 클럽의 발달은 매우 밀접하게 관련되어져 있다. 독일에서 클럽의 의미를 이해하기 위해서는 먼저 다음의 이념을 염두에 둘 필요가 있다.

첫째, 스포츠클럽은 같은 취미를 가진 사람들의 공동체이다. 1840년경에 사람들은 스포츠인들의 집단을 일반적으로 클럽이라고 불렀다. 클럽은 함께 스포츠를 수행하고 스포츠수행을 위한 물질적 토대를 마련할 목적으로 결성되었지만 거기에 소속된 사람들은 공통적인 견해와 팀정신, 우정 등과 같은 특정한 가치를 공유해야만 하는 의무를 지니고 있었다.

둘째, 클럽은 자기동일성을 찾을 수 있게 해주는 기관이다. 일반 클럽과 스포츠클럽은 19세기 중반에 생겨났으며, 이미 제1차 세계대전 이전에 50여개의 스포츠클럽이 존재하고 있었다. 당시의 독일인들은 산업화와 근대화의 충격에서 벗어나지 못하고 있었으며, 도시화과정이 진행되면서 전통적인 가치와 생활방식이 위협받고 있었다. 또한 사회가 급속하게 변화하면서 지역공통체가 해체되었고 그 결과 고립화, 개인화가 초래되었다. 이러한 변화상황에서 개개인은 점차 자기동일성을 상실하게 되었다. 클럽은 이와 같은 산업화된 조건에 대항하여 상실된 공동체의식과 자기동일성을 되찾게 해주고, 소속감을 갖게 해주었다.

셋째, 스포츠클럽은 다기능적, 비정치적 성격을 지닌 집단이다. 1840년에 자유화가 성공하면서 클럽의 발달도 급속하게 진행되었다. 기존 클럽의 회원 수가 증가하였고, 새로운 클럽이 신설되었다. 클럽에는 취미가 같고 공통의 가치관과 신념을 견지하고 있는 사람들이 모여들었으며 여기에서 스포츠뿐만 아니라 여러 가지 종류의 활동을 함께 수행하였다. 그 결과 스포츠클럽은 다기능적인 집단이 되었다. 클럽의 회원이 되기 위해서는 스포츠에 대한 공통적인 관심뿐만 아니라 공통의 가치와 공통(중산층)의 덕목(애국심, 시민정신, 연대성, 사회적 일치 등)을 공유해야만 했다. 독일국민들의 스포츠클럽 참여율이 높은 이유 가운데 하나는 적극적인 신체활동이 더 이상 회원의 의무조항이 아니기 때문이다. 1850년 이전에 회원 가운데 스포츠활동에 적극적으로 참여한 사람은 50% 정도에 불과했으며 오늘날에도 상황은 비슷하다. 스포츠활동에 적극적으로 참여하지 않는 스포츠클럽회원들도 나름대로 클럽의 발전을 위해 다양한 방식으로 기여하고 있다. 어떤 이는 자원봉사자나 명예직을 맡아 무보수로 클럽을 위해 여러 가지 일을 한다. 이들의 다수는 다소 높은 사회계층출신이며 이들은 사회 전반에 체조의 이념(독일의 이념)을 전파할 목적으로 여러 가지 클럽업무를 관장하기도 한다.

넷째, 클럽은 스포츠를 정의하는 힘을 갖고 있다. 독일의 체조, 스포츠, 클럽은 그 기원과 발달에 있어서 서로 중첩되어 있다. 클럽의 발달과 체조 및 스포츠 운동은 동일 현상의 두 측면이라고 할 수 있다.

2) 독일 스포츠 및 체조 운동

이후 진행된 독일 클럽문화의 발달은 점점 더 새롭고 다른 형식의 신체 운동, 즉 영국식 스포츠에 의해 영향을 받게 된다. 영국식 모델을 채택한 최초의 클럽은 1836년 함부르크에 설립되었지만 영국스포츠가 본격적으로 보급되기 시작한 것은 산업화가 진전되고 영국과의 경제교류가 대폭적으로 확장되면서부터이다. 영국식 스포츠는 19세기 후기에 들어서 전 독일로 확산되었다. 이러한 스포츠운동의 중심에는 근대적이고, 급속히 성장한 거대도시의 수입상들이 서있었다. 영국 스포츠를 장려했던 상류층은 처음으로 영국스타일의 클럽을 설립하였으며, 클럽의 회원들은 스포츠맨십을 추종하였고 회원의 자격조건은 대개 재정능력을 갖춘 소수의 부유층으로 제한되어 있었다. 비싼 용구와 시설이 요구되는 종목(테니스, 세일링, 요트)과 클럽 생활은 많은 비용을 요구하였기 때문이다. 이러한 클럽의 회원이 된다는 것은 일반적인 체조클럽의 회원이 되는 것보다 훨씬 높은 사회적 위신을 갖게 됨을 의미하였다. 체조클럽에서 강조되었던 중산층의 덕목인 교육 및 사회적 책임, 애국심 등의 이념은 이러한 영국식 스포츠클럽에서는 큰 역할을 담당하지 못하였다. 그럼에도 불구하고 두 종류의 클럽 모두 신체운동을 위한 장소를 제공했고, 공동체 의식의 형성을 목적으로 하는 비공식적인 사회적 접촉을 가능하게 해주었다. 따라서 새로운 스포츠클럽은 확장된 여가시간 개념의 중심부로서 역할을 담당했으며 체조클럽에서처럼 스포츠를 직접 수행하지 않는 사람들에게도 회원이 될 수 있는 길을 열어 주었다. 영국스포츠가 다른 계층으로도 확장되어 널리 보급될 수 있었던 이유로는 다음 두 가지를 언급할 수 있다. 첫째, 1895년부터 1910년 사이에 영국에서 유입된 축구가 독일사회에 빠르게 확산되었다. 둘째, 독일정부가 스포츠의 수용을 적극적으로 지지하고 장려하였다. 빌헬름시대에 독일의 지도자들은 선진산업국가인 영국의 문물과 영국적 스포츠 개념을 적극적으로 받아들이려고 노력하였다.

독일 체조와 영국의 스포츠 간에 존재하고 있는 모든 차이에도 불구하고 양자를 연합하고 조직적으로 공존할 수 있게 해주는 새로운 형식들이 다양한 방식으로 개발되었다. 그 내용은 다음과 같다. 첫째, 독일의 체조는 영국식 경기 개념을 도입함으로써 스포츠화되었다. 둘째, 체조클럽은 새로운 스포츠종목들을 제공하기 시작했으며, 그에 따라 클럽의 명칭을 체조 및 스포츠클럽으로 바꾸기도 하였다. 셋째, 기존의 체조 동호인들이 스포츠클럽을 설립하고, 스포츠의 형식 속에서 그들의 가치, 전통, 그리고 독일클럽적인 특징을 전달해 주었다. 또한 이와는 반대로 신체운동의 이념과 목적이 체조적인 것에서 스포츠적인 것으로 바뀌었다.

이상에서 살펴보았듯이 이러한 이유에서 스포츠클럽의 개념은 독일식 체조와 영국식 스포츠 운동이라는 두 개의 기원을 동시에 내포하고 있다. 독일의 체조운동은 독일사회에 클럽의 개념, 취미가 같은 스포츠인의 공동체, 그리고 다양한 종목으로 이루어진 다분히 실용적인 영국식 스포츠의 확산을 가져다 준 것이다.

3) 제3제국시대(나치시대)의 스포츠

독일의 스포츠조직 및 스포츠정책은 제3제국시대에 국가사회주의 정부(나치정부)에 의한 스포츠의 정치적 남용이라는 배경과 대비시킬 때 보다 정확하게 이해될 수 있다. 제3제국은 중앙집권적 독재국가였다. 따라서 공적, 사적 생활이 모두 국가에 예속되었으며 스포츠도 예외가 아니었다. 국가사회주의정당이 정권을 장악하기 전인 1933년 이전에 스포츠는 다양화된 조직체계를 갖추고 있었던, 정부로부터의 독립된 영역이었다. 중산층의 체조 및 스포츠 운동과 노동자의 스포츠 운동은 풍부한 공존의 전통을 갖고 있었다. 그러나 이러한 독일스포츠의 구조는 국가사회주의 혁명 이후 급격하게 변화한다. 정권 초기부터 스포츠클럽과 협회들은 정치적인 간섭을 막아내지 못하였으며 중산층 스포츠클럽은 통일된 스포츠 연맹으로 통합되었다. 선거가 아니라 권위적인 지도원리에 따라서 스포츠관련 업무와 임원의 서열이 정해졌으며 그러한 과정에서 스포츠클럽과 연맹은 점차 민주적인 합법성을 상실하게 되었다. 국가사회주의 스포츠조직의 가장 중요한 존재 이유는 국가사회주의 정신을 존중하는 국가 의식을 고취하고 국가사회주의 이데올로기를 선전하는 것이었다. 이러한 의미에서 스포츠클럽은 정치의 주요 부분이 되었다. 또한 클럽은 노동력과 전투력을 증진시키는 주요 기능을 담당해야만 했다. 특히 엘리트스포츠는 정치의 수단으로 철저하게 이용당하였다. 1936년 베를린 올림픽경기에서 나치의 지도자는 승리를 통해 국가의 정통성을 공식적으로 인정받으려고 노력하였다.

3. 2차 세계대전 이후 독일의 스포츠조직

1) 국가와 조직화된 스포츠의 관계

1933~1945년 나치통치 경험의 배경 하에서만 종전 이후 이루어진 독일연방공화국의 스포츠정책을 제대로 이해할 수 있다. 2차 대전이 종결된 이후 독일스포츠정책은 '스포츠는 자율적으로 조직되어진다.'는 원리를 근본원칙으로 삼았다. 즉, 전후 독일연방공화국은 스포츠클럽과 스포츠연맹을 위한 독자적인 공간을 헌법적으로 보장해주고 있다. 스포츠 영역은 그들 자신의 영역을 자율적으로 통제할 수 있게 되었다.

독일 스포츠조직의 최대 단위는 스포츠연맹이고 최소 단위는 스포츠클럽이다. 이 사이에 여러 조직들이 존재한다. 각 스포츠조직은 고유한 목표를 설정해 놓고 있으며, 중앙의 통제를 받지 않고 자치적으로 운영되는 독립적 체제이다. 이들 단체의 자율성은 독일의 헌법에 의해 보장되어 있다. 독일 스포츠운동의 중심적인 조직규범은 기본법 9조 I항에 명시되어 있다. 이 조항에 따르면 개인은 단체(클럽)를 만들거나 단체에 가입할 수 있는 자유를 지니며 단체 역시도 자율적으로 독자적인 내규를 정하고 실행할 수 있는 법적 지위를 지닌다. 이에 따라 스포츠클럽을 포함한 스포츠조직들은 정부로부터 간섭받지 않으며 자율적인 권리를 행사할 수 있다.

2) 우산형 조직으로서 독일스포츠연맹

독일스포츠연맹(DSB)은 1950년에 독일 체조와 스포츠 운동을 위한 우산조직으로 기능하기 위하여 설립되었다. 따라서 이 단체는 조직 회원(집단)들의 여러 가지 관심을 대변해주고 있다. 독일 스포츠조직의 구조를 개괄적으로 알아보면 다음 <그림 5>와 같다.

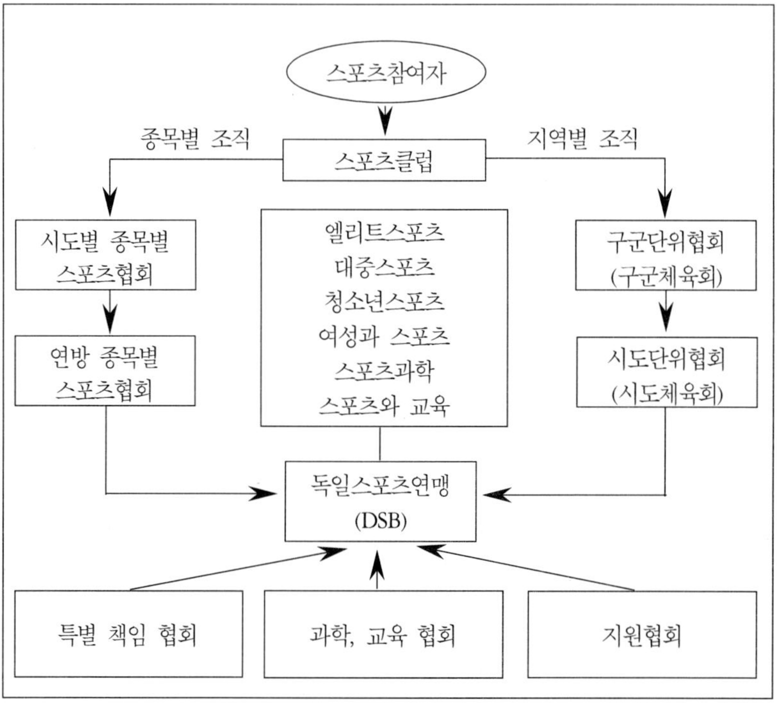

<그림 5> 독일의 조직화된 스포츠 구성도

위의 그림에서 볼 수 있듯이 공식적인 스포츠활동에 조직적으로 참여하기를 원하는 개인은 전체 스포츠조직과 직접 및 간접적으로 관련을 맺게 된다. 즉 스포츠클럽에의 가입은 그와 동시에 자동적으로 두 개의 자율적으로 통제되어지는 스포츠행정조직으로 편입됨을 의미한다. 하나의 스포츠클럽은 종목별 스포츠협회 및 지역별스포츠협회와 동시에 관련을 맺고 있기 때문이다.

독일스포츠연맹(대한체육회와 유사단체임)은 다양한 업무를 관장해야만 한다. 이에 따라 관련 부서도 엘리트스포츠부, 대중스포츠부, 청소년스포츠부, 여성스포츠부, 스포츠과학부, 스포츠교육부 등으로 나누어져 있다. 각 부서의 업무에 대한 책임은 독일스포츠연맹과 그 회원조직들이 공유하고 있다.

4. 독일 스포츠클럽의 현황

앞의 서론부에서 알아보았듯이 독일에서 지난 40년간 스포츠클럽의 발달은 매우 비약적으로 이루어져왔다. 특히 통독 이후 구 동독지역에서의 발달은 더욱 두드러진다. 2차대전이 끝난 후 존재했었던 클럽이 다시 부활되었고, 동독정부가 운영했던 스포츠클럽을 인수하는 경우도 있었으며, 새롭게 신설된 클럽도 생겨났고, 동독정부가 운영했던 스포츠협회가 스포츠클럽으로 성질이 변경되는 경우도 있었다.

지난 수십 년간 독일에서 스포츠클럽이 역동적으로 발달할 수 있었던 이유와 관련하여 다음과 같은 세 가지 가설이 제기되곤 하였다. 첫째, 스포츠클럽회비는 상업스포츠시설이용료보다 훨씬 저렴하다. 이를 뒷받침하는 증거는 클럽회원들의 대부분이 청소년들이거나 하류계층 또는 재정적으로 열악한 상황의 사람들이라는 사실에서 찾아질 수 있다. 둘째, 스포츠클럽은 대중소도시뿐만 아니라 도회지나 시골 어디에나 존재하기 때문에 접근이 용이하다. 반면에 상업적 스포츠시설은 주로 도시에 몰려 있다. 셋째, 스포츠클럽에서 제공되는 스포츠종목은 매우 다양하다. 또한 스포츠클럽은 스포츠 이외의 축제, 유흥, 연극, 여행 등의 기회를 제공하여 운동욕구와 성취욕구, 사교욕구 등 사람들의 다양한 욕구를 충족시켜주고 있다.

이와 같은 가설을 검증하기 위해서는 많은 조사연구가 필요하다. 또한 이에 앞서 우선적으로 독일 스포츠클럽의 현황을 살펴 볼 필요가 있다. 이하의 내용에서는 이와 관련하여 독일 스포츠클럽의 규모, 회원구조, 제공되는 종목, 회비, 담당직원 등을 구체적으로 알아보겠다.

1) 스포츠클럽의 규모

독일 스포츠클럽의 다수는 규모가 작다. 즉 회원수가 300명 이하인 경우가 대부분이다. 회원수가 100명이 안되는 클럽이 35.2%이고, 100~300명이 34.0%이다. 회원 수가 1,000명이 넘는 대규모의 클럽은 5.5%에 불과하지만 전체 클럽회원의 29.6%가 대규모클럽에 소속되어있다. 대규모 클럽은 그 수가 적어도 그들만의 독자적인 조직구조를 이루고 있으며, 대중의 관심이 여기에 모아지고 있다. 그렇다고 소규모 클럽이 중요하지 않다는 것은 아니다. 다음 <그림 6>은 규모별로 본 독일 스포츠클럽의 현황이다.

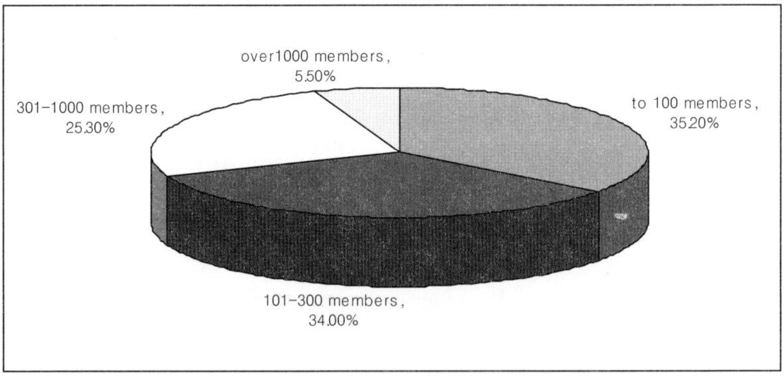

<그림 6> 규모별로 본 독일 스포츠클럽의 현황

스포츠클럽의 발달과 관련된 논의에 있어서 1,000명 이상의 회원을 확보하고 있는 대규모 클럽이 미래가 있다고 가정되고 있다. 단지 그러한 클럽만이 폭넓고 더 매력적이며 다양한 스포츠종목을 제공해 줄 수 있다는 것이다. 또한 단지 그들만이 저렴한 비용으로 더 효율적으로 운영될 수 있으며 더 잘 조직될 수 있다는 것이다. 대중의 관심도 근대적인 대규모 클럽에 집중되고 있을 뿐 소규모 클럽에는 별로 모아지지 않는다는 것이다. 그러나 1994년에 시행된 조사연구의 데이터는 이러한 가정이 잘못되었음을 보여준다. 더욱이 스포츠클럽의 발달추세는 이러한 가정과는 정반대의 경향을 보여주고 있다. 특히 회원이 100명 이하인 소규모 클럽의 수는 계속해서 증가하고 있다. 이러한 조사결과는 독일에서 스포츠의 이미지가 점차 소규모 클럽에 의해 더 크게 영향을 받고 있음을 보여준다. 이로부터 몇 가지 결과가 도출될 수 있다.

1970년대 동안 전체 스포츠클럽에 소속된 회원수는 스포츠클럽의 수보다 훨씬 많이 증가하였다. 즉 스포츠클럽의 수는 10% 성장한 반면 회원의 수는 21% 성장하였다. 그러나 최근 몇 년간 클럽의 수는 빠르게 증가하였으며, 그 증가 속도는 스포츠참여자의 수가 증가하는 속도보다 월등하게 높게 나타나고 있다. 성장의 잠재력은 대규모 클럽에서 소규모 클럽으로 이동하고 있다. 이러한 경향은 특히 대도시에서 두드러진다. 소규모 클럽은 비록 한 종목밖에 제공해 주지 못하지만 그럼에도 불구하고 미래의 스포츠수요에 대처할 충분한 능력을 지니고 있는 것처럼 보인다.

전제 회원수는 소폭 증가했거나 그대로인데 반해 클럽의 수는 빠르게 늘고 있다는 것은 클럽별로, 특히 소규모클럽에 있어서 회원의 수가 감소함을 의미한다. 대규모의 클럽일수록 기존 회원을 유지하거나 새로운 회원을 모집하기 위하여 더욱 치열하게 노력해야 한다.

스포츠의 미래는 기본적으로 한 종목만 제공해주는 소규모 클럽과 함께할 것으로 사료된다. 20세기 초기에 클럽은 많은 사람들에게 익명적이고, 급속히 변화하는 도시사회에 대항하는 대안적 세계가 되었다. 클럽에서는 직접적인 체험이 만들어질 수 있었으며, 자신의 이상이 어렵지 않게 실현될 수 있었고, 개인 간에 친밀한 관계가 쉽게 형성될 수 있었다. 소규모 클럽이 빠르게 증가하고 있는 독일 스포츠클럽의 발달 추세는 비공식적 접촉과 공공의 결속에 대한 대중적 욕구의 표현이며, 작은 동질집단과 공동체에 대한 열망의 표현이라고 할 수 있다. 이러한 집단 및 공동체내에서 스포츠에의 참여와는 별개로 집단에서 소속감과 정서적 통합이 추구되고 있으며, 원하는 바가 충족되고 있다. 이 모든 것은 대규모 클럽에서는 실현되기 어렵다. 클럽을 '회원을 하나로 묶어주는 결속단체'로 이해한다면 이러한 기능과 관련하여 가장 중요한 요인은 클럽의 규모이다. 클럽의 규모가 작을수록 이와 같은 기능은 더욱 큰 효력을 발휘한다. 스포츠클럽의 경우 더더욱 그렇다. 특히 역사와 전통을 지닌 소규모 및 중규모의 클럽들 또는 소도시나 마을에 있는 클럽들은 제공되는 스포츠종목에 상관없이 대개 다기능적인 문화 및 여가제도로서 기능하고 있다. 이러한 클럽에 소속된 회원들은 모두가 적극적인 신체운동에 참가할 필요가 없다. 비록 스포츠클럽의 회원이라고는 하지만 회원의 50% 정도는 스포츠활동에 직접적으로 참여하지 않고 있다. 그들은 비록 스포츠에 참여하지 않지만 자신이 소속된 클럽의 사회활동에서는 일정한 역할을 담당하길 원하며 실제로 그렇게 하고 있다.

여기서 우리는 독일의 스포츠클럽이 갖는 독특한 특징을 발견할 수 있다. 독일인들은 오직 스포츠에 참여하기를 원하기 때문에 스포츠클럽의 회원이 되는 것은 아니다. 그들의 의도는 자기 자신만의 사회집단에 소속되는 것이다. 특히 소규모클럽에서 이러한 경향이 강하게 나타난다.

이러한 경향에서 하나의 모순이 발견된다. 독일의 클럽은 개방성을 지닌 집단이며 사회적인 통합을 목표로 하는 제도라는 이미지를 갖고 있었다. 그러나 새롭게 생겨나고 있는 클럽들은 점차 규모가 작아지면서 분리성, 배타성, 폐쇄성의 특징을 드러내고 있다.

클럽구조의 또 다른 특징은 그들 중 대부분이 단지 한 종목만을 제공해 주고 있다는 점이다. 클럽의 3분의 2가 그렇다. 이러한 스포츠클럽을 일컬어 종목클럽이라고 부른다(예를 들면 구마스바하 핸드볼클럽 또는 두어마겐 태권도클럽). <그림 7>은 제공되는 스포츠종목의 수에 따른 스포츠클럽의 현황이다.

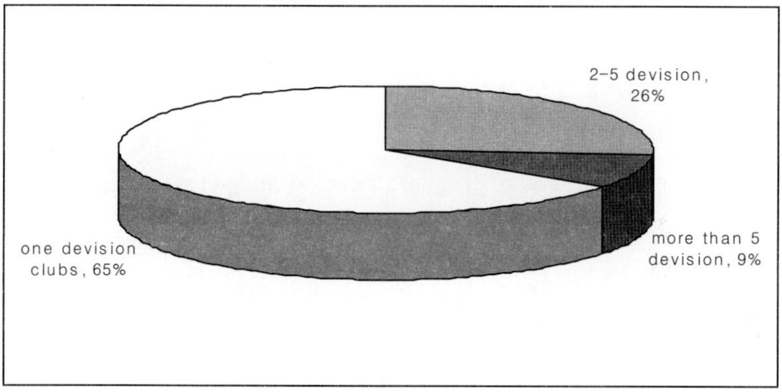

<그림 7> 제공되는 스포츠종목의 수에 따른 스포츠클럽의 현황

클럽의 규모가 클수록 하나 이상의 종목을 제공해 줄 수 있는 가능성이 높아진다. 스포츠와 신체운동욕구에 대한 관심이 다양하게 분화되고 있고, 생활양식이 점점 더 개인화되고 있으며, 그에 따라 스포츠참가집단이 점점 더 이질성을 강하게 띠어가고 있는데 이와 같은 경향이 스포

츠클럽의 변화경향에 그대로 반영되고 있는 것이다.

2) 회원구조

스포츠클럽은 특정사회집단에게 더욱 매력적이다. 클럽회원의 구조에 관한 예전의 연구는 스포츠클럽이 성인층보다는 청소년층에게 더욱 매력적인 것으로 나타났다. 또한 여성 보다는 남성에서, 하류층보다는 중류층과 상류층에서 더 많은 회원을 확보하고 있는 것으로 나타났다. 그러나 상황이 근본적으로 바뀌고 있다. 새로운 집단의 사람들, 즉 성인층, 노년층, 여성층이 스포츠클럽에 대폭적으로 유입되고 있으며, 가족과 함께 스포츠를 즐기려는 사람들이 클럽으로 모여들고 있다. 또한 장애자나 외국인, 재활치료를 받고 있는 사람들, 관심사가 다르고, 능력이 다르며, 취향이 다르고, 동기와 희망사항이 전혀 다른 사람들이 스포츠클럽으로 모여들고 있다.

이러한 발달추세는 클럽의 회원구조에 잘 반영되어 나타나고 있다. 체조와 스포츠 운동은 대중의 스포츠수요에 대한 반응으로서 나타났지만 이러한 바람이 적절하게 실현되어졌는지의 여부는 클럽에 따라 매우 다양하게 나타났다.

먼저 여성들의 경우를 살펴보면 전체 클럽회원 가운데 여성회원의 비율은 38.5%로 나타났다. 이 수치는 최근 몇 년 동안 크게 바뀌지 않고 있다. 또한 여성회원의 대다수는 여러 종목을 공급해줄 가능성이 높은 대규모 클럽에 가입되어 있는 것으로 나타났다.

다음으로 연령별집단을 살펴보면 청소년층의 비율은 매우 높게 나타난 반면 노년층의 비율은 낮게 나타나고 있다. 청소년층의 경우 남녀 모두 높게 나타난 반면 성인, 노년층으로 갈수록 남녀간의 차이가 현격하게 나타났다. 즉 여성회원의 비율이 현저하게 줄어드는 것으로 나타났다. 다음 <그림 8>은 독일 전체인구와 스포츠클럽회원의 연령 구조이다.

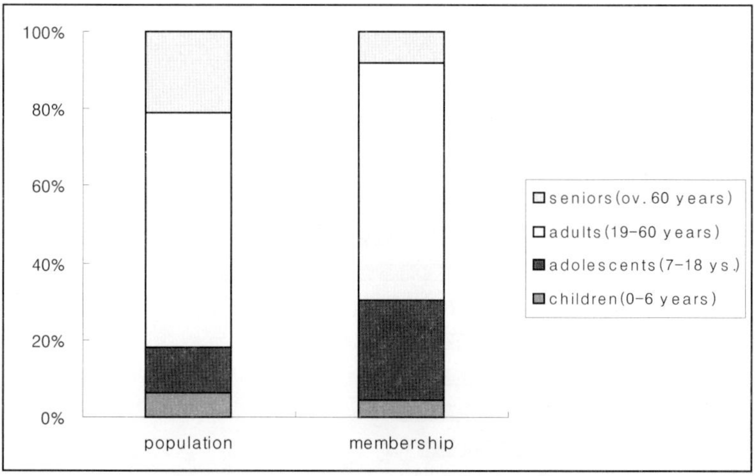

<그림 8> 독일 전체인구와 스포츠클럽회원의 연령구조

3) 스포츠클럽에서 제공되고 있는 스포츠종목

스포츠클럽의 특별한 장점은 다양한 스포츠 종목을 제공해 주고 있다는 점이다. 스포츠클럽에서는 실제로 스포츠와 연관된 거의 모든 신체운동형식을 제공해주고 있다. 스포츠 사회학자들은 스포츠의 개념이 수은주와 닮아가고 있다고 지적한다. 즉 개념적으로 별로 쓸모가 없게 되었다는 것이다. 그들에 따르면 스포츠는 현재 신체문화 또는 신체운동과 관련된 모든 활동과 동의어처럼 쓰이고 있다. 이제 스포츠는 명료한 자기동일성을 상실했다. 독일 스포츠과학연구원은 스포츠시설확충계획과 관련하여 150여개의 스포츠활동을 구별하고 있고, 하이네만의 조사에 따르면 독일의 스포츠클럽에서 제공되고 있는 종목은 250가지가 넘었다. 이제 스포츠가 무엇인지 명료화하는 일은 점점 더 어렵게 되었다. 독일의 전체 스포츠클럽 가운데 5% 이상의 스포츠클럽이 제공하고 있는 스포츠 종목만을 간추리면 12개의 종목이 남는다. <그림 9>는 독일의 스포츠클럽에서 제공되고 있는 12가지 스포츠종목들의 우선순위를 나타낸 것이다.

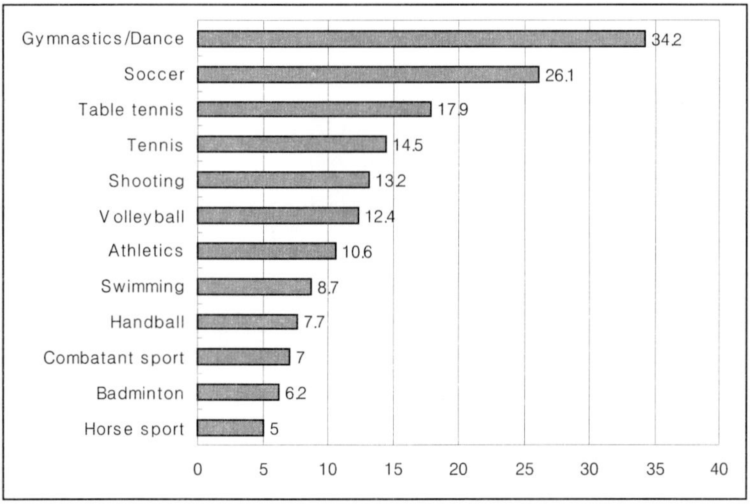

<그림 9> 독일의 스포츠클럽에서 제공되고 있는 스포츠종목

위의 <그림 9>에서 볼 수 있듯이 전체 스포츠클럽 가운데 34.2%가 체조와 춤을 제공하고 있다. 이것은 독일에서 체조와 춤이 스포츠종목으로서 중요한 역할을 담당하고 있음을 암시하고 있다. 춤과 체조는 지

난 15년간 급속하게 성장한 종목이다. 불과 얼마 전까지 29.5%의 클럽만 이 이 종목을 제공했었다. 그러나 1991년 현재 34.2%의 클럽이 이 종목을 제공하고 있다. 이는 전체클럽의 수보다 체조를 제공하는 클럽의 수가 빠르게 늘어나고 있음을 의미한다. 스포츠장면의 근본적인 변화가 이러한 통계수치에 반영되어 있다. 전통적인 종목들이 점차 중요성을 상실하고 있고, 전에는 스포츠라고 부르기 어려웠던 새로운 운동형식들이 급속하게 확산되고 있는 것이다.

다음으로 이목을 끄는 종목은 축구이다. 축구는 줄곧 1위의 자리를 차지해 왔으나 이제는 2위로 밀려났다. 1979년에 시행된 연구에 따르면 독일의 클럽 가운데 43%가 축구종목을 제공하고 있었다. 그러나 1991년의 조사에서는 단지 26.1%의 클럽만이 이 종목을 제공하고 있었다. 그동안 전체 스포츠클럽의 수는 크게 증가했지만 축구를 제공하는 클럽은 새롭게 생겨나지 않고 있는 것이다. 다시 말해 새롭게 설립된 클럽들은 축구라는 종목에 별 관심을 보여주고 있지 않다고 할 수 있다. 경쟁과 성취의 원리를 가장 잘 반영하고 있다고 할 수 있는 전통적 팀스포츠는 독일사회에서 점차 중요성을 잃어가고 있다.

클럽의 특별한 매력은 스포츠 이외의 여러 가지 활동들을 부수적으로 제공한다는 점이다. 스포츠와 관련된 부수적인 행사에는 게임을 포함한 파티(22%의 클럽에서 제공되는 것으로 나타남), 하이킹 여행(19%), 스포츠자격증 취득기회 제공(21%) 등이 있으며, 스포츠와 무관한 행사로는 축하행사(77%), 사교모임(66%), 야유회(53%) 등이 있다.

4) 클럽스포츠활동에 드는 비용

클럽은 회원들로 하여금 저렴한 비용으로 스포츠를 수행할 수 있게 해준다. 성인의 경우 평균 월회비는 약 7유로(약 10,000원)이며 이 액수는 노동자들이 1시간 동안 일하고 받는 비용보다 적다. 청소년의 경우에는 약 3.5유로(약 5,000원)를 클럽 월회비로 지불한다.

클럽의 운영에 드는 비용 가운데 회원이 내는 회비의 비중은 극히 일부분밖에 되지 않는다. 이것 이외에 클럽운영예산에 포함되는 내용은 자원봉사자들의 노동비용, 다양한 공적 보조금, 상업적 수입, 기부금 등이다. 다음 <그림 10>은 클럽 전체 예산을 구성하고 있는 수입원들이다. 물론 여기에는 자원봉사자와 명예직원의 무임노동에 의해 발생하는 비용이 들어있지 않은데 그 이유는 이 비용을 정확하게 산출하기가 어렵기 때문이다.

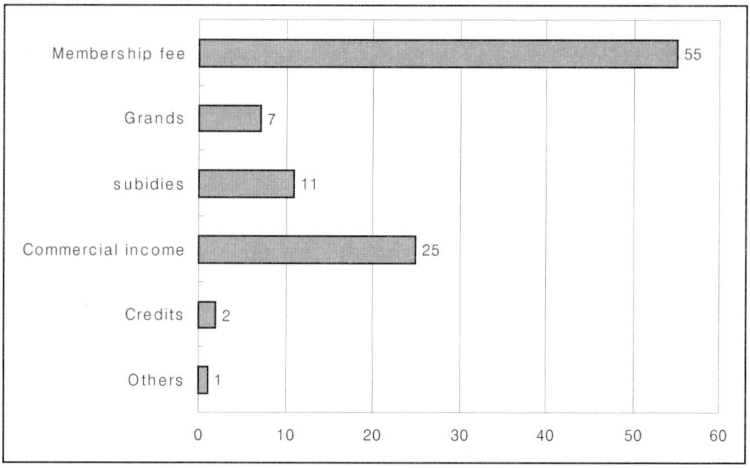

<그림 10> 클럽예산을 이루고 있는 수입원의 비율

이 그림을 살펴보면 클럽이 상업적 활동을 하여 벌어들이는 수입이

적지 않음을 알 수 있다. 수입의 약 25%가 시장에서 상품과 서비스를 판매하여 얻은 수익이다. 다른 한편으로 이 그림에 따르면 클럽들은 예산의 약 10% 정도를 정부로부터 지원받는다. 여기서 또 하나 고려되지 않은 사항이 있는데 그것은 정부의 간접적 지원금이다. 스포츠클럽과 스포츠단체는 비영리조직이라는 법적 위상을 지니고 있기 때문에 세금특혜를 받는다. 즉 스포츠클럽은 세금을 면제받는다. 따라서 대부분의 클럽은 세금을 전혀 내지 않는다. 더욱이 납세자들이 클럽에 기부금을 내면 그에 해당하는 만큼의 세금환급을 요청할 권리를 갖는다. 기부금은 클럽수입의 약 11%를 차지하고 있다. 또한 스포츠클럽은 공공스포츠시설을 사용하면서 그에 대한 사용료를 전혀 내지 않거나 매우 적게 낸다.

독일에서는 복권판매업자들이 수입의 25%를 자선조직에 기부해야만 한다. 이 가운데 50%가 스포츠조직에 배당된다. 이 배당금은 스포츠시설과 설비를 마련하는데 쓰인다. 스포츠조직은 재정적으로 상당 부분을 도박으로부터 얻어진 수입에 의존하고 있는 것이다.

이상에서 살펴보았듯이 독일스포츠연맹과 스포츠클럽을 포함한 여러 스포츠조직들은 연방정부, 주정부, 지방자치단체 등의 지원과 원조에 재정적으로 높게 의존하고 있는 것으로 나타났다.

5) 자원봉사자와 전담직원

독일 스포츠클럽의 주요 특징 가운데 하나는 자원봉사자와 명예직 직원이 임금을 받지 않고 클럽을 위해 일을 하고 있다는 점이다. 클럽의 명예직 직원의 수는 평균적으로 18명 중 1명 정도이다. 이 숫자는 클럽의 규모에 따라 다양하게 나타나는데 전체 회원의 수가 100명이 안되는 클럽의 경우 평균적으로 9명 중 1명이 명예직 회원이며, 1,000명 이상의 회원이 가입되어 있는 대규모 클럽의 경우 34명 중 1명이 명예직 회원이다.

보통 7-8명의 자원봉사요원이 한 명의 전담직원 몫을 해낸다. 전담직원의 경우 연봉은 약 3만 유로(약 4천3백만원) 정도 되며 시간당 약 15유로(약 2만1천원)를 받는다. 다음 <표 3>은 클럽규모에 따른 자원봉사요원의 평균노동시간과 그에 따른 예산절감효과를 나타낸 것이다.

<표 3> 자원봉사노동의 가치

클럽규모	평균노동시간	전체 생산량 (유로)	회원당 생산량 (분으로 환산)	회원당 생산량 (유로로 환산)
100명 이하	98	1468,-	121	30,-
101-300명	242	3630,-	83	21,-
301-1,000명	498	7305,-	60	15,-
1,000명 이상	1341	20115,-	52	13,-

위 <표 3>에서 볼 수 있듯이 소규모 클럽에서 각 회원은 매달 자원봉사자들의 노력으로 인하여 약 30유로(4만 4천원) 정도의 비용을 절감할 수 있다. 대규모 클럽의 경우는 약 13유로(약 18,000원)를 절감할 수 있다.

제12장 페미니즘의 관점에서 본 스포츠와 여성

지난 세월 동안 스포츠는 철저하게 남성의 영역에 속해왔으며 이러한 경향은 지금까지 계속되고 있다. 그러나 최근 들어 이러한 스포츠의 이미지가 점차 변화하고 있다. 변화는 남성우월주의, 가부장적 이데올로기, 빅토리아시대의 여성상 등과 같은 각종 장벽으로 둘러싸인 금녀(禁女)의 제국 스포츠에 여성의 출입이 잦아지면서 시작되었다.

오늘날 스포츠는 여성에게 소극적이고 수동적이며 나약한 존재라는 이미지를 떨쳐버릴 수 있는 기회를 제공해 주고 있다. '단거리의 여왕' 매리언 존스, '마라톤 여제' 폴라 래드클리프와 캐서린 은데레바, '골프 여제' 애니카 소렌스탐 등과 같은 여성스포츠스타들은 신체 및 정신면에서 여성도 남성만큼 강인할 수 있음을 보여주고 있다. 이는 현대 사회가 여성차별을 당연시하는 분위기에서 양성평등을 추구하는 분위기로 바뀌어가고 있음을 시사한다.

그럼에도 불구하고 여성을 차별하는 요소들은 오늘날에도 여전히 스포츠에 잔존하고 있다. 이러한 요소들을 찾아내어 공론화하고 시정하는 작업은 스포츠페미니즘의 입장에서 볼 때 매우 의미 있는 일이라 할 수 있다. 스포츠페미니즘이란 스포츠분야에서 여성의 자율성과 위상이 향상되기를 바라는 이론적 입장이라고 할 수 있기 때문이다.

이 장에서는 스포츠에서 여성이 단지 여성이라는 이유 때문에 받았던 부당한 대우에는 어떤 것들이 있었으며, 이러한 부당한 대우는 어떤 논리에 의해 정당화되었고, 이러한 논리는 여전히 타당성을 지닐 수 있는지 비판적으로 검토하고, 아울러 향후 여성스포츠가 나가야 할 방향을 모색해보고자 한다.

1. 스포츠에서 여성 차별의 역사

1) 고 대

고대 그리스인들은 올림픽경기에 여성의 참가는 물론이고 관람까지도 금지했다. 타우사니아스는 2세기경 『그리스 이야기』에서 다음과 같이 쓰고 있다. "올림피아로 가는 길에는 깍아지른듯한 높은 절벽이 있는 산이 있다. 이산의 이름은 티파에움이다. 올림픽경기에서 발각된 여성은 모조리 이 산에서 거꾸로 내던지는 것이 엘리스의 법이다."

이 인용구에서 확인할 수 있듯이 여성은 올림픽경기에 참가는 물론이고 관참조차도 허용되지 않았다. 여성을 철저하게 차별했던 것이다. 그러나 예외적인 경우도 있었다. 키니스카(Cynisca)라는 여성은 기원적 396년에 열렸던 4두 전차경주에서 우승을 거두었다. 그러나 그녀가 올림피아, 네미아, 피티아, 이스트미아 등과 같은 고대 그리스의 범헬렌 축제에 참가하여 시합을 벌일 수 있었던 적은 한 번도 없었다. 우승은 그녀 소유의 마차와 그녀가 고용한 기수가 얻어온 것이었다.

고대그리스의 올림픽경기에 대한 기록을 보면 올림픽경기를 참관했던 유일한 기혼 여성의 이야기가 나온다. 그녀의 이름은 칼리파테이라

혹은 페레니케로 기록되어 있다. 지도자복장을 갖추고 투구를 쓴 그녀는 누가 보아도 여지없는 남성이었다. 그러나 그녀가 훈련시킨 선수가 올림픽 경기에서 우승했을 때 너무 기뻐 어쩔 줄 몰라 하면서 몸을 흔드는 통에 투구가 벗겨지면서 아름다운 그녀의 머리칼이 흘러내렸다. 기혼 여성임이 밝혀진 그녀는 당장 체포되어 재판을 받게 되었다. 그러나 재판과정에서 그녀는 로도스 출신의 유명한 권투 선수이자 올림픽 우승자였던 디아고라스의 딸이었으며, 그녀의 오빠도 올림픽 우승자였고, 이번에 우승한 선수 역시 그녀의 아들임이 밝혀지면서 법정은 또 다시 소란스러워졌다. 신이 내린 가정이 아니고서야 그러한 대기록을 세울 수 없다고 판단한 재판관들은 그녀의 가정에 대한 존경의 의미로 사형대신 무죄를 선고하였다. 그러나 그 이후 지도자들도 등록하러 올 때 선수들과 마찬가지로 알몸으로 와야 한다는 새로운 조항이 생겨났다.

올림픽 경기에서 여성이 배제되었지만 여성들만의 축제도 올림피아에서 열렸다. 헤라이아(Heraia)라고 불리던, 헤라 여신을 찬양하여 열린 경기였다. 이 대회도 4년마다 열렸지만, 경기는 달리기 한 가지밖에 없었다. 주경기장에 있는 트랙은 특별히 이 경기를 위해 6분의 1만큼 짧아져서, 길이가 160미터를 약간 넘을 뿐이었다. 이에 대해 의문이 생겨날 수 있다. 왜 길이를 줄였을까? 160미터를 달릴 수 있는 여성이라면 당연히 180미터도 똑같이 달릴 수 있었을 것인데 말이다. 추측컨대 이 차이는 신체적 능력의 차이라기보다는 여성은 남성보다 신체적으로 열등하다는 그리스 남성들의 사고방식이 반영된 것으로 보인다.

2) 중 세

중세시대에 여성은 남성에 의해 보호받고 숭배 받아야할 대상으로 여겨졌다. 중세의 역사를 기록한 서적에는 여성을 위해 전쟁이나 결투를 불사한 기사들의 이야기가 심심치 않게 등장하고 있다. 이러한 여성관으로 인하여 여성의 능동적 스포츠참가는 엄두조차 내지 못할 일이었다. 여성은 언제나 부드럽고 섬세하며 복종적인 태도를 보여야만 했다. 그러나 예외적인 경우도 있었다. 유럽의 일부 지역에서 귀족출신의 여성이 마상창시합뿐만 아니라 곤봉을 가지고 남성과 싸웠던 예도 있었다.

한편 거트만은 그의 저서 *The Erotic in Sport*(1996)에서 "나체의 두 여인이 물레로 무장한 채 한 사람은 염소, 다른 사람은 양 위에서 자극적인 시합을 벌였다"고 썼다. 그리고 13세기의 유럽 일부 지역에서는 여성들 사이에서 경기가 많은 인기를 끌었으며, 참가선수의 자격은 반드시 매춘부여야만 했다고 썼다. 이 경기는 대개 남성의 궁술시합 후에 벌어졌는데 오늘날의 다트와 유사하게 약 45cm 정도의 손무기를 통을 향해 던지는 경기였다고 한다.

18세기 영국에서는 매우 과격한 여성 프로권투가 존재했었다. 여기에 참가하는 여성들은 때로 얼굴이 피범벅이 되고 가슴이 노출되었으며, 옷이 몸에서 거의 벗겨지기도 했다. 그러나 이러한 여성스포츠는 일반적인 현상이라기보다는 예외적인 현상에 속했다.

3) 근 대

고대 올림픽에서의 여성차별관습은 근대 올림픽에로까지 이어진다. 근대 올림픽의 창시자 쿠베르탱은 여성의 올림픽참가를 원하지 않았다. 1회 올림픽에는 여성종목이 포함되어있지 않았다. 1912년 수영에 여성의 참가가 공식화되기까지 여성은 테니스(1900), 궁술(1904) 등에만 예외적으로 참가하였을 뿐이다. 여성육상경기는 올림픽경기가 시작되고 32년이나 지난 1928년 암스테르담대회 때부터 용인되었으며 종목은 100m 및 800m 달리기, 높이뛰기, 원반던지기, 400m 릴레이 등 5개에 불과했다. 그러나 800m 결승에서 여자선수 9명이 쓰러지자 "여자들에게 중장거리는 가혹하다"는 의견이 제기되어 '여자달리기는 200m까지만'으로 결정되었다. 여성이 800m 달리기에 참가할 수 있게 된 때는 그로부터 32년이 지난 로마올림픽(1960년) 때부터이다. 3,000m 달리기는 1980년부터, 마라톤은 1984년부터 여성의 참가가 허용되었다.

4) 현 재

최근 들어 여권신장운동이 본격화되면서 스포츠에서의 여성차별도 많이 약화되었다. 그럼에도 불구하고 차별적인 경향은 여전히 잔존하고 있다. 스포츠에서 관찰될 수 있는 여성차별은 크게 네 가지 정도로 요약될 수 있다.

첫째, 여가 및 경기스포츠의 직접 및 간접 참가자 수에 있어서 남녀간에 차이가 나타나고 있다. 이 차이는 해를 거듭할수록 줄어들고 있으나 그럼에도 불구하고 여전히 여성의 수가 적게 나타나고 있다. 이러한 차이는 복지혜택에서의 성차이로 해석될 수 있다. 오늘날 스포츠는 사람들에게 건강과 만족감을 가져다줌으로써 삶의 질을 향상시켜주는 복지활동의 한 영역으로 인식되고 있기 때문이다. 스포츠에 참여하는 여성의 수가 남성의 수 보다 적다는 것은 복지혜택을 받는 여성의 수가 남성의 수 보다 적음을 의미한다.

둘째, 경기지도자 및 행정관료직 종사자의 수에 있어서 남녀간에 차이가 난다. 위에서 말한 활동참여자의 남녀비율은 점차 줄어들고 있지만 경기지도자나 스포츠행정관료직 종사자의 수에 있어서 남녀차이는 여전히 남성중심적이다. 이러한 경향은 스포츠의사결정에 있어서 차별이 존재할 수 있음을 시사한다.

셋째, 스포츠시설 및 재정 지원 정도에 있어서 남녀간에 차이가 있다. 한 대학의 스포츠재정을 분석한 결과 남학생들을 위한 스포츠재정은 액수 면에서 여학생들을 위한 스포츠재정 보다 무려 50배가 많았다. 이러한 시설 및 재정 지원에서의 차별화는 기회 균등에서의 차별화로 이어질 수 있다.

넷째, 대중매체의 편향적 스포츠보도에서도 여전히 존재하는 남녀차별을 확인할 수 있다. 스포츠잡지표지모델로 등장하는 운동선수를 분석해 보면 대부분이 남성임을 알 수 있다. 또한 여자선수의 경우는 경기기량에 포커스를 두는 사진이 아니라 성적 매력에 포커스를 두는 사진이 게재되는 경우가 많다. 이러한 잡지사진을 통해 기존의 성차이와 성차별이 재생산될 것은 너무나도 자명하다.

5) 여성에게만 차별적으로 장려되었거나 억제되었던 스포츠유형

역사적으로 여성에게 모든 스포츠종목이 금지되었던 것은 아니다. 고대 그리스와 로마에서 여성은 사냥과 승마, 수영, 달리기를 했다고 한다. 19세기 이전에도 유럽의 여성은 춤이나 승마, 볼링, 그리고 가끔 라크로스 게임 등에 참가했다고 한다. 이렇듯 어떤 스포츠는 여성들에게 허락되었으나 다른 것들은 철저하게 금지되었다. 금지되었던 종목과 용인되었던 종목은 다음과 같다.

여성에게 범주적으로 용인할 수 없었던 스포츠 종목에는 네 가지 부류가 있었다. 첫째, 격투스포츠와 몇몇 필드경기, 둘째, 신체접촉을 통해 육체적으로 상대를 복종시키려고 하는 스포츠, 셋째, 무거운 물체에 직접 힘을 작용시키는 스포츠, 그리고 넷째, 신체접촉이 일어날 수 있는 대면 대립 스포츠 등이 그것이다. 일반적으로 용인되지 않는 경쟁의 형태들로는 대부분의 필드경기와 단거리경주, 그리고 멀리뛰기 등이었다. 여성에게 일반적으로 용인될 수 있었던 스포츠는 신체를 아름답게 공중으로 던지거나 가벼운 도구를 사용하는 스포츠 또는 수영, 체조, 피겨스케이팅, 테니스 등과 같이 신체 접촉 없이도 이루어질 수 있는 스포츠였다.

2. 스포츠에서 여성 차별의 이유

1) 종교적 이유

그리스인들이 올림픽에서 여성을 차별했던 이유를 해명하는 문헌적 증거는 남아있지 않다. 그렇지만 역사가들은 그 이유가 종교상의 관습과 관련이 있었던 것으로 추정하고 있다. 올림픽경기는 제우스신에게 드리는 제전행사였다. 종교적인 이유에서 경기자들은 나체로 경기를 치렀다. 아마도 신이 주신 몸의 아름다움을 마음껏 과시하는 동시에 신성한 제례행사에서 인간이 만든 "조잡한" 의복을 걸치는 것이 불경스러운 짓이라고 생각했기 때문일 것이다. 여성의 관람금지도 동일한 맥락에서 그 이유를 추정해 볼 수 있다.

여성 가운데 관람이 금지된 사람은 노예와 결혼한 유부녀뿐이었다. 아직 결혼하지 않은 "순결한" 처녀는 관람이 허락되었다. 아마도 순수성을 상실한 유부녀나 노예는 신성한 제례행사에 적합하지 않다고 생각했기 때문일 것이다. 반면에 처녀들에게 올림픽경기의 참관은 미래의 배우자를 선택하는 최고의 기회였다. 전 그리스에서 가장 용맹한 남성들이 경연을 벌이는 광경을 지켜보면서 이상적인 남성관을 갖게 되었을 것이다.

인간의 삶에서 중요한 역할을 담당하던 종교가 점차 그 의미를 잃어가면서 삶은 세속화되고 있다. 오늘날 현대화된 사회에서 종교적인 이유를 근거로 여성의 스포츠참여를 금지하는 경우는 거의 없다. 그러나 여전히 종교가 인간의 삶에 중요한 역할을 담당하고 있는 인도나 중동지역 국가에서는 여전히 여성의 완전한 스포츠참여가 제한받고 있다.

2) 생리학적 이유

근대 올림픽의 창시자 쿠베르탱은 여성의 스포츠참여를 적극적으로 반대했던 인물이었다. 그 이유가 무엇일까? "여성은 아무리 강해지더라도 그녀의 유기체는 특정한 충격에 계속해서 견딜 수 있도록 만들어지지 않았다."는 것이 그의 답변이었다. 이와 같은 생각은 당시에 발표된 의학적 연구의 결과들에 근거하고 있다. 당시 의학적 연구들은 지속적인 스포츠참여가 임신과 출산에 악영향을 미치며, 연약한 여성의 골격조직을 손상시킨다는 점을 강조했다. 또한 여성은 남성보다 생물학적으로 열등하며, 운동수행능력 면에서도 뒤떨어진다고 주장했다. 과연 이러한 주장은 여전히 타당성을 지닐 수 있을까?

먼저 지속적인 스포츠참여는 임신과 출산에 악영향을 미친다는 주장을 검토해 보자. 최근의 의학적 연구에 따르면 자궁은 인체 내에서 충격을 가장 적게 받고 가장 안전하게 보호받는 부위이다. 따라서 스포츠참여로 인해 자궁이 손상될 가능성은 매우 희박하다. 오히려 스포츠는 복근을 단련시켜주어 분만을 빠르고 용이하게 해줄 수 있으며, 동시에 출산의 고통을 반감시켜줄 수 있으며, 생리의 부정적 측면을 감소시켜준다고 한다. 물론 과다한 운동은 생리불순의 원인이 되기도 하지만 적당한 운동은 생리불순을 해소시켜준다는 것이다.

스포츠가 연약한 여성의 골격조직을 손상시킨다는 주장은 어떤가? 여성의 뼈는 남자의 것보다 작지만 충격을 견디는 힘과 내구력은 결코 약하지 않다. 또한 여성은 남성에 비해 근육질이 적고 지방층이 두꺼워 골절위험이 훨씬 적다. 따라서 격한 운동으로 여성의 골격조직이 상할 가능성은 남성에 비해 결코 높지 않다고 할 수 있다. 그리고 여성은 남성에 비해 지방질이 많기 때문에 신체구조가 쉽게 근육질화 되지 않는다.

한편 여성의 운동수행능력은 남성에게 미치지 못한다거나 생물학적으로 열등하다는 발상 역시 위험한 생각이다. 이러한 생각의 이면에는 인간의 신체가 불변적 사물이라는 고정관념이 숨어있다. 신체는 사물이 아니라 하나의 과정이다. 이러한 사실은 최근 보고 되고 있는 한국인의 체형변화에서 확인할 수 있다. 사회 및 문화적 조건에 따라 신체의 형태 및 구성성분은 변할 수 있다. 여성은 오랜 세월 동안 신체능력을 개발하는 데 제한받았다. 중국의 전족과 조선시대 여성의 걸음걸이를 생각해보면 이 점이 분명해진다. 작은 발의 여성을 선호한 중국의 남성은 어린 시절부터 여성의 발을 가죽으로 싸매어 기형적으로 발을 작게 만들었다. 한편 조선의 여성은 관습적 이유에서 보폭을 자신의 발바닥 길이보다 짧게 유지해야만 했다. 이러한 상황에서 여성이 자신의 운동능력을 충분히 개발하지 못할 것이라는 점은 너무나도 명백하다.

여성의 신체활동을 제한하는 경향은 여전히 우리들의 일상생활에 잔존하고 있다. 몇 가지 예를 들어보자. 먼저 유아의 옷차림을 살펴보자. 옷차림에 있어서도 남아와 여아는 서로 다른 취급을 받는다. 남아는 차갑게 길러야 한다는 통념 때문에 옷을 헐겁게 입히는 반면에, 여아는 따듯하게 길러야 한다는 통념 때문에 여러 겹의 옷을 입힌다. 옷을 헐겁게 입은 남아는 옷을 여러 겹 껴입은 여아보다 몸을 움직이기가 수월하기 때문에 자연히 신체운동에 제약을 받지 않지만, 여아는 여러 겹의 옷 때문에 신생아 시기부터 신체활동에 제약을 받게 된다. 그에 따라 남아는 여아보다 운동신경과 근육을 발달시키기에 좋은 조건을 갖게 된다. 아이들의 장난감도 운동능력의 개발에 영향을 미치는 요인이다. 아이가 혼자 거동할 수 있게 되면 장난감을 찾는다. 장난감 가게에 가면 가게주인이 통상적으로 던지는 질문이 있다. "따님께 주실 겁니까? 아드님께 주실 겁니까?" 우리의 의식에는 이미 남자아이가 가지고 놀아야할 장난감과 여자아이가 가지고 놀아야할 장난감이 서로 달라야 한다는 고정관념이 자리 잡고 있다. 남아에게는 자동차, 기차, 총, 칼, 로봇 등 활동적이고 능동적인 장난감이, 여아에게는 인형, 유모차, 소꿉놀이기구 등 정적이고 수동인 장난감이 어울린다고 생각한다. 따라서 남아에게는 활동적이고 공격적인 장난감이, 여아에게는 정적이고 수동적인 장난감이 제공된다. 이로부터 남아는 활동적이고 능동적으로 성장하면서 운동능력을 향상시킬 기회를 많이 갖게 되고, 여아는 정적이고 수동적으로 성장하면서 신체활동을 제한당할 가능성이 높아진다. 학교에서의 생활 역시 신체능력을 개발하는 것과 관련하여 여학생에게 불리한 조건을 제공한다. 성별에 따라 각기 다른 수업내용을 제공하는 체육시간에 남학생들에게는 축구, 농구, 배구, 태권도 등 운동량이 많고, 공격적이며, 작전을 짜야하고, 넓은 공간을 요하는 활동을, 여학생들에게는 매스게임, 피구, 발야구, 무용, 체조 등 운동량이 적고, 조화를 강조하며, 심미적이고, 좁은 공간을 요하는 활동들을 제공하는 경향이 있다.

이상에서 간략하게 살펴보았듯이 남녀가 신체 및 체력적으로 동등하지 않은 이유는 생물학적으로 달라서가 아니라 사회적으로 다른 대접을 받았기 때문일 것이다. 여성에게는 오랜 세월동안 적절한 신체활동프로그램이 제공되지 못하였다. 남성이 우수한 기록을 낼 수 있었던 중요한 이유는 오랜 경기 경험, 빈번한 경기 참여, 많은 선수의 수 등에서 찾을 수 있다. 처음부터 공개경쟁이 있었다면 여성은 가장 원초적인 근력을 요구하는 아주 소수의 시합을 제외하면 거의 모든 시합에서 남성과 동등한 수준을 달성했을 것이다.

늦게 출발했지만 남성을 따라잡고 있는 여성의 추적속도는 놀라울 정도이다. 지난 60년간 100m경기에서 남자는 단지 최고기록을 4.5% 단축시킨 반면 여자는 17.3%나 단축시켰다. 지난 2005년 9월 30일자 과학잡지 '네이처'에 스포츠에서의 성대결을 과학적으로 분석하고 예상한 짧은 보고서가 실렸었다. 이 보고서에 따르면 올림픽 100m달리기 남녀 기록차이는 점점 좁아지고 있으며 2156년에 이르면 여자의 기록이 남자의 기록을 앞지르게 된다고 한다. 이러한 추월경향은 마라톤기록에서도 나타난다. 여성마라톤 공식기록이 시작된 1964년부터 34년간 여성의 기록은 연평균 1분 57초 향상되었는데 비해 같은 시기 남성은 연평균 9.1초 향상되었을 뿐이다.

1980년대에 이미 올림픽경기 수영종목의 여성기록은 남성기록을 능가하기에 충분하였다는 사실은 지금까지 자주 언급되는 내용 가운데 하나이다. 여성농구선수들 역시 이제 근력을 충분하게 단련한 결과 그들 중 몇몇은 덩크슛까지 할 수 있게 되었다. 또한 가까운 미래에 여성의 생리에 적합한 울트라마라톤과 같은 몇몇 종목에서 여성의 기록은 남성의 기록을 능가하게 될 것이라는 예측까지 나오고 있다. 지금까지 언급한 이 모든 내용은 '오랜 세월동안 여성은 스포츠활동에 본성적으로 적합한 존재가 아니라는 이유에서 기록갱신과 능력개발에 요구되는 훈련 및 교육기회로부터 체계적으로 배척당해왔다'는 주장을 입증해주고 있다. 이제 여성도 훈련하고 배울 수 있는 기회를 많이 갖게 되었으며 그 결과 그 동안 남성에 비해 현격하게 저조하게 나타났던 여성의 기록도 빠른 속도로 향상되고 있는 것이다.

3) 심리학적 이유

청소년은 스포츠참여를 통해 규율, 경쟁심, 용기, "사내다움"과 같은 가치들은 체득한다. 이러한 가치들은 남성 청소년에게는 필요한 덕목이지만 여성 청소년에게는 불필요하며 어떤 면에서는 오히려 여성적인 본성에 손상을 줄 수도 있는 덕목이기 때문에 여성의 스포츠참여는 바람직하지 않다고 주장하는 사람들이 있다. 두 가지 예를 들어보도록 하겠다.

첫 번째 예는 1970년대 초반에 북미의 코넥티컷(Connecticut)주에서 실제로 일어났던 일이다. 운동기량이 월등하게 뛰어난 여고 육상선수가 있었다. 기량면에서 다른 여고생들과는 비교가 되지 않았다. 진정한 상대를 물색하던 그녀는 남고 육상선수들과의 시합을 원했다. 그러나 남고 육상팀으로부터 시합을 거절당했다. 거절에 불만을 품은 이 선수는 법원에 이의를 제기했다. 그러나 담당판사는 "운동경기의 경쟁은 우리 소년들의 성격형성에 매우 중요하다. 그러나 그런 성격은 소녀들에게는 불필요하다."고 판결했다. 불과 30여 년 전에 내려졌던 이 판결의 이면에는 스포츠에서의 여성차별을 정당화하는 논리, 즉 남녀 간에는 신체적 차이뿐만 아니라 지적, 도덕적 또는 영혼적인 차이가 있다는 논리가 숨겨져 있다.

두 번째 예는 유명한 미국의 철학자 폴 바이스(Paul Weiss)의 주장이다. 그 역시 방식은 다르지만 여전히 남성과 여성의 본성 간에 차이가 있다는 가정에 근거하여 스포츠에서의 여성차별을 당연시하였다. 그는 스포츠가 대부분의 남성이 분리된 것으로 경험하는 마음과 몸을 통합된 것으로 경험하게 만들어주기 때문에 남성에게 적합한 활동이라고 말한다. 스포츠는 신체 및 정신활동 모두를 요구하기 때문에, 그리고 사람들은 스포츠수행 시에 자신의 존재를 총체적으로 쏟아 넣기 때문에, 그것은 남성에게 전형적인 경험이라고 할 수 있는 마음과 몸의 분리의식을 극복할 수 있는 좋은 기회를 제공해 준다는 것이다. 그러나 바이스는 오직 남성들만이 이러한 심신분리를 경험한다고 주장한다. 반면에 여성은 출산과 월경주기 덕분에 훨씬 더 감성적인 본성을 지니고 있으며, 그런 이유에서 마음과 몸 간의 분리를 경험하지 않고서도 몸을 훨씬 자연스럽게 대하게 된다. 따라서 여성은 구태여 스포츠를 통해서 몸과 마음의 분리를 극복할 필요가 없다는 것이다. 이러한 이유에서 스포츠는 남성에게 매력적이고 가치 있는 활동이지만 여성에게는 불필요한 활동이라는 것이다.

여성과 남성의 본성은 다르다는 논리에 근거하고 있는 이러한 주장들은 여성이 스포츠에서 남성에 필적할 기록을 달성하지 못하고 있는 이유 또는 남성에 비해 스포츠에 대한 관심이 더 적은 이유에 대한 설명의 근거가 될 수 있으며, 나아가 스포츠에서 자행되고 있는 여성 차별을 정당화하는 논리적 근거가 될 수 있다. 그러나 이러한 주장들은 여러 학자들에 의해 강력하게 비판받아왔다. 이 중 두 가지만을 소개하겠다.

대부분의 경기스포츠는 남성에 의해 남성의 신체조건에 적합하게 개발되었다. 이러한 스포츠에서 여성의 기량이 남성만큼 뛰어나지 못하게 나타나는 것은 너무나도 당연하다. 스포츠는 여성의 신체 조건에 적합하게 개발된 것이 아니기 때문이다. 베씨 포스토우(Betsy Postow)는 대부분의 스포츠에는 이와 같은 구조적 편중이 일상화되어 있기 때문에 여성이 남성에 비해 열등하게 보일 수밖에 없고, 그런 이유에서 스포츠활동에 적극적으로 참여하는 것은 여성들에게 그다지 현명한 일이 아니라고 주장하였다. 예컨대 여성은 키, 스피드, 힘과 같은 남성적 특질을 강조하기 위해 개발된 농구 같은 스포츠에 참여할 필요가 없다는 것이다. 대신에 체조나 다이빙 또는 울트라마라톤 같이 여성의 생리적 특성에 적합한 종목에 관심을 기울여야만 한다는 것이다.

두 번째 비판은 이리스 마리온 영(Iris Marion Young)에 의해 시도되었다. 그녀는 스포츠에서 여성 배척의 부당성을 직접적으로 공격하였다. 영은 "신체-주체"와 "신체-객체"로서 자신 또는 타인 경험을 구별하는 것으로부터 논의를 시작한다. 신체-주체로서 자신을 경험한다는 것은 자신을 활동, 에너지, 그리고 힘의 근원으로 경험하는 것이다. 신체-객체로서 자신과 타인을 경험한다는 것은 사람을 사물로서, 수동적인 것으로서, 보여지는 어떤 것으로서, 핵심적으로 말하면 "타자"로서 경험하는 것이다. 영은 이러한 구별의 정당성을 논증한 후에 다음과 같이 논의를 전개하였다.

첫째, 스포츠는 전형적인 신체-주체의 영역이다. 신체와 능동적 주체성의 아이덴티티는 스포츠에서 그 패러다임에 도달한다. 운동선수의 자세, 근육, 운동, 지향성은 직접적으로 그녀 혹은 그의 의도와 기획을 드러내준다. … 스포츠는 단순히 그들이 성취할 수 있는 것을 결정할 목적으로 신체의 능력과 기술을 소집한다. 이때 그것의 본성에 의해 스포츠는 본질적인 신체-주체를 드러내준다.

둘째, 남성에 의해 지배되고 있는 우리 문화는 에너지, 활동, 힘의 원천인 신체 주체를 남성의 영역과 동일시하며, 여성적인 것의 본질을 보여지는 실체이자 수동적이고, 타자적인 신체 객체와 동일시하고 있다. 이와 같은 영의 주장은 매우 설득력이 있다. 우리는 소년들이 운동장에서 능동적이고, 생동적이며, 자신을 주장하도록 배우고 있는 반면에, 소녀들은 집안에서 "치장하거나", "예뻐지려고 노력하는" 태도를 학습하고 있다는 사실을 일상적 경험을 통해 잘 알고 있다.

셋째, 스포츠는 신체 주체적 특성을 지니고 있고, 우리 문화는 남성과 신체 주체성을, 여성과 신체 객체를 결부시키고 있기 때문에 여성은 스포츠로부터 실존적으로뿐만 아니라 개념적으로도 배척당하고 있다. 즉 우리가 여성이라고 규정하고 있는 바로 그 개념 속에서 우리는 본질적으로 여성을 스포츠의 영역으로부터 배척하고 있는 것이다. 이것은 또한 본질적인 인간성의 영역으로부터 여성을 배척하는 것이기도 하다.

영(Young)의 논변은 매우 설득력이 있다. 스포츠는 실로 우리가 우리 자신을 에너지와 힘, 창의적 및 자기 창조적 활동의 근원으로 경험할 수 있는 매우 소중한 영역 가운데 하나이다. 그런 의미에서 스포츠는 청소년에게 특히 중요한 활동 영역이다. 이러한 가능성으로부터 여성을 배척한다는 것은 매우 소중하고 결정적인 발달의 가능성으로부터 그네들을 배척하는 것이다. 이러한 배척이 여성의 정체성 형성, 특히 영이 지적하였듯이 "성적 대상"으로서 그네들의 자아정체성 형성에도 영향을 미치게 된다는 점은 너무나도 명백하다.

3. 스포츠에서 여성 차별을 극복하려는 시도들

여성은 남성에 비해 신체적으로 그다지 열등하지 않으며 운동수행능력에 있어서도 결코 뒤지지 않는다. 그렇다면 스포츠에서 여성운동은 앞으로 어떤 방향으로 나가야만 할까? 이에 대해 세 가지 입장이 존재한다. 동화주의, 분리주의, 중도주의가 그것이다. 동화주의는 여성이 남성 영역으로 적극 진입해야만 한다는 자유주의 페미니즘의 노선을 추구한다. 분리주의는 여성스포츠를 남성스포츠로부터 분리하자는 입장으로서 급진주의 페미니즘과 맥을 같이 한다. 한편 중도주의는 남성과 협동하여 남녀차별 없는 스포츠제도를 새롭게 세우자는 전략이다. 각각의 기본입장과 평가에 대해서 알아보도록 하자.

1) 동화주의

기본입장 : 동화주의에 따르면 현존하는 스포츠에서의 불평등은 생물학적 차이로 설명되거나 정당화될 수 없으며 공정한 조건만 주어진다면 여성도 남성과 마찬가지로 다양한 스포츠를 할 수 있다고 한다. 따라서 이 입장을 옹호하는 사람들은 남녀간 동등한 경쟁을 저해하는 모든 귀속적, 사회적 장애요인을 제거하고 보완하자고 주장하며, 특히 의사결정, 경기참여, 시설확보, 재정지원에서의 평등을 강조한다.

평가 : 동화주의는 스포츠가 남성영역이란 점을 인정하고 여성도 그 쪽으로 방향을 잡아야 한다는 입장이다. 이러한 동화주의의 입장에서 구조적으로 일상화된 남성우월주의가 과소평가되고 있다. 남성이 오랜 세월에 걸쳐 구축해 놓은 기존 스포츠체제 속에서 남성적 잣대를 기준으로 남성과 우열을 가린다면 과연 여성이 앞설 가능성이 얼마나 있을까?

2) 분리주의

기본입장 : 분리주의는 기존 남성스포츠로의 진입을 포기하고 여성들

만의 독자적인 스포츠시스템을 구축하자는 입장이다. 남성이 오랜 세월 동안 스포츠를 지배해왔기 때문에 그 안에는 남녀차별문화가 구조적으로 일상화되어 있으며, 이러한 구조 내에서 평등화시책을 시행해도 그 성과는 한정적일 수밖에 없다고 믿기 때문이다. 따라서 기존 남성스포츠와 독립된 새로운 여성스포츠를 구축해야만 한다고 주장한다.

평가 : 분리주의는 양성 간에 분열을 야기할 소지를 안고 있으며, 스포츠에서 남성지배정도를 과장하고 있고, 지배구조를 불변적인 것으로 이해하고 있다. 또한 지배의 반대는 역지배가 아니라 공유라는 점에서 여성적 가치의 우월성을 주장하는 분리주의는 보수적이기까지 하다. 또한 분리주의는 역설적이게도 남성의 신체적 우월성을 인정하고 있으며, 사회, 문화적 요인의 중요성을 간과하고 있다는 비판을 받기도 했다.

3) 중도주의

기본입장 : 중도주의는 기존의 남성중심스포츠도 새로운 여성중심스포츠도 아닌 남녀 모두에게 새로운 스포츠가치와 구조가 필요하다고 보는 입장이며, 남녀가 협동하여 성차별 없는 스포츠제도를 세우자는 전략이다. 즉, 긍정적인 면을 살리고 파괴적 요소를 제거하기 위해 남녀 공동으로 스포츠경쟁을 통제하고 규제하자는 입장이다. 이러한 관점에서 중도주의는 스포츠경쟁을 레크리에이션을 통한 건강, 다양한 운동, 운동을 통한 감각의 세련화 등으로 유도하려고 시도한다.

평가 : 현재 사회 곳곳에서 이와 같은 변화의 조짐이 나타나고 있지만 남성우월주의자들의 세력이 여전히 막강하여 장래를 낙관할 수만도 없다고 비판론자들은 말한다.

이상에서 보았듯이 오늘날 스포츠에서 여성운동은 세 가지 선택의 기로에 있다. 여성이 남성영역으로 진입하는 전략, 여성스포츠를 분리하는 전략, 그리고 남성과 협동하여 남녀차별 없는 스포츠제도를 세우는 전략이 그것이다. 이 세 가지 전략을 동시에 진행하는 것도 하나의 방법이다. 이러한 전략은 상황변화에 따라 유효한 방법을 선택할 수 있다는 장점을 지니며 실질적으로 다른 개개의 전략보다 더 큰 효과를 기대할 수 있다.

제13장 스포츠와 도핑

"참가하는 데 의의가 있다"는 올림픽경기의 이상은 점차 그 의미를 잃어가고 있다. 국제경기에서뿐만 아니라 국내경기에서조차도 승리는 단순히 승자 자신의 명예나 기쁨일 뿐만 아니라 그가 속한 국가나 단체의 위상을 대변하는 것이 되었으며 자신의 경제적 이득까지를 의미하게 되었다. 이러한 경향은 특히 페레스트로이카 이후 자본주의 경제체제가 전 세계의 시장을 움직이는 원리가 되고 그에 따라 스포츠 역시 상업화의 소용돌이 속에 깊숙이 빠져들면서 더욱 가속화되기 시작하였다. 이제 스포츠는 신분상승과 경제적인 성공을 이루기 위해 절치부심(切齒腐心)하는 선수들의 각축장이 되었으며, 각 단체들의 위상과 권위를 드높이는 전쟁터가 되었다. 그래서 각 선수들은 자신이 경기에서 승리하기 위해서, 그리고 학교, 시, 도, 국가, 기업 등과 같은 단체들은 그 대표팀이 대회에서 우승하도록 하기 위해서 가능한 모든 수단을 사용하기에 이르렀다. 도핑은 이러한 과정에서 나타난 대표적인 경기력향상수단 가운데 한 가지이다.

1. 도핑의 정의

도핑(doping)이란 말은 남아프리카 원주민 카필스(Kaffirs)족이 제례에 사용한 흥분제를 "dope"라고 부르는 것에서 유래하였다. 영어단어 "doping"은 1869년 영국에서 출간된 사전에 처음으로 나타났는데 여기에 "경마에 이용하기 위한 아편과 마약의 혼합제"(eine Mischung von Opium und Narkotika fuer die Anwendung bei Pferderennen)로 정의되어 있다(Rothig u. a., 1992, 126-127).

한 체육저널은 도핑을 "운동선수의 경기력향상을 위하여 외부로부터 이물질(약물, 혈액 등)을 선수체내에 넣는 과정"(김건열, 1992, 21)으로 정의하고 있다. 그러나 이러한 정의는 매우 편협하다. 오늘날 도핑은 이물질의 투입뿐만 아니라 최면술과 같은 심리적 조작까지도 포괄하기 때문이다. 1960년대부터 최근의 로잔선언에 이르기까지 도핑이냐 아니냐를 규정하는 준거로 가장 자주 제시되었던 사안은 스포츠에서의 성취를 인위적이거나 자연적이지 않은 방법을 통해 향상시켰느냐 아니냐의 여부였다. 이와 같은 자연성 또는 인위성을 근거로 하고 있는 도핑의 정의는 지금까지도 스포츠의학문헌에 자주 나타나고 있다. 예컨대 몇몇 스포츠의학문헌에는 도핑이 "자연적인 장벽, 한계치, 문턱을 인위적으로 넘어서는 것"(Sehling et. al., 1989, 104; Feiden/Blasius, 2002, 3)으로 정의되어 있다. 이러한 정의에 등장하는 "자연적인 장벽" 또는 "인위적"이라는 개념은 그 의미가 명료하지 못하여 많은 비판을 받아왔다.

IOC는 여러 차례의 회의를 통해 도핑을 실용주의적으로 정의하기로 결정하고, 금지 물질과 방법 목록을 제시하기에 이른다. 이러한 실용주의적 도핑정의의 예로서 대표적인 것은 국제올림픽위원회 의학분과위원회(1996)가 제정한 규정에 나타나 있는 도핑정의이다. 이 규정에 따르면 “도핑은 금지된 작용물질(효소, 호르몬, 비타민 따위의 총칭)군의 사용이나 금지된 방법의 적용”(Heck/Schulz, 1997, 30에서 재인용)이라고 정의할 수 있다. 당시에 제시된 작용물질군에는 각성제군, 마취제군, 아나볼릭 계열, 이뇨제군, Peptid- and Glykoprotein 호르몬 등이며, 금지된 방법은 혈액도핑과 약물학적, 화학적, 물리적 조작 등이다. 제한적으로 허락된 작용물질은 알콜, 마리화나, 국부마취제, 부신피질호르몬과 베타수용체차단제(Betablocker) 등이며, 최근 유전자도핑이 IOC 금지목록에 추가되었다.

도핑을 금지목록의 제시를 통해 정의할 경우 복잡한 문제가 발생할 수 있다. Gerstmeyer는 “만일 법적으로 독살을 독살에 사용되는 독극물질들을 목록으로 작성하여 그것을 기준으로 정의한다면 이 목록에 명기되지 않은 독극물을 이용한 독살사건이 발생했을 경우 행위자에게 그 행위에 대한 책임을 물을 수 없게 된다.”(1995, 293)고 우려를 표명한 바 있다. 이러한 이유에서 통상적으로 재판관은 독극물목록작성을 통해서가 아니라 살해라는 행위 자체에 초점을 맞추어 독살여부를 판단하기 때문에 독살자에게 행위에 대한 책임을 물을 수 있다. IOC 역시 이러한 실용주의적 도핑정의가 갖는 문제점을 인식하고 기존의 도핑정의를 대폭 수정, 보완하였다. IOC가 1999년 발표한 로잔선언에 “도핑은 … 그것이 물질이든 방법이든 잠재적으로 선수의 건강과 운동수행능력에 해가 될 수 있는 인위적인 것의 사용 또는 선수의 몸에서 올림픽운동 반도핑헌장에 열거된 목록상의 물질이나 방법을 사용한 흔적이 발견된 경우”(1999, 17)라고 정의되어 있다.

IOC의 금지목록에 명시된 것이든 아니든 운동수행능력을 향상시키기 위해 적용된 어떤 물질이나 방법이 자연적이냐 아니냐는 점이 도핑여부를 결정하는 핵심적인 준거라는 점은 분명해졌다. 이러한 이유에서 Pawlenka는 다시금 자연성의 개념에 근거하여 도핑을 “스포츠적 성취향상을 목적으로 하는 자연적, 유전적으로 조건 지워진 신체의 한계 및 특성에 가해진 인위적 영향”이라고 보다 상세하게 정의하였다. (2004, 294)

2. 도핑의 역사와 현황

스포츠에서 처음으로 보고된 도핑사례는 ‘1865년 암스테르담 운하에서 열린 수영대회에 참가한 선수들이 caffeine이 함유된 약물을 복용’했다는 것이다. 20세기에 들어서면서 사이클, 마라톤, 축구, 권투 등과 같은 종목의 선수들이 도핑을 했다는 사례들이 자주 보고 되었으며, 1933년에는 ‘doping’이란 단어가 일반화되기도 하였다. 1950년 이후 스포츠선수들의 도핑사례는 급격하게 증가한다. 1952년 동계올림픽경기가 열렸던 오슬로의 선수대기실에서 많은 양의 빈 약병과 주사기가 발견되기도 하였다(박현, 1894).

도핑을 하는 선수들의 수가 증가하면서 도핑으로 인한 피해 역시 적지 않게 보고되었다. 1956년 amphetamine을 복용한 선수가 정신착란을 일으켰다는 보고가 있었으며, 1960년에는 사이클, 육상, 권투에서 상습적인 도핑이 원인이 되어 사망한 선수들이 속출하였고, 이와 같이 도핑에 의한 피해사례가 증가하면서 도핑을 금지하고자 하는 움직임이 나타났다. 1959년 프랑스에서 첫 도핑위원회가 발족되었고, 1962년에는 이탈리아에서 도핑조사위원회가 결성되었다. 같은 해 국제올림픽위원회(이하 IOC 표기)는 모스크바 정기회의에서 도핑반대안을 채택하였으며, 1963년 스트라스부르크(Straßburg)에서 공식적으로 도핑반대를 시작하였고, 1968년 멕시코시티(Mexico-city)에서 개최된 올림픽경기에서 첫 도핑검사를 실시하였다(박현, 1984).

1960년대에 도핑을 한 선수들에 대한 반응은 매우 동정적인 것이었다. 그러나 1980년대부터 도핑테스트에 적발된 선수들에게 가혹한 비난이 퍼부어지기 시작하였다. 1988년 서울올림픽경기에서 벤 존슨이 적발된 이후 도핑검사에 적발된 선수들은 모두 속임수를 썼다고 비난받게 되었으며, 벌금에서 종신 출전정지에 이르는 벌칙도 부과 받았다. 이제 도핑은 '좋지 못한 행위', '비난받아야 마땅한 비도덕적인 행위'라는 인식이 일반화되었으며, 이러한 입장은 일종의 공리가 되었다. 공리란 매우 기본적이고 당연한 것이어서 "왜?"라고 물음을 던질 필요가 없는 원칙을 말한다. 스포츠에서 도핑은 나쁜 것, 그래서 그것의 금지는 당연한 것이라는 주장에 대하여 그 누구도 의문을 제기하지 않는다. 그렇기 때문에 국제올림픽위원회와 같은 스포츠단체는 물론이고 여기에 대중매체까지 가세하여 도핑을 적발하고, 추방하기 위해 온갖 노력을 경주하고 있다. 바야흐로 도핑과의 전쟁이 시작된 것이다.[23]

---

23) 권오찬(1989), pp. 32-22와 김건열(1996), pp. 26-31을 참고할 것. 대중매체에 등장하는 도핑관련 기사들은 최소한 다음과 같은 세 가지의 정보를 우리에게 제공해주고 있다. 첫째, 도핑은 '해서는 안 되는 행위', '좋지 못한 행위', 보다 적극적으로 표현하자면 '비난받아야 마땅한 비도덕적인 행위'라는 가치판단적 정보가 그 기사들에 함축되어 있다. "도핑문제로 얼룩진 동계올림픽"(김건열, 2002, 36), "비열한 속임수"(남수영, 1988, 108), "스포츠무대의 불공정행위"(황렬, 2000, 52) 등과 같은 도핑관련 기사의 제목에서 이러한 정보를 쉽게 읽어낼 수 있다. 둘째, 위의 가치판단적 정보에 근거하여 도핑은 추방되어야 마땅하며, 이를 위해 다양한 조처들이 시행되어져 오고 있다는 정보가 함축되어져 있다. "IOC '약물 두 번 걸리면 퇴출' 반도핑규약 제정"(연합뉴스, 2003. 3. 6), "세계도핑금지국제기구(WADA)발족"(김건열, 1999, 50), "철저한 반도핑 활동 결의"(권오찬, 1989, 32), "새로운 도전, 도핑과의 전쟁은 안전한가?"(김건열, 1996, 26) 등과 같은 기사의 제목이 이를 말해준다. 셋째, 지속적이고 다양한 도핑금지조처에도 불구하고 도핑은 줄지 않고 계속적으로 자행되고 있으며, 매년 적발 건수는 오히려 늘고 있

도핑과의 전쟁은 세계반도핑기구(World Anti-Doping Agency: 이하 WADA로 표기)의 발족을 통해 구체적으로 가시화된다. 1999년 여름 사이클 세계를 뒤흔든 사건이 발생한 이후 IOC는 도핑에 대항해서 싸우는 모든 단체들이 동참하는 세계도핑회의를 소집하기로 결정한다. 1999년 2월 2일부터 4일까지 2박 3일간 스위스 로잔(Lausanne)에서 개최된 스포츠에서의 도핑에 관한 세계회의는 "스포츠에서의 도핑에 관한 로잔 선언"을 만들어냈다. 이 문서는 2000년 시드니에서 개최된 제27회 올림픽 경기부터 완벽하게 기능할 수 있는 독립적인 국제 반도핑기구의 설립을 규정하고 있다. 1999년 11월 10일 로잔 선언의 약정에 준하여 로잔에서 WADA가 발족되었다. 이 기구는 스포츠에서의 도핑에 대항한 투쟁을 국제적 차원에서 증진하고 협력함을 목적으로 한다(Richard W. Pound in: http://www.wada-ama.org).

WADA가 설립된 이후에도 도핑에 대한 비난의 여론이 끊임없이 이어져왔고, 도핑 선수에 대한 처벌 역시 한층 강화되었다. 도핑은 비도덕적인 것, 나쁜 것, 따라서 당연히 금지되어야만 하는 범죄행위라는 인식이 만연되어 있으며, 도핑에 적발된 선수들의 경우 스포츠세계에서는 물론이고 스포츠를 떠난 일상세계에서도 많은 비난과 불이익을 받게 되었다. 경기출전정지라든가 심한 경우 선수자격을 박탈당하는 경우도 있고, 사회적으로 '사기꾼' 내지는 '범죄자'라는 비난을 받게 되었고, 그간 쌓아 올렸던 모든 경력과 노력이 백지화되는 경우도 생겨나고 있다. 그러나 이와 같은 강도 높은 통제와 처벌에도 불구하고 도핑적발건수는 오히려 해를 거듭할수록 늘어나고 있다. WADA에 따르면 2000년 2500명 수준이었던 도핑적발건수는 2001년 3,409명, 2002년에는 4,092명으로 늘

다는 정보가 나타나있다.

어났다. 금세기 들어 IOC가 '약물과의 전쟁'을 선포했음에도 도핑적발 건수가 이처럼 폭발적인 증가추세를 보이고 있는 것이다.[24)]

3. 도핑 반대이유의 비판적 검토

IOC를 비롯한 각종 스포츠단체에서 도핑을 금지하는 이유로서 공정, 건강, 강요, 타자피해, 역할모형, 자연성 여섯 가지를 제시하고 있다. 즉 도핑은 공정의 원리에 위배되며, 선수들의 건강에 해롭고, 부당한 강요이며, 타자에게 피해를 주고, 청소년들에게 바람직하지 않은 역할 모형의 선례를 남길 수 있으며, 스포츠의 구성요소인 자연성을 훼손하기 때문에 금지되어야만 한다는 것이다. 각각의 논지를 비판적으로 검토해보자.

먼저 도핑은 공정한 경기의 이념에 위배되기 때문에 금지되어야한다는 주장에 대해 태어난 국가의 지리 및 경제적 조건, 가정환경, 체력 및 체격조건 등에서 발생하는 불공정은 왜 문제 삼지 않느냐는 반론을

---

24) 금세기 들어 국제올림픽위원회(IOC)가 '약물과의 전쟁'을 선포했음에도 도핑적발건수는 지속적으로 증가추세를 보이고 있다. 최근 몇 년 동안 일간지에 보고된 도핑적발사례 몇 가지를 살펴보자. 2002년 2월 이탈리아 세계선수권대회 크로스컨트리 20km 계주에서 은메달을 획득했던 핀란드의 여자 크로스컨트리 스키 선수 카이사 바리스가 도핑 테스트에 걸려 2년간 출전정지처분을 받았으며(연합뉴스, 2003. 5. 11), 2002년 솔트레이크시티 동계올림픽에서 스키 3관왕에 올랐던 스페인출신의 스키선수 요한 뮤에레그도 도핑 테스트에 걸려 금메달 박탈과 함께 2년간 출전 금지처분을 받았다(연합뉴스, 2003. 1. 25). 또한 시드니올림픽에서 약물검사에 걸려 금메달 박탈과 함께 1년간 출장 정지 징계를 받았던 독일의 레슬러 알렉산더 레이폴트가 우즈베키스탄 전지훈련 중 갑자기 쓰러져 중태에 빠졌다는 보고가 있었다(연합뉴스, 2003. 8. 9). 시드니 올림픽 체조부분에서 개인종합우승을 하여 금메달을 받았던 루마니아의 체조 여왕 라두칸도 도핑테스트에 걸려 금메달을 박탈당하였다.

제기할 수 있다. 이러한 반론에 대해 도핑반대론자들은 개인의 자유로운 선택과는 무관하게 발생하는 불공정한 상황과 개인의 자유로운 선택에 의해 발생하는 불공정한 상황을 구분해야한다고 제안한다. 즉 도핑은 개인의 자유로운 선택에 의해 발생하는 불공정한 상황이기 때문에 금지되어야만 한다는 것이다. 그렇다면 규제를 통한 공정한 조건의 보장보다는 자유로운 허용에 의한 공정한 조건의 보장이 좋지 않으냐는 의미에서 도핑을 전면적으로 허용하는 것은 어떨지 반론을 제기할 수 있다.

이러한 반론에 대해 도핑반대론자들은 건강이 훼손될 우려가 있기 때문에 도핑의 전면적 허용은 안 된다고 말한다. 그러나 스포츠에 선수들의 건강을 훼손시킬 소지가 있는 요인들은 수 없이 많이 존재한다. 권투나 미식축구, 암벽등반 같은 위험한 스포츠 자체나 장기간 지속되는 과도한 훈련도 선수의 건강에 큰 피해를 줄 수 있다. 건강 때문에 도핑을 금지해야만 한다면 이러한 스포츠나 부담을 동반하는 트레이닝 자체도 금지해야 되는 것은 아니냐고 반론을 제기할 수 있다.

또한 도핑이 선수들의 건강에 해가 된다고 할지라도 그것을 법적으로 금지하는 것이 옳은가라는 의문이 생겨날 수 있다. 선수보호차원에서 행해지는 금지조처가 오히려 선수의 자유와 자율권을 침해할 수도 있기 때문이다. 이에 대하여 도핑반대론자들은 선수들이 충분한 정보에 근거하여 자발적으로 승낙한 것이 아니라 (주전선수로서 자격을 유지하기 위해서는 불가피한 상황이라는 의미에서) 도핑을 강요당한 것이기 때문에 선수보호차원에서 도핑을 금지해야만 한다고 말한다. 그러나 과연 여기서 강요당했다는 표현이 적절한 것일까? 경쟁력 있는 선수로 남기 위하여, 세계최정상선수가 되기 위하여 약물을 복용한 것을 강요당했다고 말할 수 있을까? 그는 스스로 선택한 것이지 강요당한 것이 아니다.

도핑반대론자들은 한 선수의 도핑은 그에게 뒤지지 않으려는 상대선수에게 도핑을 강요함으로서 그의 건강에 해를 끼칠 수 있기 때문에 금지되어야 한다고 말한다. 이 또한 이치에 맞지 않는다. 그러한 사태는 도핑뿐만 아니라 트레이닝 상황에서도 똑같이 일어날 수 있다. 한 선수가 최정상이 되기 위해 고된 훈련에 몰두하고 있고, 이를 본 그의 라이벌이 뒤질 새라 자신도 열심히 훈련하다가 과로로 쓰러졌다고 상상해 보자. 위의 논리라면 열심히 훈련하는 것 또한 타자에게 피해를 줄 수 있기 때문에 금지되어야 한다는 결론이 나온다. 그러나 그럴 수는 없는 일이다.

도핑은 부정적인 역할모형으로서 약물오남용을 사회적으로 확산시키고, 젊은 선수들에게 나쁜 선례를 남기기 때문에 금지되어야한다는 논리도 모순이다. 도핑 말고도 젊은이들에게 나쁜 선례가 될 만한 일은 많다. 거친 언어사용, 복잡한 여자관계, 음주와 흡연 등등. 그러나 아무도 선수들의 그러한 행위를 강제적으로 제재하지는 않는다.

마지막으로 도핑은 스포츠의 구성적 요건이라고 할 수 있는 자연성을 훼손하기 때문에 금지되어야 한다는 도핑반대론자들의 주장 역시 자연성이라는 개념이 갖는 애매성으로 인하여 비판에서 자유로울 수 없다. 세계적인 선수들은 물론이고 요즘은 아마추어선수들까지 식생활과 훈련에 있어서 결코 자연적이라고 할 수 없는 방식을 따르고 있다. 장거리 선수들의 글리코겐로딩이나 보디빌더들의 고단백식품섭취 등과 같은 식이요법이 과연 자연스러운 방법인가? 과학적으로 뒷받침된, 고도로 계산적인 스케줄에 따라 최첨단 장비를 이용하여 진행되는 훈련프로그램이 과연 자연적인 것인가? 현대 스포츠에서 자연적인 것과 인위적인 것의 경계는 갈수록 불투명해져만 가고 있다.

이상에서 살펴보았듯이 도핑반대이유로 제시된 기준들이 너무나 애매하고, 그 기준의 적용이 너무나 임의적이다. 이런 의미에서 이상에서 소개한 도핑반대논변들은 설득력이 매우 약하다. 어떤 사람들은 현대 스포츠와 도핑, 이 양자는 떼려야 뗄 수 없는 동전의 양면과 같은 것이라고 말한다. 따라서 스포츠를 긍정하면서 도핑을 부정하는 IOC의 태도에 의구심을 표명하는 학자도 있다. 예컨대 사회학자 Cashmore는 IOC가 도핑금지를 위해 노력하는 이유를 윤리적인 데서 찾지 않고 상업적인 데서 찾는다. 그에 따르면 IOC위원장이었던 사마란치는 올림픽경기를 시장논리에 종속시켰다. 그 결과 IOC는 해를 거듭할수록 재정적인 면에서 방송사 및 상업적 회사들에 의존도가 높아져가고 있다. 한편 상업적 회사들이 IOC를 재정적으로 지원하는 이유는 그들의 사업을 확장하기 위함이다. 그들은 수십억의 잠재적 구매자들의 존경과 사랑을 받는 "깨끗하고 건전한(?)" 선수들과 그들이 판매하고자 하는 상품의 이미지를 연결시키길 원한다. 한편 "뇌물과 불법적 행위로 부패한 IOC"는 이러한 깨끗하고 건전한 이미지를 만들어내기 위해 도핑을 희생양으로 만들었다는 것이 Cashmore의 주장이다(엘리스 캐시모어, 2001, 278-281). 이러한 주장은 아직 명료하게 입증되지는 않았지만 스포츠와 도핑의 관계를 새롭게 조망하고 있다는 점에서 우리에게 주는 시사점이 적지 않다.

"멀지 않은 미래에 우리는 도핑문제를 수반하지 않는 고도수행스포츠(Hochleistungssport)를 결코 볼 수 없게 될 것이다."(1985)라고 진술한 도핑전문가 Hollmann박사의 말 역시 현대 스포츠에서 도핑의 추방이 원천적으로 불가능하다는 점을 다시 한 번 입증해주고 있다. 과학기술이 지배하는 현대 사회는 보다 크고, 보다 빠르고, 보다 강한 선수들을 요구하고 있다. 도핑을 통해 최고기록, 최고수행을 추구하는 스포츠는 이러한 기술문명의 예찬에 다름 아니다(Hoberman, 1988, 324).

제14장 스포츠와 건강

1. 소위 "건강스포츠"의 출현

체육 및 스포츠활동에 대한 대중의 관심이 해를 거듭할수록 커지고 있다. 얼마 전 문화체육부에서 발표한 바에 의하면 우리 사회에서 규칙적으로 체육 및 스포츠활동에 참여하는 인구비율이 지난 10년 사이에 2배 이상 증가했다고 한다. 즉, 주 2-3회 이상 스포츠활동참여인구의 경우 1986년 전 국민의 19.4%에서 1997년 38.8%로, 주 1회 이상 스포츠활동참여인구의 경우 29.1%에서 62.8%로 대폭 증가하였다고 한다(문화체육부, 1997).

사회학자 리트너(Rittner)는 이와 같이 현대 산업사회에서 스포츠의 사회적 의미가 지속적으로 커지고 있는 경향과 관련하여 "스포츠활동과 스포츠성이라는 수식은 보편적 규범으로 정착되었으며, 동시에 현대적 역할표현의 특징으로 기능하게 되었고, 모든 사람들의 보편적인 장식이 되었다."(1985, 137)고 말한 바 있고, 문화학자 카슈바(Kaschuba)는 "스포츠는 과거에 소수의 고 기량 선수들이나 프로선수들, 또는 극소수 부유층만의 전유물이었으나 최근 들어 수백만 명의 평범한 시민들이 참여하는 일상적 활동이 되었으며, 우리 모두에게 자명한 행동양식이 되었다."(1989, 156)고 쓴 바 있다.

현대 산업사회에서 스포츠가 사회적으로 큰 의미를 얻어가고 있는 이유를 묻는다면 건강을 빼놓고는 이야기가 되지 않는다. 건강은 체력, 젊음, 힘, 아름다움 등의 규범과 함께 사회적으로 매우 중요시되고 있으며, 그러한 과정에서 사람들의 관심은 스포츠로 집중되기 시작했다. 한마디로 스포츠는 체력, 젊음, 아름다움 등은 물론이고 건강까지도 보장해주는 도깨비방망이와 같은 존재로 인식되고 있는 것이다. 이러한 과정에서 특히 주목할 만한 사실은 스포츠수행과 관련하여 건강동기가 크게 강조되고 있으며 오직 건강만을 목적으로 하는 소위 "건강스포츠"가 스포츠 일반으로부터 분화되어 독자적인 스포츠영역으로 자리잡아가고 있다는 점이다.

오늘날 이러한 가설을 뒷받침해줄 만한 근거들은 여러 곳에서 발견된다. 리트너(1985)는 "건강스포츠"라는 독특한 스포츠장르의 출현을 직접적으로 입증할 수 있는 증거로서 다음의 다섯 가지 경향을 제시하고 있다. 첫째, 건강을 목적으로 하는 여가스포츠가 대중화되고 있다. 둘째, 건강은 스포츠센터를 찾는 사람들의 주요 관심사가 되었다. 셋째, 건강한 삶을 영위하기 위해서는 운동을 해야만 한다는 계몽운동(독일의 트림-130 운동, 영국과 호주의 Sport for All 운동)이 세계 곳곳에서 성공하고 있다. 넷째, 건강센터나 재활관련기관에서 건강 유지 및 회복을 목적으로 스포츠를 이용하는 경향이 크게 늘고 있다. 다섯째, 스포츠활동이 건강에 유익하다고 믿는 성인병환자들이 점차 증가하고 있다.

우리는 리트너의 설명에 의존하지 않더라도 일상적인 경험을 통해 스포츠가 건강과 여러 측면에서 매우 튼튼한 연결망을 형성해 나가고 있으며, 나아가 오직 건강만을 목적으로 스포츠를 수행하는 사람들이 지속적으로 증가하고 있음을 잘 알 수 있게 되었다. 이제 우리들에게 건강스포츠의 존재는 자명한 것이 되었다. 한편, 최근 들어 스포츠와 건강의 인과적 관계를 의심하거나 부인하는 연구결과들이 적지 않게 보고되고 있어 "건강에 의해 동기지어진 스포츠매니아들"을 긴장시키고 있다. 몇몇 연구결과에 따르면 최근 스포츠활동 중에 심근경색(일명 심장마비)이 원인이 되어 사망하는 사람의 수가 크게 늘고 있고, 운동을 생활화하고 있는 전문적 스포츠인의 평균연령이 일반인의 평균연령에 비해 6-7년 낮다는 보고도 있다.[25] 또한 운동선수 중에는 각종 질환에 시달리는 사람이 의외로 많다는 보고도 있다. 의학 및 생리학적 관점에서도 스포츠는 건강에 치명적으로 작용하는 활성산소의 발생가능성을 높여주고, 스트레스를 해소시켜주기보다는 오히려 스트레스를 가중시켜 건강에 마이너스로 작용한다는 연구보고서도 있다. 얼마 전 예예원에서 펴내 세인의 관심을 모은 바 있는 카토쿠니히코(1995)의 저서 『스포츠는 몸에 나쁘다』는 이와 같은 경향을 적절하게 대변해 주고 있다. 미국에서도 1990년 조깅의 교조로 알려진 제임스 픽스가 조깅 중에 급사한 사건이 발생한 이후 스포츠와 건강의 연관성에 회의적인 눈길을 보내는 경향이 점차 증가하고 있다. 제임스 픽스는 16년 동안 조깅을 계속하고 건강에 대한 운동의 효용을 역설해 전 세계에 조깅 붐을 일으킨 인물이다. 사망 당시 체중은 이상에 가까웠고, 나이도 52세로 비교적 젊은 축에 속했던 그가 운동 중 심근경색으로 사망한 것이다. 이를 계기로 미국인들의 운동방식은 조깅에서 워킹으로 급전환을 맞이하게 되었다.

이러한 경향은 소위 "건강스포츠"가 건강에 득이 되기보다는 오히려

---

25) 일본심장재단 자료를 토대로 작성된 통계에 따르면 1984년부터 1988년까지 5년간 스포츠활동 중 돌연사한 사람의 수가 624명에 달한다고 한다. 카토쿠니히코(1996), 82쪽을 참고할 것.

건강에 해가 될 수도 있다는 점을, 보다 직접적으로 표현하자면 "건강스포츠"에 문제점이 내재해 있다는 점을 시사해주고 있다. 이 문제점은 생리학 및 의학적 연구만으로는 충분하게 규명될 수 없는 성질의 것이다. 이미 세계보건기구(WHO)가 오래 전에 정의하였듯이 건강은 매우 복합적인 현상이기 때문이다. 세계보건기구는 1946년 보건대헌장에서 건강을 다음과 같이 정의한 바 있다. "건강이란 신체적, 정신적 및 사회적으로 완전히 양호한 상태에 있고, 단순히 질병이나 이상이 없다고 하는 것만이 아니다"(박순영, 1986). 이 정의가 함축하고 있듯이 건강, 나아가 건강스포츠의 문제점을 이해하기 위해서는 생리학 및 의학적 측면에서뿐만 아니라 사회문화적 측면에서도 접근되어야 할 것이다. 따라서 이 장에서는 먼저 "건강스포츠"가 출현하게 된 사회 및 이론적 배경을 살펴보고(2절), "건강스포츠"의 문제점을 개인적, 실천적 차원과 총체적, 반성적 차원으로 나누어 서술한 후(3절), 건강한 스포츠수행을 위한 두 가지 전제를 제시함으로써(4절) 논의를 마치고자 한다.

2. "건강스포츠" 출현의 사회 및 이론적 배경

건강스포츠는 어떤 배경 위에서 출현할 수 있었을까? 다시 말해 왜 사람들은 스포츠를 하면 상실된 건강을 회복하거나 현재의 건강상태를 보다 증진시킬 수 있다고 믿게 되었을까? 또한 오직 건강만을 위해 스포츠 활동에 참여하는 사람들이 그토록 빠른 속도로 증가하고 있는 이유는 무엇일까? 건강과 스포츠가 밀접한 관련이 있다는 믿음, 다시 말해 스포츠에 규칙적으로 참여하면 건강해질 수 있다는 믿음은 멀리는 근대 유럽인의 건강관에서 가까이는 최근에 이루어진 의학, 보건학, 생리학 등과 같은 자연과학분야에서 이루어진 연구결과에서 그 근거를 찾을 수 있다.

1) 탈신체화하는 현대 사회와 근대 유럽인의 건강관

스포츠의 건강기능이 강조되는 곳에는 언제나 특정한 건강관이 존재하기 마련이다. 이와 같이 지배적인 건강관 가운데 한 가지는 "mens sana in corpore sano"[26]라는 구절이다. 스포츠와 건강의 긍정적 인과관계를 믿는 사람들은 모두 이 구절을 곧 잘 인용하며, 이 말이 얼마나 신뢰할 만한 것인지 선전한다. 이 라틴어 문장을 직역하면 "건강한 신체에 건강한 정신이 깃든다"라고 쓸 수 있다. 이 말을 조금 의역하면 육체가 건강하면 정신도 건강하다가 되고, 그 의미를 본 논의에 맞게 재해석하면 육체를 강건하게 만드는 것은 건강을 위한 필수적 전제라는 의미가 된다. 주지하다시피 육체를 강건하게 만드는 데에는 스포츠와 운동이 최고이다. 따라서 위의 라틴어 문구로부터 최종적으로 "스포츠활동은 건강으로 가는 지름길"이라는 명제를 연역해 낼 수 있다.

이러한 건강관은 특히 현대 사회가 기계화, 자동화, 분업화되면서 점차 신체의 쓰임이 줄어들게 되고, 그 과정에서 다양한 건강문제가 발생하면서 더욱 큰 설득력을 지니게 되었다. 산업이 고도화되면서 삶의 많은 영역들이 기계화, 자동화, 분업화되었고, 그 결과 일상에서 신체의 직접적인 쓰임이 현저하게 줄어들고 있는 경향을 독일의 스포츠사회학자 베테(Bette, 1989)는 탈신체화(Entkörperlichung)라고 불렀고, 네덜란드의 사회학자 안톤 지더벨트(Zijderveld, 1989)는 "추상적 사회"로 개념화한

---

26) 이 라틴어 문장은 기원후 100년경에 살았던 로마의 시인 유베나리스의 시에서 따온 것이다. 근대 유럽인들은 mens(mind; 정신, 마음)라는 단어 대신에 anima (soul; 영혼)라는 말을 써서 anima sana in corpore sano(건강한 신체에 건강한 영혼이 깃든다)라고도 표기했는데 두 문장의 의미는 크게 다르지 않다. 후자의 문장에서 각 단어의 이니셜을 따서 ASICS라는 스포츠브랜드상호가 만들어진 것은 이미 잘 알려진 사실이다.

바 있다. 이와 같이 일상에서 신체운동의 현저한 감소는 운동부족이라는 현대병의 주요 원인을 초래하였다. 즉 신체운동량이 신체가 제 기능을 유지하기에 필요한 정도에도 미치지 못하는 사람들의 수가 현대 사회에서 점차 늘어가고 있으며, 이러한 운동부족은 이미 많은 의학적 연구에 의해 소위 현대병 또는 성인병의 주요 원인으로 지적된 바 있다.

이러한 상황에 접하여 "건강한 신체에 건강한 정신이 깃든다."는 근대 유럽인의 건강관은 자연스럽게 설득력을 얻게 되었으며, 그로부터 신체운동과 건강 간에 비례적 상관관계가 존재할 것이라는 생각이 일반화될 수 있었고, 이러한 생각을 토대로 스포츠가 건강에 기여할 수 있을 것이라는 대중적인 기대가 나타나게 되었다. 스포츠는 신체운동을 핵심으로 하는 인간의 행위양식이다. 현대인들은 스포츠를 수행하는 동안 신체의 각 부위를 들거나, 뻗고, 지르고, 비틀면서 또는 온 몸을 사용해서 뛰고, 달리고, 뒹굴면서 일상에서 소홀했던 신체운동을 보충할 수 있다. 따라서 스포츠는 현대인들의 의식 속에 운동부족으로 쇠약해진 신체를 다시 건강하게 만들어주는 치유제로 각인되었으며, 이러한 인식을 토대로 오직 건강만을 목적으로 하는 소위 "건강스포츠"가 등장하게 된 것이다.

2) 스포츠는 몸에 좋다는 자연과학적 연구의 결과들

또한 최근 수 십 년 사이에 발표된 자연과학적 연구들, 특히 스포츠의학과 생리학적 연구들은 규칙적인 스포츠참여가 건강유지 및 향상에 대단히 큰 기여를 하고 있음을 여러 가지 통계자료를 통해 입증해 주었다. 스포츠가 건강에 좋다는 학문적 진술은 스웨덴의 생리학자인 에스트란드(Åstrand, 1973)에 의해 처음으로 나타났다. 에스트란드는 1972년 올림픽경기에 대한 평가에서 다음과 쓰고 있다. "문헌들을 가득 메우고 있는 (건강과 관련된) 육체훈련의 긍정적 효과는 스포츠가 건강에 좋다는 생각을 뒷받침해 주고 있다.” 이러한 그의 진술은 그동안 매우 자주 여러 학자들의 공감을 불러일으켰다. 파펜바거(Paffenbarger, 1984)는 스포츠선수 또는 육체활동을 많이 하는 사람이 그렇지 않은 사람보다 평균적으로 1-2년 오래 산다는 연구결과를 발표하였다. 포웰(Powell, 1987)과 그의 동료는 수십 장에 달하는 연구보고서에서 운동을 하지 않는 사람은 담배를 피우는 사람과 동일한 정도로 심장순환계 질환에 걸릴 위험이 있다고 보고하였다. 클라인만(Kleinmann, 1988)은 『달리기는 의학이다』라는 제목의 책자에서 달리기가 건강에 좋은 효력을 줄 수 있는 활동이라고 말하고 있다. 즉, 그는 달리기가 별다른 준비 없이 어디에서나 쉽게 할 수 있는 운동이며, 그 건강적 효과 역시 매우 좋다고 말하고 있다. 13,334명을 대상으로 약 8년에 걸쳐 실험을 한 블라이어(Blair, 1989)는 스포츠수행과 사망 또는 발병 확률 간에 반비례관계가 성립한다고 보고하였다.

우리나라에서도 스포츠참여가 골격근을 강화시켜주고, 심장 및 심폐기능을 향상시켜줌으로써 건강 유지 및 향상에 크게 기여할 수 있다는 주장과 운동참여가 비만, 당뇨병, 동맥경화, 고혈압 등과 같은 성인병 예방 및 치료에 효과적이라는 주장이 여러 저술과 연구논문에서 제기된 바 있다. 이상철·육조영의 저서 『운동과 건강』(1998), 안병철·반기봉의 번역서 『운동과 건강』(1992), 조남규 외의 저서 『인간과 건강』(1997)이 그 몇 가지 예이다. 이와 같은 자연과학적 연구들은 모두 현대 사회가 인간의 움직임을 매우 협소하게 제한하기 때문에 현대인들은 필연적으로 운동부족일 수밖에 없으며, 이러한 운동부족은 현대인의 건강을 위협하는 성인병 또는 문명병의 원인이 된다고 진단하고 있다. 따라서 건강하게 살기 위해서는 반드시 일정 이상 강도의 운동을 동반하는 스포츠에 규칙적으로 참여해야만 한다고 처방하고 있다.

이상과 같은 근대 유럽인의 전통적 건강관과 탈신체화하고 있는 현대 고도산업사회에서의 일상적 경험, 그리고 스포츠는 건강에 유익하다는 자연과학적 연구의 결과에 힘입어 사람들은 스포츠활동 참여는 건강의 유지 및 향상에 필수적이라는 믿음을 갖기에 이르렀으며, 이러한 믿음을 근거로 대중의 스포츠참여가 크게 증가하였고, 그러한 과정에서 오직 건강만을 목적으로 하는 소위 "건강스포츠"가 출현하게 되었다.

3. "건강스포츠"의 문제점

1) 개인적, 실천적 차원의 문제점

건강을 위해 스포츠활동에 매진하는 사람들의 믿음처럼 정말로 스포츠는 건강에 이로울까? 스포츠는 건강에 이로울 수도 있지만 그와는 반대로 해로울 수도 있다. 특히 건강만을 목적으로 수행하는 소위 "건강스포츠"는 건강에 그다지 이롭지 못하며, 오히려 치명적인 결과를 가져다 줄 수도 있다.

최근 건강을 위한 스포츠활동 중에 심근경색이 원인이 되어 사망하는 사람의 수가 크게 늘고 있다는 보고도 있고, 운동을 생활화하고 있는 전문적 스포츠인의 평균연령이 일반인의 평균연령에 비해 6-7년 낮다는 보고도 있다. 또한 운동선수 중에는 각종 질환에 시달리는 사람이 의외로 많다는 보고도 있다. 의학 및 생리학적 관점에서도 스포츠는 건강에 치명적으로 작용하는 활성산소의 발생가능성을 높여주고, 스트레스를 해소시켜주기보다는 오히려 스트레스를 가중시켜 건강에 마이너스로 작용한다는 연구보고도 있다.

스포츠가 건강을 해칠 수도 있는 이유는 여러 가지 측면에서 설명가능하다. 스포츠수행이 가져올 수 있는 위험과 폐해를 고려하지 않고 무조건 스포츠는 건강에 좋다거나 달리기는 보약이라는 생각만 가지고 스포츠를 하게 될 때 그러한 스포츠활동은 건강에 득이 되기보다는 오히려 실이 될 수 있다. 리트너(Rittner, 1985)와 필즈(Pilz, 1991)는 건강을 목적으로 하는 여가스포츠활동이 오히려 건강을 해칠 수 있는 이유를 다음 두 가지로 요약, 정리하고 있다.

첫째, 현대의 사회생활에서 육체의 쓰임은 현저하게 줄어들고 있다. 따라서 현대인들은 육체활동경험이 매우 부족하며, 그 결과 자신의 몸과 몸의 능력에 대해 무지한 실정이다. 이러한 상황에서 건강을 위한답시고 갑작스럽게 운동을 무리하게 하는 사람들이 있는데 이러한 과정에서 심리적으로 불쾌한 기분이 들기도 하고, 심한 경우에는 목숨을 잃는 경우도 생겨난다.

둘째, 사람들은 자신의 목적을 이루기 위해 스포츠를 수단화하고, 도구화한다. 이 과정에서 스포츠는 스포츠적이지 않게 된다. 사회학자들은 이러한 경향을 "스포츠의 탈스포츠화"라고 표현한다. 리트너에 따르면 고전적인 의미에서의 스포츠활동, 즉 고전적인 스포츠사회화과정을 수반하는 스포츠활동은 건강에 보탬이 될 수 있지만 탈스포츠화된 스포츠, 즉 고전적인 스포츠사회화과정이 모두 무시된 채 행해지는 스포츠는 오히려 건강에 해가 될 수 있다고 경고한다(Rittner, 1985). 건강스포츠에서는 즐거움이라든가 규칙준수, 경쟁, 승리, 타자와의 어울림, 성취감 등과 같은 전통적인 스포츠사회화형식들이 철저하게 무시된다. 스포츠에토스의 준수가 목표가 아니라 스포츠에 부가된 건강의 약속이 목적인 것이다. 사람들은 오직 건강만을 위해 스포츠를 수행하게 되고, 이러한 목적을 이루기 위해 열과 성을 다한다. 그러나 사람들이 건강을 얻기 위해 신경을 곤두세우면 세울수록 오히려 그러한 집착으로 인하여 목표달성은 더욱 어렵게 된다. 사람들은 건강이라는 목표를 달성하려고 전심전력하면서 결국에는 그로 인해 심리적으로 부담을 받게 되며, 그 결과 몸이 경직되고 긴장하게 되며, 이러한 심리 및 육체적 부담은 결국 또 다른 스트레스로 작용하여 오히려 건강을 해치게 되는 것이다.

2) 총체적, 반성적 차원의 문제점

이상에서 논구한 모든 개인적, 실천적 차원의 문제들은 근원적으로 두 가지 총체적, 반성적 차원의 문제로 귀결될 수 있다. 두 가지 총체적, 반성적 차원의 문제란 소유지향적 라이프스타일에서 유래한 건강의 대상화문제와 근대유럽인의 전통에서 유래한 협애한 건강관의 문제이다.

건강은 성취지향적 사회에서 중심적 위상가치를 갖는다. 따라서 파슨스는 건강을 자신에게 부과된 역할과 과제를 효과 있게 충족시킬 수 있을 정도의 적절한 능력을 갖추고 있는 상태라고 표현한 바 있다(Parsons, 1974). 이러한 관점은 매우 주관적이고 개인적인 건강 및 질병관을 내포하고 있다. 또한 건강을 작업을 위한 전제로 이해하는 기능론적 시각을 포함하고 있다. 이와 같이 건강은 점점 더 하나의 상품처럼 취급받게 되고 사람들은 상품을 만들 수 있듯이 건강 역시 만들 수 있는 물건처럼 믿게 된다. 이와 같은 건강의 객관화는 더욱 소유지향적으로 바뀌어가고 있는 우리들의 생활양식이 가져다준 부수현상이다. 자신의 삶을 소유지향적으로 영위해나가는 사람은 자기 자신, 자신의 실존, 자신의 삶의 의미, 자신의 삶의 영위를 자신이 가지고 있고, 가질 수 있고, 더 가질 수 있는 것으로 규정하는 경향이 있다. 이제 소유와 소유욕구의 대상이 될 수 없는 것은 아무 것도 없다. 모든 종류의 물질적인 것들, 타인, 덕목과 가치까지도 소유될 수 있다고 생각한다. 사람들은 명예를 가질 수 있으며, 체면을 가질 수 있고, 특정한 이미지를 가질 수 있으며, 건강과 아름다움과 젊음까지도 가질 수 있다고 믿게 되었다. 소유지향적 욕구는 소유 대상(Objekt)을 전제로 한다. 이러한 과정에서 건강은 하나의 소유대상으로 대상화(Objektivierung)된다. 대상화는 주체(자아)와 대상의 분리를 의미한다. 건강의 대상화는 나와 건강의 분리를 뜻한다. 건강이 나로부터 멀어지는 것이다. 즉 건강은 나의 안이 아니라 바깥에 있게 되는 것이 된다.

대상화의 또 다른 특징은 주체의 대상에 대한 태도에 있다. 만일 우리가 어떤 대상을 간절히 원할 때, 즉 간절히 소유하고자 할 때 우리는 그 대상에 많은 관심을 기울이지만 그것을 소유하는 순간 그것에 대한 우리의 관심은 줄어들거나 사라지게 된다. 이제 우리는 우리가 소유했다고 믿는 대상을 등한시하게 되는 것이다. 건강해지기 위해 그토록 노력하던 사람이 스스로 자신이 건강을 소유했다고 생각하는 순간 그는 더 이상 건강에 관심을 갖지 않게 된다는 말이다.

다음으로 협애한 건강관의 문제 역시 지적하지 않을 수 없다. 앞서 지배적인 건강관의 하나가 “mens sana in corpore sano”라고 하였다. 이 라틴어 문장은 기원후 100년경에 살았던 로마의 시인 유베나리스(Juvernal, ca. 58-140 n. Chr.)가 지은 356어구로 이루어진 시의 10번째 구절에서 인용된 것이다.[27] 원문을 살펴보면 앞 문단에서 서술한 내용과 유베나리

27) Juvenal. Saturae X, Satz 356 ff.; Knoche(1950). 103-104쪽을 참조할 것. 유베나리스의 10번째 구절 전문은 다음과 같다. Nil ergo optabunt homines? si consilium via, permittes ipsis expendere numinibus quid conveniat nobis rebusque sit utile nostris./ut

스의 본뜻 간에는 큰 차이가 존재함을 알 수 있다. 한 마디로 유베나리스의 의도가 2,000년의 세월동안 잘못 해석되어왔던 것이다. 유베나리스가 지은 시의 원문에 보면 "...orandum est ut sit mens sana in corpore sano"라고 되어있다. 앞의 문장과 비교해보면 접속사를 제외하고 "ut sit"가 앞 단락에서 쓴 인용문에서 빠져 있음을 알 수 있다. "ut sit"은 소망과 바람, 희망 등을 나타내는 말이다. 소망과 바람의 대상은 일반적으로 현실에 속해 있지 않다. 오히려 현실에 없는 것이 거기에 속하는 경우가 더 많다. 유베나리스는 단순한 육체적 건강이 정신적 건강, 나아가 건강 전체를 보장할 수 없다는 점을 알고 있었다. 그래서 그는 "건강한 신체에 건강한 정신이 깃든다"고 말하지 않고 "건강한 신체에 건강한 정신이 깃들게 하소서"라고 씀으로써 자신의 소망과 바람을 나타냈던 것이다. 요약해서 말하면 신체적 건강이 정신적 건강, 나아가 건강 그 자체를 보장한다는 생각, 유베나리스의 싯구를 잘못 인용한 데서 유래한 이 건강관은 그 의미가 매우 협소하고, 일방적이며, 단순하고, 시기적절하지 못하다고 말할 수 있다.

4. 건강한 스포츠수행의 두 가지 전제

지금까지 논의에서 스포츠는 당연하게 건강에 이롭다는 전제에서 출발하고 있는 건강스포츠가 개인적, 실천적 차원에서 뿐만 아니라 총체적, 반성적 차원에서도 많은 문제를 내포하고 있음을 알게 되었다. 스포츠는 당연하게 건강에 이롭지 않다. 스포츠가 건강에 이롭기 위해서는 최소한 다음의 두 가지 전제가 충족되어야만 한다.

---

tamen et poscas aliquid voveasquid voveasque... orandum est ut sit mens sana in corpore sano. portem posce animum nortis terrorecarentem.

1) “소유(所有)”에서 “존재(存在)”로 의식의 전환

앞서 언급하였듯이 객관화된 건강관은 소유지향적 생활양식이 부수한 결과이다. 객관화된 건강관으로 말미암아 스포츠에서 건강동기가 빗나가는 결과가 초래될 수 있다. 에릭 프롬은 그의 저서 『소유에서 존재로』에서 우리에게 소유지향적 삶의 방식을 포기하고 존재지향적 삶의 방식을 선택하도록 권하고 있다. 건강 및 스포츠와 관련하여 존재지향적 삶은 어떤 의미를 가질까?

그것은 무엇보다도 “내가 건강을 가질 수 있다”는 믿음의 포기를 의미한다. 건강은 소유의 대상이 될 수 없다. 그것은 총체적인 삶의 과정의 현상으로 인식되어야만 한다. “나”는 건강을 객체화시키거나 대상화시킬 수 없다. 오히려 건강은 나의 한 부분이며, 주관적인 요소인 것이다. 자아와 건강을 분리해서 생각하지 않는 것이 스포츠 및 건강과 관련하여 존재지향적 생활방식의 기본전제이다. 이러한 맥락에서 건강과 관련된 스포츠경험에서 즐거움의 동기가 강조될 필요가 있다. 스포츠를 하면서 얻어지는 즐거움은 몰입과 자아일치감의 경험을 제공해 준다.

현상학적 연구들은 즐거움으로 가득 차있는 스포츠경험이 어떻게 자아와 육체의 일치로 이끌어가며 이러한 경험으로부터 어떻게 존재지향적 자기체험이 나타나게 되는지 보여준다. 이러한 연관에서 리트너의 말은 큰 의미를 지닌다. “이러한 의미에서 즐거움은 단순한 즐거움만이 아니다. 그것은 인간학적으로 중요하게 되며 … 자아가 서양적인 합리성의 목표를 회의적으로 보기 시작하면서 즐거움은 동시에 대중적인 균형의 비유가 된다.”(Rittner, 1982, 49) 그렇다면 즐거움은 어떻게 생겨나는가? 이 물음에 명확하게 답변하는 일은 매우 어렵다. 그러나 그것은 개인의 의지에 따라 의도적으로 생겨나기보다는 오히려 자신이 좋아하는 일에 몰입하는 가운데서 우연하게 부수적으로 생겨나는 경우가 많다. 즐거움은 소유지향적인 의도와는 무관하게 생겨나는 것이다. 예컨대 어떤 활동에 몰입되어 있을 때 자기도 모르는 사이에 즐거운 기분이 생겨나는 것이다. 즐거움은 놀이적인 요소이다. 다음 가다머의 인용문은 이 점을 이해하는 데 도움이 될 것이다.

> "놀이는 놀이하는 사람의 의식과는 무관한 독자적인 존재를 가진다. 놀이는 거기, 바로 거기, 주체성의 대자적 존재가 주제가 되는 지평을 제한하지 않는 곳, 놀이적으로 행동하는 주체가 없는 곳 …." (Gardamer, 1965, 98)

놀이의 주체는 놀이자가 아니다. 놀이는 오직 놀이자를 통해서 드러난다. 건강도 동일한 맥락에서 이해될 수 있다. 건강은 소유지향적인 인간의 의도와는 무관하게 나타난다. 건강은 놀이적이고 존재지향적이며 몰입된 스포츠활동 속에서 부수적으로 우연하게 나타나는 것이다. 스포츠가 활동 자체가 목적인 놀이로서가 아니라 건강이라는 목적을 달성하기 위한 수단으로 도구화될 때 스포츠가 담지하고 있는 이와 같은 건강요소들은 사라지게 되는 것이다.

2) 조화로운 건강관의 회복

스포츠와 건강의 관계가 합리적으로 구성되기 위해서는 의식의 변화와 더불어 건강관이 바뀌어야만 한다. 즉 기존의 일면적이고 편협한 건강관이 포괄적이고, 조화로운 건강관으로 바뀌어야만 한다. 여기서 말하는 포괄적이고, 조화로운 건강관이란 앞서 말한 "ut sit mens sana in corpore sano"이다. 앞서 유베나리스의 싯구를 성급하게 해석한 기존의 건강관이 어떤 문제를 야기할 수 있는지 설명한 바 있다. 잘못된 해석으로 말미암아 건강을 이해하는 안목이 매우 좁아졌다.

여기에서 조화로운 건강관으로 제시하고자 하는 유베나리스의 원래 문장 역시 아무런 문제가 없는 것은 아니다. 예를 들면 헤커는 그 문장이 육체와 정신의 분리를 전제로 하기 때문에 건강에 대한 직접적이고 통합적인 접근이 방해를 받고 있다고 그 문장을 비판하고 있다(Hecker, 1987, 73). 그러나 유베나리스의 정신과 육체의 개념적 구분을 정신과 육체의 존재론적 구분으로 이해하지 않고 기능적 구분으로 이해한다면, 다시 말해 이 문장에서 육체와 정신이 존재론적으로 나뉘어져 있는 것이 아니라 기능적으로 구분되는 동일한 실체로 파악한다면 해커의 비판은 의미를 상실하게 된다.

실제로 당시에는 생물학적 개념과 심리학적 개념을 즐겨 사용하고 있었다. 유베나리스의 싯구절 "ut sit mens sana in corpore sano"는 저자가 생각하기에 조화로운 건강관을 상징한다. "ut sit"과 "mens sana in corpore sano" 사이에서 우리는 건강의 변증법적 요소를 읽어낼 수 있다. 육체적인 강화와 정신 및 심리적 강화는 "ut sit mens sana in corpore sano"문장에서 변증법적으로 만나고 있다. 후렐만은 이 점에 대하여 다음과 같이 주지시켜주고 있다. "건강이란 평생 동안 늘 새롭게 공을 들여 만들어 내어야만 하는 조화와 균형의 상태이다. 그것은 고전 의학서에 나와 있는 순수하게 육체적인 개념의 고정이 아니다."(Hurrelmann, 1988, 17)

건강은 육체적인 체력 하나만으로 또는 심리적인 즐거움 하나만으로 얻어질 수 있는 것이 아니다. 그것은 육체적인 건사와 심리 및 사회적인 안녕, 감성적 욕구의 충족이 적절하게 조화를 이루고 있을 때 나타나는 현상인 것이다. 다양한 요인들 간의 조화가 건강에서 가장 중요하다. 유베나리스의 문장에서 "ut sit"은 조화를 찾고자 하는 의지를 나타내는 의미로 이해되어야만 한다. 리트너가 그의 논문 결론부에서 말한 내용은 이 점을 다른 말로 바꾸어 전달해 주고 있다. "스포츠의 건강메카니즘은 스포츠에 문자 그대로 속해 있는 것이 아니다. 오히려 그것은 조심스럽고 정성스럽게 스포츠로부터 발현해 내야만 하는 것이다."(Rittner, 1985, 150)라는 리트너의 말은 "ut sit"의 또 다른 표현인 것이다.

5. 스포츠와 건강

요즘 건강을 위해서 체육활동과 스포츠에 참여하는 사람들이 크게 늘고 있다. 왜 사람들은 자신의 건강 회복 또는 유지를 위해 병원이나 의료기관을 찾지 않고 스포츠센터나 운동장 또는 체육시설을 찾을까? 그 이유는 무엇보다도 건강과 스포츠 간에 일종의 인과적 상관관계가 존재한다고 믿기 때문일 것이다. 즉, 스포츠를 하면 상실된 건강을 회복하거나 현재의 건강상태를 보다 증진시킬 수 있다고 믿기 때문일 것이다. 이와 같은 믿음은 멀리는 근대 유럽인들의 사고에서, 가까이로는 최근에 이루어진 의학 및 생리학과 같은 자연과학적 연구에서 그 근거를 찾을 수 있다.

한편, 최근 들어 스포츠와 건강의 인과적 관계를 의심하거나 부인하는 연구결과들이 발표되어 "건강스포츠매니아들"을 긴장시키고 있다.

스포츠는 건강에 유익한가 아니면 해로운가? 한편에서는 스포츠와 건강의 인과적 상관관계를 소리 높여 외치고, 다른 한편에서는 양자의 관계를 강력하게 부인하고 있다. 어느 쪽 주장이 옳은가? 여기서 우리가 어느 한 쪽의 입장을 옹호하기 이전에 확인할 수 있는 사실은 양 쪽 모두 건강의 의미나 스포츠의 효과를 신체적, 생리학 및 의학적 측면에만 국한시켜 논의한다는 점이다. 이와 같은 편협한 접근의 문제점은 오늘날 우리의 건강을 위협하는 요인들을 분석해 보면 보다 명확하게 드러난다.

현대인의 건강을 위협하는 요인을 살펴보면 운동부족과 같은 지극히 신체적이고, 생리적인 요인들을 지적할 수 있겠지만, 그에 못지않게 중요한 것은 정신 및 사회적인 요인이다. 인간관계의 합리화과정에서 발생하는 친밀성의 감소는 "대중 속의 고독"을 낳았으며 우리의 정신건강을 해치는 결과를 초래하였다. 작업분화의 결과 파생된 노동의 소외(의미를 상실한 노동과정), 컨베이어벨트처럼 판에 박힌 듯한 일상생활, 목적합리성이 지배하는 현대인의 의식세계와 복잡다단한 현실은 매우 복합적인 방식으로 우리의 건강을 위협하고 있다. 이와 같은 상황에서 재미없고, 지루하며, 외롭게 수행하는 소위 "건강스포츠"는 결코 건강에 도움이 되지 않는다.

스포츠가 건강에 도움이 될 수 있기 위해서는 무엇보다도 두 가지 전제가 충족되어야만 한다. 첫째는 건강관이 바뀌어야만 한다. 오늘날 우리들은 소유지향적 건강관을 갖고 있다. 이와 같은 건강관을 존재지향적으로 바꾸어야만 한다. 둘째, 스포츠가 놀이적 성격을 회복해야만 한다. 스포츠가 건강이라든가 기록, 체력 등과 같은 "합리적인" 목적으로부터 자유로워질 때 스포츠참여의 "부수적 효과"로서 건강이 찾아올 것이다.

제15장 건강의 목적에 대한 철학적 소고

인간의 삶은 희랍신화에 나오는 이카로스의 운명과도 같다. 태양을 향해 비상하는 이카로스와 같이 우리는 모두 우리가 설정한 이상을 향하여 비상한다. 이카로스가 밀랍으로 만든 날개를 훠이훠이 저어 태양을 향해 날아가듯 우리는 건강이란 날개에 의지하여 우리의 이상을 향하여 날아간다. 그리고 태양에 도달하고자 하는 이카로스의 비행은 밀랍날개를 조건으로 요구할 뿐만 아니라 그것을 파괴시키듯이 이상실현을 목표로 하는 인생이라는 비행은 건강을 그 전제조건으로 요구할 뿐만 아니라 그것을 파괴한다.

1. 우리가 건강해지고 싶어 하는 이유

요즘 들어 건강에 대한 사람들의 관심이 부쩍 높아지고 있다. 건강을 위해서 금전과 시간을 아낌없이 투자하는 사람들이 크게 늘고 있고, 건강관련 업종이 크게 번창하고 있다. 각종 건강보조식품이 불티나게 팔리고 있으며, 황수관의 "신바람 건강법"이 몇 달째 베스트셀러를 기록하기도 했다. 신문을 비롯한 각종 대중매체는 아침저녁으로 고정 칼럼과

특집 프로그램을 마련하여 건강에 대한 각종 정보를 쉴 사이 없이 제공해 주고 있으며, 장면과 장면, 지면과 지면 사이에 대중의 건강욕구를 자극하는 광고를 쉴 사이 없이 내보내고 있다.

최근 사회체육이다 생활체육이다 하여 체육 및 스포츠 영역이 호경기를 맞고 있는 이유도 따지고 보면 건강에 대한 관심의 고조와 무관하지 않다. 이러한 추측은 얼마 전 한 정부기관에서 발표한 통계자료에 의해 뒷받침될 수 있다. 이 자료에 따르면 체육 및 스포츠활동에 규칙적으로 참여하는 사람들이 운동을 하게 된 가장 직접적인 이유는 "건강 유지 및 증진"이라고 한다(문화체육부, 1997).[28]

우리들은 모두 건강하게 살기를 바란다. 우리 가운데 건강하게 살기를 바라지 않는 이는 아마 한 사람도 없을 것이다. 이와 같은 건강에 대한 바람은 우리 시대만의 전유물은 아니다. 그것은 인류의 오랜 소망이었다. 인간사를 통틀어 어느 시대고 건강에 관심을 갖지 않았던 때는 없었다. 조선시대에 살았던 퇴계 이황 선생은 잘 알려진 유학자이다. 그러나 이황 선생이 오직 유학의 연구에만 관심을 기울였던 것은 아니다. 그 역시 건강에 각별한 관심을 갖고 있었으며, 『활인심방(活人心方)』이라는 건강 유지 및 향상을 위한 체조서[29]를 상세하게 필사한 바 있다(장기권 역, 1973). 고대 그리스의 철학자 아리스토텔레스 역시 *Politica*에서 건강의 윤리적 가치를 언급한 바 있고,[30] 고대 로마의 시인 유베나리스

---

28) 이 통계자료에 따르면 "귀하께서 운동을 하게 된 가장 직접적인 이유는 무엇입니까?"라는 질문에 응답한 사람 가운데 48.4%가 "건강유지 및 증진"이라고 답하였다고 한다.

29) 이 책자는 명나라의 朱權이 저술한 『활인심』을 퇴계가 친히 복사한 것이다. 이진수(1996), 282쪽을 참조할 것.

30) 아리스토텔레스는 이성의 완성을 최고선(summum bonum)이라고 생각했으며, 최고선에 도달한 상태를 행복(eudaimonia)이라고 하였다. 그리고 행복에 도달하기 위해서는 몇 가지 조건이 필요한데 그 첫째는 이성적 기능의 탁월성(ergon), 즉

(Juvenal)는 "건강한 신체에 건강한 정신이 깃들게 하소서(orandum est ut sit mens sana in corpore sano)"라는 유명한 말을 남기도 하였다.[31] 이와 같이 건강은 동서고금을 막론하고 인류의 보편적인 관심사에 속한다. 그러나 무엇 때문에 우리는 건강에 그토록 깊은 관심을 기울이며 살아갈까? 어떤 이유에서 건강을 위해 돈과 시간을 아낌없이 투자할까?

우리가 건강에 그토록 집착하는 이유는 무엇보다도 건강을 가치 있는 것으로 인식하고 있기 때문일 것이다. 건강은 분명 가치를 지니고 있다. 아니 하나의 가치이다. 가치란 자고로 사람의 마음과 행위를 이끄는 속성을 지니며, 사람들은 건강을 위해서라면 어떠한 행위도 서슴지 않고 하기 때문에 건강을 하나의 가치라고 말할 수 있다. 그렇다면 건강의 가치는 어디에서 비롯되는 것일까? 건강은 어떤 이유에서 우리의 관심을 사로잡으며, 우리의 행위를 유도할까? 이 물음은 매우 어리석고 쓸데없는 물음으로 여겨질 수도 있겠다. 우리들은 대부분 건강의 가치를 너무도 잘 알고 있기 때문이다. 그러나 그럼에도 불구하고 이 물음은 나름대로 의미를 갖는다.

이 글의 제목은 "철학적"이라는 수식어를 달고 있다. 칸트가 이미 천명하였듯이 철학(Philosophie)은 "철학함(Philosophieren)"이다. 그리고 "철학함"이란 무엇보다도 남들이 당연히 여기는 것, 그래서 아무도 의문을 갖지 않는 것에 대해 의문을 제기하는 태도며 행위라고 말할 수 있겠다 (Kunzmann · Burkard, 1993). 2+3이 5라는 것쯤은 삼척동자도 아는 자명한 사실이다. 그리고 어느 누구도 2+3이 왜 5냐고 묻지 않는다. 그저

덕(arete)를 발휘하는 일이고, 그 둘째는 덕을 내면적으로 발휘하는 생활에 직면하여 건강 · 미 · 명예 · 가족 · 장수 등과 같은 외면적 선을 동반하는 일이라고 하였다. 최재희(1986), 53쪽과 Meinberg(1991), 44-45쪽을 참조할 것.

31) Knoche(1950), 103-104쪽을 참조할 것.

자명한 사실로 받아들일 뿐이다. 마치 건강의 가치를 누구나 자명하게 여기듯이. 그러나 모름지기 철학하는 자라면 이와 같이 자명한 사실에 의문을 품을 줄 알아야 한다. 그것이 철학하는 자세이기 때문이다. 인류가 남긴 위대한 사상들은 대개 이와 같이 자명한 사실에 대해 의문을 품는 철학적 태도로부터 탄생하였다. 한 예로 사과나무에서 익은 사과가 떨어지는 자명한 사실에 의문을 품었던 뉴턴은 급기야 만류인력의 법칙을 발견하였다. 뉴턴이 전문적인 철학자는 아니다. 엄밀히 따지자면 그는 물리학자이다. 그러나 그가 견지했던 학문적 태도로 미루어 볼 때 그는 분명 철학자임에 틀림없다. 이 점은 어느 누구도 부인하기 어려울 것이다. 이와 같이 철학을 자명한 사실에 대해 의문을 품는 태도며 행위로 이해할 때, "철학적"이라는 수식어가 제목을 장식하고 있는 이 글에서 사람들이 모두 자명한 사실로 여기는 건강의 가치에 대해 의문을 제기하는 것은 하등 문제될 것이 없다. 그러한 질문이야말로 바로 철학함의 출발점이기 때문이다. 이제 당당한 태도로 다시 한 번 의문을 제기해 보자. 건강은 왜 가치로울까? 우리들은 왜 그토록 건강을 원하는 것일까?

팔에 정맥주사바늘을 꽂고 병원침상에 누워 신음하고 있는 환자 한 사람을 상상해 보자. 그 환자는 기력이 너무 쇠약해서 걷는 것은 고사하고 혼자 힘으로 일어나 앉을 수조차 없다. 따라서 읽고 싶은 책을 마음대로 읽을 수도 없고, 친구를 만나 즐겁게 대화를 나눌 수도 없다. 또한 그토록 즐겨하던 테니스게임을 하는 것은 더더욱 불가능하다. 이제 이 사람에게 물어 보자. "다시 건강해지고 싶지요?" 그의 대답이 "예!"일 것임은 일고의 여지도 없다. 다음 질문을 던져보자. "왜 다시 건강해지고 싶지요?"

병원 침대에서 바라본 바깥 광경은 그야말로 유혹 그 자체이다. 봄기

운이 완연한 거리거리에 노란 개나리와 연분홍 진달래가 유난히도 탐스럽게 보인다. 그리고 저 멀리 한강 한가운데로 유람선이 떠가고, 고수부지에 마련된 산책로에는 봄볕을 쬐러 나온 사람들이 이리저리 거닐거나, 운동복장을 하고 뛰기에 열중이다. 고개를 돌리니 입원실 문을 통해 방문객들의 맑고 경쾌한 웃음소리가 들려온다. 눈을 감으니 지난주에 친구들과 벌인 테니스경기에서 자신의 특기인 짧고 강한 백핸드로 승점을 따냈던 순간이 떠오른다. 왜 다시 건강해지길 바라냐고? 이 물음은 결코 진정한 의미의 물음이 될 수 없다. 왜? 묻지 않아도 그 답변은 너무나 자명하기 때문이다.

그 환자가 혼자 힘으로 일어나 앉을 수 있길 바라며, 따스한 봄 햇살을 받으며 고수부지 산책로를 거닐고 싶어 하고, 꽃향기 그윽한 벤치에 앉아 지난주에 읽던 책을 마저 읽거나 사람들과 즐겁게 담소하길 소망하고, 다시 전처럼 친구들과 어울려 테니스게임을 즐기고 싶음은 구태여 캐묻지 않아도 너무나 자명하다. 그가 다시 건강해지고 싶어 하는 이유는 바로 자신의 마음속에 품고 있는, 자신이 간절히 원하는 바를 실제로 이룰 수 있기 위해서이다. 이제 우리가 왜 건강해지고 싶어 하는지, 왜 건강을 가치롭게 여기는지 그 이유가 분명해졌으리라고 생각한다. 그러나 만에 하나 아직 그 이유가 명확하게 이해되지 않은 독자가 있을지도 모른다는 노파심에서 보다 일반화시켜 다시 한 번 설명하겠다.

우리는 모두 성취하고 싶은 목표를 갖고 살아간다. 어떤 사람은 예술가로서 아름다운 예술품을 창작하고 싶어 할 수도 있겠고, 운동선수로서 세계신기록을 수립하고 싶은 욕구를 가질 수도 있겠으며, 소설가로서 도스트옙스키처럼 불후의 명작을 쓰고 싶어 할 수도 있을 것이다. 또 혹자는 정치가로서 자신의 정치적 야망을 실현하고 싶어 할 수도 있겠고, 학자로서 훌륭한 연구업적을 많이 남기는 꿈을 가질 수도 있을 것이다. 그리고 이 목표들을 이루기 위해서 온갖 열정을 기울일 것이다. 작업실에서 침식을 잊고 그림 그리기에 몰두하거나, 육체적 고통으로 쉬고 싶은 마음 간절하지만 묵묵히 인내하며 트랙을 달리거나, 또는 밤을 꼬박 새우며 습작 연습에 몰두할 것이다. 그러나 마음속에 이루고 싶은 목표가 가득하지만 아무런 노력도 기울일 수 없는 상황에 처할 수가 있다. 건강을 상실했을 때가 바로 그러한 경우이다. 우리가 건강에 집착하고, 건강을 가치 있게 여기는 이유는 바로 여기에 있다. 건강은 마음속에 품고 있는 우리의 자주적인 목표를 실현할 수 있기 위한 전제이며 조건이기 때문이다.

이제 이 글의 서두에서 던진 물음은 완벽하게 대답되었다. 우리가 건강을 바라는 이유에 대한 그 이상의 답변은 불필요하다. 따라서 지금이라도 이 글을 끝마칠 수도 있다. 그러나 여기서 이 글을 끝마친다면 이 글을 읽는 독자들은 아마 "뭐 이렇게 싱거운 글이 다 있어?", 또는 "이거 독자를 우롱하는 거 아냐?" 하면서 실망을 금치 못할 것이다. 독자들에게 실망을 주지 않기 위해서도, 또 "철학적 소고(哲學的 小考)"라는 제목의 위광(威光)을 손상시키지 않기 위해서라도 얼마간의 그럴듯한 설명을 덧붙일 필요가 있다. 그러나 분명히 말하지만 이하의 논의는 "우리는 우리의 바람을 실현할 수 있기 위해서 건강해지고 싶어 한다."는 명제에 대한 부연설명에 지나지 않는다.

2. "인간적인 삶"의 의미

앞장에서 "우리"라는 말이 지칭하는 대상을 분명하게 규정하지 않은 채 그 말을 빈번하게 사용하였다. 앞으로도 이 단어를 사용할 것이기 때문에 그 지칭 대상을 분명하게 규정해 줄 필요가 있다. 분명하게 규정되지 않은 언어의 사용은 오해를 불러일으킬 수도 있기 때문이다. 이 글에서 "우리"는 필자와 이 글을 읽는 독자만을 지칭하지 않는다. 그것은 다른 류(類)의 동물과 구별되는 존재로서의 인간을 포괄적으로 지칭한다. 그렇다면 인간을 다른 동물들로부터 구별할 수 있는 기준은 무엇일까?

현대의 철학적 인간학에 따르면 인간은 다른 동물들처럼 단지 살아갈 뿐만 아니라 다른 동물들과는 달리 삶을 자주적(自主的)으로 영위하는 존재이다.[32] 그저 살아가는 것과 삶을 영위하는 것은 큰 차이가 있다. 전자는 수동적으로 이끌려 가는 삶이고, 후자는 능동적으로 이끌고 가는 삶이다. 인간을 제외하고 어떤 동물도 능동적으로 삶을 이끌고 가지 못한다. 그저 삶에 수동적으로 이끌려 갈 뿐이다. "동물들은 그들의 삶 속에서 다만 종에 따라 미리 작곡되어 있는 행동의 멜로디를 연주할 따름이다"(미카엘 란트만, 1993, 221). 배고프면 먹이를 찾아 헤매고, 졸리면 자고, 번식기가 되면 짝짓기에 여념이 없다. 이렇게 동물들은 자연적인 본능이 명령하는 대로 살아갈 뿐이다. 인간의 삶에도 이런 면이 없는 것은 아니다. 하지만 동물들과 달리 삶을 자신의 의도에 따라서 능동적으로 이끌고 가는 면도 있다. 예컨대 무조건적으로 자신의 생리적 욕구에 대하여 수동적으로 반응하면서 사는 것이 아니라, 스스로 생각하고, 판단한 후에, 그에 따라서 자주적으로 행위하는 면도 있다. 따라서 본능의 명령에 위배되는 행위를 할 때도 종종 있다.

---

32) 이러한 맥락에서 철학적 인간학자 겔렌은 다음과 같이 말하였다. "die Natur hat den Menschen im Gegensatz zum Tier so eingerichtet, daß er sich selbst am Leben erhalten muß"(Schulz, 1976, 443). 이 말을 국문으로 번역하면 다음과 같다 : "자연은 인간으로 하여금 동물과는 달리 자신의 삶을 자기 스스로 영위해 나가야만 하도록 만들어 놓았다."

인간이 삶을 능동적으로 영위할 수 있음은 동시에 그가 자유로움을 의미한다. "인간이 자유롭다는 것은 두 가지 의미에서이다. 그것은 '무엇으로부터–즉 자연적 본능에 의한 조종으로부터–자유'라는 의미에서, 그리고 '무엇에로의–즉 창조적인 자기규정에로의–자유'라는 의미에서이다"(미카엘 란트만, 1993, 219).

쉘러(Scheler)는 본능의 조정으로부터 자유롭다는 의미에서 인간을 "아니라고 말할 수 있는 자(Nein-sagen-könner)"라고 표현하였다(1991, 55). 인간은 분명 본능의 요구를 거절할 수 있다. 자신의 뜻을 관철시키기 위해서 단식투쟁을 하는 사람의 예는 수없이 많다. 그러나 굶주린 동물 가운데 음식물을 눈앞에 두고 단식할 수 있는 동물은 이 세상에 존재하지 않는다.

창조적인 자기규정의 자유는 인류의 역사에서뿐만 아니라 개인의 삶에서도 명백하게 확인할 수 있다. 인류의 역사를 연구해 보면 매우 다양한 문명이 존재하고 있음을 알 수 있는데 이가 곧 창조적인 자기규정의 자유를 증명하는 징표이다. 개인의 삶을 살펴보아도 어떤 모습으로 살아갈 것인가는 늘 당사자 스스로가 결정하고 있음을 확인할 수 있다. 자신의 결단에 따라 학자로서 살아갈 수도 있고, 정치가로서 살아갈 수도 있으며, 예술가나 운동선수로서 살아갈 수도 있다. 이렇게 우리는 우리의 모습을 스스로 규정할 수 있는 자유를 가지고 있다.

이상에서 살펴보았듯이 "삶을 영위할 수 있다."는 말은 매우 심원하고 중요한 의미를 내포하고 있다. 삶을 영위할 수 있는 능력이야말로 인간을 다른 동물로부터 구별해 주는 특징인 것이다. 삶을 영위하는 능력, 즉 본능에 이끌리지 않고, 자신의 의지에 따라 자유롭게 살아갈 수 있는 능력은 분명 인간의 특권이며 조건이 아닐 수 없다. 따라서 우리는 단순히 살아가기보다는, 즉 수동적으로 이끌리며 살아가기보다는, 삶을 영위하기를, 즉 스스로 이끌어 가면서 살아가기를 원한다. 그리고 그와 같은 삶을 가치있는 삶이라고 생각한다. 그렇기 때문에 우리는 자신이 어디서 와서 어디로 가는지, 삶이란 무엇이고, 산다는 것이 무엇을 뜻하는지 분명하게 알지 못하지만, 자기의식이 아직 충분하게 발달되지 못한 어린 시절부터 끊임없이 자주적으로 살아가도록 요청 받으며 성장한다.

3. "인간적인 삶"의 전제조건

우리가 자주적으로 살아갈 수 있으려면, 즉 자신의 의지와 뜻에 따라 살아갈 수 있으려면 수없이 많은 조건들이 갖추어져야만 한다. 이 조건들이 구비되지 않으면 자주적으로 살아갈 수가 없다. 이 조건들 가운데 가장 우선적으로 요구되는 것은 삶의 소여성(所與性)이다. 쉽게 말해서 생명(生命)이 주어져야 한다. 생명이 없다면 우리는 아무 것도 아니며, 아무 것도 소유할 수 없다.

다음으로 구비되어야 할 조건은 성숙(成熟)이다. 인간은 단지 태어나는 것(생명의 소여)만으로 충분하지 않다. 삶을 자주적으로 이끌고 가기 위해서는 신체적으로 뿐만 아니라 정신적으로도 성숙해야만 한다. 신체적·정신적으로 아직 미숙한 어린이나 청소년으로부터 능동적이고 자주적인 삶을 기대하기는 매우 어렵다. 따라서 우리는 이들을 성숙한 인간으로 키우기 위해 개인적으로 뿐만 아니라 제도적으로도 많은 노력을 기울인다. 이러한 노력을 양육(養育)과 교육(敎育)이라고 부른다. 양육이 신체적 성숙을 돕기 위한 노력이라면, 교육은 정신적 성숙을 돕기 위한 노력으로 이해할 수 있겠다. 어린이와 청소년은 양육과 교육을 통하여 신체가 정상적으로 성장하는 데 필요한 각종 영양분을 공급받고, 살아가는 데 필요한 각종 규범과 관습, 언어, 지식 등을 전수 받으며, 스스로 생각하고 판단할 수 있는 분별력을 기른다.

생명의 소여(태어남)와 성숙은 인간이 갖추어야 할 가장 기본적인 조건이다. 우리가 누군가를 인간이라고 부를 수 있다면 그는 최소한 이 두 가지 조건을 갖추고 있어야 한다. 우리의 건강 논의는 이미 이 두 가지 조건을 구비하고 있는 인간을 대상으로 하기 때문에 앞으로 이 두 가지 조건에 대해서는 더 이상 언급하지 않기로 한다. 이 두 가지 기본 조건 이외에도 자주적으로 살 수 있기 위하여 요구되는 조건은 수없이 많다. 이 조건들을 체계적으로 정리하면 물리적·사회적·심리적 조건 세 가지로 표현할 수 있다.

우리는 숨을 쉬는 데 지장이 없을 정도로 산소가 적당히 포함된 대기를 필요로 하고, 얼어 죽거나 타 죽지 않을 정도의 적당한 외부온도를 필요로 한다. 또한 신체를 정상적으로 움직일 수 있기 위해서 적당한 중력상태를 필요로 한다. 이것들 이외에도 우리의 삶에 직접·간접으로 영향을 미치는 물리적 요인들은 수없이 많다. 원활한 신진대사, 적절한 호르몬 분비, 적당량의 비타민 및 무기질 공급, 충분한 영양 섭취, 면역체계의 원활한 활동 등과 같은 물리(생리)적 요인들은 우리가 자주적으로 살아가기 위해서 필수적으로 요구되는 조건이다.

한편 우리는 우리가 바라는 삶의 목표를 타인과의 상호작용을 통해서만 발견할 수 있고, 성취할 수 있다. 따라서 타인과 원만하게 상호작용할 필요가 있다. 타인과 원만하게 상호작용하기 위해서는 무엇보다도 남을 이해시킬 수 있어야 하고, 남을 이해할 수 있어야 한다. 그리고 이를 위하여 사회적으로 통용되고 있는 언어와 각종 기호들에 익숙해질 필요가 있다. 이와 같이 우리는 사회적 조건에도 밀접하게 얽매여 있다. 사회적 조건은 한 순간이라도 미흡할 경우 생존에 치명적인 손상을 줄 수 있는 물리적 조건과는 달리 장기간의 삶의 연관 속에서만 의미를 갖는다. 로

빈슨 크루소처럼 일정 기간 동안 사회적 조건을 무시한 채 외딴 섬에서 혼자 살아갈 수 있는 사람도 있다. 그러나 일정 기간 동안만이다. 우리가 인간적인 삶을 바라는 한, 다시 말해 삶의 목표를 스스로 설정하고, 그것을 스스로의 힘으로 성취하려고 노력하면서 살기를 바라는 한 사회적 조건을 결코 무시할 수 없다.

삶을 자주적으로 영위할 수 있기 위해서는 앞서 말한 물리적 및 사회적 조건 말고도 고려해야만 할 다른 요인들이 있다. 그것은 심리적 조건이란 말로 포괄할 수 있는 요인들이다. 우리가 어떤 일이든 실제로 수행할 수 있기 위해서는 지속적인 주의력과 기억력, 그리고 감성 및 지성 능력 등과 같은 심리적 조건을 필수적으로 갖추고 있어야 한다. 그 외에도 타인의 관심과 사랑, 자신을 인격체로서 인정해 주는 타인의 태도, 가족, 친구 또는 동료들과의 감정적 교류, 자신감 등은 삶을 영위하는 데 매우 중요한 요인들이다. 예컨대 우리는 최소한의 정도라도 자신감을 갖고 있어야만 능동적으로 삶을 꾸려나갈 수 있다. 자신감이 전혀 없다면 우리는 스스로 설정한 목표를 성취하기 위하여 아무런 노력도, 아무런 시도도 할 수 없을 것이다.

이상 세 가지 요인들은 우리가 능동적으로 살아가기 위해서 반드시 갖추어져야 할 조건들 가운데 몇 가지 예이다. 이 조건들이 갖추어져 있지 않고서는 자신의 뜻대로 살아가는 일이 불가능하거니와 가능하더라도 매우 어렵다. 따라서 우리는 이 조건들이 적절하게 갖추어질 수 있도록 매 순간 주의를 기울이며 살아간다.

지금까지 자주적인 삶의 영위에 요구되는 조건을 체계적으로 이해하기 위하여 물리적·사회적·심리적 조건 세 부류로 나누어 설명해 보았다. 그러나 여전히 산만한 느낌을 준다. 이 조건들을 보다 단순화시켜 정리할 수는 없을까? 다행스럽게도 이 조건들을 총괄적으로 묶어주는 하나의 개념이 존재한다. 다시 말해 물리적·사회적·심리적 조건이 삶을 영위하는 데 어려움이 없을 정도로 잘 갖추어진 상태를 지칭하는 용어가 존재한다. 그것은 바로 건강이다.[33] 건강이란 바로 인간이 자주적이고, 주체적으로 살아가기 위하여 필수적으로 구비되어야 할 조건이며 전제인 것이다.

지금까지 "인간적인 삶"의 전제조건으로서 건강의 의미를 서술하였다. 그 내용을 간략하게 요약하면 다음과 같다. 인간은 살아 있는 존재이다. 즉 우리의 존재는 살아 있음으로써 가능하다. 그런 까닭에 '삶' 또는 '살아 있음'은 인간적 현존(現存, Dasein)의 필수 조건이 된다. 그러나 살아 있을지라도 건강하지 못하면 우리의 삶은 아무런 의미를 갖지 못한다. 삶이 의미를 갖기 위해서는, 즉 스스로 삶의 목표를 선택하고, 스스로의 힘으로 그것을 성취하려고 노력하면서 삶을 의미 있게 만들기 위해서는 반드시 건강이 전제되어야만 한다. 그런 의미에서 건강은 자주적인 삶을 위한, 자주적인 현존을 위한 필수 조건이며, 전제라고 말할 수 있다. 건강한 사람만이 자신이 바라는 바를 실제로 수행할 수 있고, 성취할 수 있다. 건강한 사람만이 자신의 의도와 계획을 자주적으로 실현시킬 수 있다. 그리고 건강한 사람만이 자신이 성취한 바를 누릴 수 있다. 건강할 때라야 비로소 우리의 삶은 주관적으로 뿐만 아니라 객관적으로도 가치로울 수 있다. 이 점을 쇼펜하우어는 다음과 같이 말하였다. "건강이 전부는 아니다. 그러나 건강하지 못하면 모든 것이 무의미하다."

---

33) 세계보건기구(WHO)는 1946년 보건대헌장에서 건강을 다음과 같이 정의하고 있다. "건강이란 신체적, 정신적 및 사회적으로 완전히 양호한 상태에 있고, 단순히 질병이나 이상이 없다고 하는 것만이 아니다"(박순영, 1986, 19). 이 정의에서 확인할 수 있듯이 신체적(물리·생리적) 측면뿐만 아니라 심리적 및 사회적 측면도 건강을 구성하는 매우 중요한 요인인 것이다.

4. "인간적인 삶"의 이율배반성

지금까지 철학적 인간학의 논변을 빌어 "인간적인 삶"이란 자신의 뜻과 의지에 따라 자주적으로 영위하는 삶이라고 설명하였다. 그리고 이렇게 살 수 있기 위하여 구비되어야만 할 중요한 전제조건이 바로 건강이라는 점을 강조하였다. 이 말을 보다 쉽게 표현하자면 인간은 누구나 자기 삶의 주인이 될 수 있고, 되어야만 하며, 그럴 수 있기 위해서는 건강해야만 한다는 뜻이다.

여기서 한 가지 의문이 떠오를 수 있다. 누가 우리의 건강을 돌보아 주어야 하는가? 건강을 유지하고, 상실하는 것은 누구의 책임일까? 사회와 제도와 과학기술이 우리 건강의 관리 책임을 맡고 있다고 생각할 수도 있다. 실제로 주변을 돌아보면 건강을 담당 의사나 병원, 또는 각종 건강 관련 업체에 위임하는 경향이 급격하게 늘고 있는 현상을 목격할 수 있다. 그러나 건강에 대한 궁극적인 책임은 당사자인 개인에게로 돌아간다. 나의 건강은 내 스스로가 지켜야 한다. 그리고 지킬 수 있다. 우리는 자주적인 존재이기 때문이다.

또다시 의문점이 한 가지 있다. 건강이 우리의 삶에 그토록 중요한 의미를 갖는다면, 그리고 건강에 대한 책임이 우리 자신에게 부과되어 있다면, 우리는 왜 건강유지에 필요한 모든 조처를 취함으로써 건강의 문제를 단숨에 매듭짓지 못하는 것일까? 왜 우리는 평생 동안 건강에 신경을 쓰며 살아야만 할까?

거기에는 여러 가지 이유가 있을 수 있겠다. 건강을 지속적으로 유지하는 데 필요한 우리의 지식이 미흡하기 때문일 수도 있겠고, 그것을 알고 있을지라도 늘 염두에 두고 살아가지 못하는 우리의 복잡다단한 현실 때문일 수도 있겠다. 또한 우리가 알고 있는 건강관련 지식에 대한 믿음과 신뢰가 부족해서 선뜻 행동으로 옮기지 못하기 때문일 수도 있겠다. 그러나 그렇게 할 수 없는 보다 근원적인 이유가 있다. 그것은 우리의 자주적인 삶이 갖는 이율배반적(二律背反的) 성격과 밀접한 관련이 있다.

완전히 절망했거나 자포자기한 사람과 같이 예외적인 경우를 제외하고 우리는 모두 최소한 하나 이상의 목표, 모든 정력을 기울여서라도 성취하기를 원하는 하나 이상의 목표를 갖고 살아간다. 그리고 그 목표는 우리가 살아갈 만한 이유이기도 한 것이다. 독자들도 한번 생각해 보라. 자신이 지금 어떤 목표를 갖고 살고 있는지. 만일 뚜렷한 목표가 생각나지 않는다면 자신의 생명이 앞으로 6개월밖에 남지 않았다고 가정하고 다시 한 번 생각해 보라. 그러면 자신이 지금까지 무엇 때문에 살아왔는지, 그리고 앞으로 남은 6개월을 무엇을 위해 살 것인지 비교적 명확하게 떠오를 것이다. 그 목표는 세계육상경기대회에 나가 신기록을 세우는 것일 수도 있고, 히말라야 정상을 정복하는 것일 수도 있으며, 좋은 논문과 학술서적을 쓰는 것일 수도 있다. 그것도 아니면 남을 위해 희생하고 봉사하는 것일 수도 있다. 아무튼 우리는 모두 최소한 하나 이상의 목표를 갖고 살아간다. 그리고 이 목표를 이루기 위하여 많은 노력을 기울인다. 자신이 이루고자 하는 목표가 올림픽경기에 참가하여 새로운 기록을 세우는 것일 경우 불철주야 운동연습에 몰두할 것이고, 히말라야 정상을 정복하는 것일 경우 땀을 흘리고 고생을 하면서 산을 오를 것이며, 좋은 논문과 학술서적을 쓰는 것일 경우 모든 것을 잊어버리고 독서와 연구에 전념할 것이다. 이렇게 우리는 삶의 목표를 달성하려고 주야로 분투노력하면서 살아간다. 이렇게 사는 것이 바로 자주적인 삶이며, 인간적인 삶이다.

인간적으로 산다는 것은 동물처럼 본능적인 욕구에 수동적으로 반응하면서 단순히 생명을 연장하는 것이 아니다. 그것은 스스로 목표를 세우고, 그 목표를 이루기 위하여 불철주야로 노력하면서 자주적으로 사는 것을 말한다. 이렇게 살기 위해서는 반드시 건강이란 조건이 구비되어야만 한다. 병원침대에 누워있는 환자처럼 건강하지 못한 사람은 자신의 바람, 자신의 삶의 목표를 가질 수는 있겠지만, 그것을 달성하기 위하여 어떠한 노력도 기울일 수 없다. 건강하지 못하면 불철주야 운동연습에 몰두할 수도 없고, 땀을 흘리고 고생을 하면서 산을 오를 수도 없으며, 모든 것을 잊어버리고 독서와 연구에 전념할 수도 없다. 자신이 하고 싶은 일을 하면서—즉 자주적으로—살 수 있기 위해서는 건강이란 조건이 필수적으로 갖추어져야만 한다. 이렇게 자주적인 삶은 늘 건강을 조건으로 요구한다. 그러나 요구하는 것으로 그치지 않는다. 역설적이게도 자신의 가능조건인 건강을 위협하고 해치기도 한다.

오랜 시간 동안 모니터를 들여다보며 새로운 프로그램을 구상한다든가, 억지로 잠을 줄이며 악보를 구상한다든가, 극심한 신체적 고통을 인내하며 산악구보를 한다든가, 무더운 여름날 더위를 참아가며 글을 쓴다든가 하는 등의 행위는 결코 본능에 따른 수동적 행동이 아니다. 그렇다고 무의식적 행동도 아니다. 그것은 우리의 능동적이고 의식적인 행위이다. 그것은 바로 우리가 스스로 설정한 목표를 성취하기 위하여 수행하는 자주적인 행위이며, 우리의 일상적인 삶의 과정이다. 이렇게 자주적인 행위로 인하여 자신의 눈이 피로해지고 어깨와 허리근육이 뻣뻣해지며, 온 몸에 피로가 누적되고 스트레스가 쌓인다. 그리고 그로 인하여 결국에는 건강을 상실한다. 이렇게 자주적인 삶은 건강을 조건으로 요구하지만 동시에 그것을 위협하고 해치기도 한다. 이렇게 우리의 자주적인 삶은 이율배반적 성격을 갖는다.

이율배반성은 인간의 삶이면 어디에서나 찾아 볼 수 있다. 인류의 집단적인 삶의 방식에서뿐만 아니라 개인의 라이프스타일(lifestyle)에서도 찾아 볼 수 있고, 알코올중독자나 마약상습복용자 같이 예외적인 삶의 경우에서뿐만 아니라 자신이 하는 일에 애착을 갖고 성실하게 살아가는 보통사람들의 평범한 삶에서도 찾아 볼 수 있다. 학자, 교사, 예술가, 운동선수, 배우, 정치가, 등산가, 어느 경우에서든 자신이 선택한 일에 몰두하고, 그것을 이루기 위해 노력을 기울일 때, 다시 말해 힘써 삶을 자주적으로 영위하려고 노력할 때 우리는 우리에게 주어진 조건, 이렇게 살 수 있기 위해서 필수적으로 요구되는 조건의 한계를 넘어선다. 다시 말해 건강을 상실한다.

이러한 의미에서 우리의 자주적인 삶은 우리 자신에 대한 영원한 도전이며 위협이라고 말할 수 있다. 그것이 연구 활동을 목표로 하든, 예술활동을 목표로 하든, 아니면 스포츠활동을 목표로 하든지를 불문하고 우리의 자주적 삶은 삶의 주체인 우리 자신에 대한 도전이며 위협이다. 건강이 우리의 삶에 그토록 큰 의미를 갖고 있음에도, 그리고 건강에 대한 책임이 우리 자신에게 부과되어 있음에도, 우리가 건강 문제를 단숨에 매듭짓지 못하고 평생 동안 그 문제로 고민하면서 살아야만 하는 이유가 바로 여기에 있다.

희랍신화에 나오는 이카로스의 운명은 이와 같은 우리들의 삶이 갖는 이율배반적 성격을 잘 묘사해 주고 있다. 이카로스는 희랍의 건축가인 다이달로스의 아들이다. 다이달로스는 크레타의 왕 미노스의 명령을 받고 크레타섬에 미로의 궁전을 만들기 시작한다. 각고의 노력 끝에 미로의 궁전이 완성되지만 어이없게도 다이달로스와 그의 아들 이카로스는 미노스왕에 의해 그 섬에 갇히게 된다. 미노스왕이 그 궁전의 비밀이 밖으로 새나갈 것을 염려했기 때문이다. 미노스왕에게 배신감을 느낀 다이달로스는 탈출을 계획하고, 결국 그 방도를 찾아낸다. 밀랍으로 날개를 만들어서 그 섬을 탈출하는 것이다. 완성된 밀납 날개에 몸을 의지하여 부자는 시칠리아를 향해 날아오른다. 그 때 예기치 않은 일이 벌어진다. 하늘을 날 수 있게 된 이카로스가 시칠리아로 향하는 대신 아름답게 빛나는 태양을 향해 날아오르기 시작했던 것이다. 다이달로스의 거듭된 경고에도 불구하고 근원에 대한 호기심을 억제할 수 없어서 이카로스는 날개짓을 멈추지 않는다. 이카로스가 태양 가까이에 이르게 되자 뜨거운 열이 밀랍의 날개를 녹여버린다. 날개를 잃은 이카로스는 결국 지중해로 추락하여 목숨을 잃게 된다.

근원에 대한 열정을 억제할 수 없어 태양을 향해 비상하는 이카로스와 같이 우리는 모두 자주적으로 설정한 인생의 목표에 도달하기 위하여 분투노력한다. 이카로스가 밀랍으로 만든 날개에 의지하여 태양을 향해 날아갔듯이 우리는 건강이란 날개에 의지하여 인생의 목표를 향해 날아간다. 그리고 태양에 도달하고자 하는 이카로스의 비행이 자신의 전제조건인 밀랍날개를 파괴하였듯이, 자주적으로 설정한 목표에 도달하고자 분투노력하는 우리의 인생은 자신의 전제조건인 건강을 파괴하는 것이다. 이렇게 우리들의 자주적인 삶은 이율배반적 성격을 지닌다.

5. 어떻게 살아야만 하는가?

자주적인 삶의 이율배반적 성격에 직면하여 과연 우리는 어떤 태도를 견지하며 살아야 할 것인가? 건강하게 살기 위해서 자주적인 삶을 포기하고, 무위무욕하며 삶에 우리 자신을 내맡겨 버릴 것인가? 우리 주변에는 건강과 장수를 강조하며, 금욕적 삶을 권장하는 이들이 적지 않다. 욕심을 버려라! 현재 주어진 상태에 만족하며 살아라! 노자(老子)의 가르침인 지지

(知止)와 지족(知足)을 애써 실천하며 사는 이들이 적지 않다. 지지란 머무를 줄을 알라는 뜻이요, 지족이란 만족할 줄을 알라는 뜻이다. 이렇게 살면 분명 건강하게 살아갈 수 있다. 장수무병하며 오래오래 살 수 있다. 그러나 건강하게 오래오래 살기 위해서 우리의 자주적인 목표, 우리의 인간적인 욕구를 모두 포기하는 것이 과연 바람직한 삶의 태도일까?

금욕주의의 가치가 전적으로 부정되어서는 안 될 것이다. 그러나 욕구가 없는 삶, 무엇인가를 이루고자 하는 바람이 없는 삶을 과연 삶이라고 부를 수가 있을까? 욕구와 바람은 발전의 원동력이다. 이 욕구와 바람이 없으면 발전이 없고 진보가 없다. 욕구와 바람이 없는 인간은 침체하고 퇴보한다. 산다는 것이 무엇인가. 자신의 목표를 세우고 그것을 달성하려고 주야로 분투노력하는 것이다. 목표가 없는 인생은 죽은 인생이다. 그것은 취생몽사(醉生夢死)요, 부허소일(浮虛消日)이다. 개인에게는 개인의 목표가 있고, 단체에는 단체의 목표가 있다. 산다는 것은 자기의 목표를 세우고, 그것을 달성하려고 노력하는 것이다.

그러면 건강을 삶의 목표로 삼으면 어떨까? 건강해지고 싶어 하는 것도 분명 하나의 욕구요 바람임에는 틀림없다. 따라서 건강 자체를 삶의 목표로 삼고 살아간다면 아무런 문제없이 순탄하게 살아갈 수 있지 아니한가?

건강은 삶의 자족적인 목표가 될 수 없다. 건강은 삶의 자족적인 목표를 이루기 위한 조건일 뿐이다. 예외적인 경우가 없지는 않다. 두 가지 예외적인 상황을 생각해 볼 수 있다. 첫 번째는 의사, 간호사, 운동처방사, 또는 보건복지부장관 등과 같이 건강을 직업적 목적으로 삼고 살아가는 사람의 경우이다. 이 사람들은 직업적인 특성으로 인하여 건강을 삶의 독자적인 목표로 삼고 살아갈 수 있다. 그러나 이들이 목표로 삼고 있는 건강은 자신의 건강이 아니라 타인의 건강이다. 타인의 건강을 지켜 주고, 회복시켜 주면서 이들은 삶의 의미를 찾고, 보람을 느낀다. 두 번째는 건강을 상실한 사람의 경우이다. 건강을 상실했을 때 가장 시급한 삶의 과제는 건강을 다시 회복하는 일이다. 따라서 이 순간만큼은 건강이 삶의 목표가 될 수 있다. 이 두 가지 경우를 제외하고 건강은 삶의 자족적인 목표가 될 수 없다.

건강이 삶의 독자적인 목표가 될 수 없는 이유는 무엇보다도 건강이 목적적 가치를 갖지 못하기 때문이다. 누군가 건강 자체를 삶의 독립적인 목표로 삼고, 그것을 이루기 위해 노력하는 사람이 있다면 그는 분명 참된 의미에서 인간적인 삶을 살아간다고 말하기 어렵다. 인간적인 삶이란 자신이 주체가 되는 삶이다. 여기서 자신이란 자신의 의도와 의지를 말한다. 건강을 목표로 하는 삶에서 자신은 객체로 하락한다. 건강이 목적이 되고 자신은 그 목적을 이루기 위한 수단이 될 뿐이다. 그럼에도 불구하고 누군가 자신의 삶의 목표가 오직 건강을 유지하는 데 있다고 말하는 자가 있다면, 그 사람과 건강의 관계는 미인대회에서 당선한 미인과 미의 관계에 비유할 수 있다. 미인대회에 입상한 미인들은 종종 자신의 삶의 목표가 오직 아름다움을 계속 유지하는 것이라고 말하곤 한다. 그와 동일하게 건강만을 추구하는 사람은 건강 이외에는 아무런 관심이 없다고 말한다. 이런 경우에 건강은 인생의 주요 관심사가 되며, 삶의 모토가 된다. 그럼에도 불구하고 그렇게 말하는 사람은 자기 스스로를 단순한 대상으로 격하시키는 것이다. 그는 90세의 노인이 100세까지 사는 것을 삶의 목표로 설정하는 것과 동일한 상황에 놓이게 된다. 단지 건강하게 사는 것, 단지 100세까지 사는 것이 목표인 삶을 과연 인간적인 삶이라고 말할 수 있을까?

『돈의 철학(*Philosophie des Geldes*)』(1900)의 저자로 잘 알려진 짐멜(G. Simmel)은 우리의 삶을 두 면으로 분석한다. "우리 삶에는 다른 생물과 마찬가지로 보다 더 많은 삶(more-life)을 위해서 본능적·충동적으로 노력하는 면이 있다. 이것은 자기 개인의 삶을 보다 더 오래 지속시키려는 노력에서뿐만 아니라 종족번식이라는 형태에서도 나타난다. 그러나 또 한편 우리는 다른 생물들과는 달리 인간에게만 독특한 이성을 가지고 있어서 단순한 삶 이상의 것(more than life)을 창조해 가는 면도 가지고 있다"(한전숙·손동현·이정호, 1987, 3). 삶의 가치와 의미는 단순히 삶을 보다 오래 지속시키는 데 있다기보다는 삶 이상의 것을 이루어 가는 가운데 발견될 수 있다. 이렇게 볼 때 90세를 100세로 연장하는 것이 목표인 삶은 본능적이고 충동적인 삶일 뿐이지, 의미 있고 가치로운 삶은 아닌 것이다.

다시 말하지만 건강은 결코 삶의 목표가 될 수 없다. 그것은 우리의 삶을 의미 있게 만들어 주는 목표를 이루기 위해 필수적으로 요구되는 조건일 뿐이다. 인생은 끊임없는 도전과 응전의 연속이다. 자주적으로 자신의 삶에 목표를 설정하고 과제를 부과하면서, 스스로 자신에게 도전하고 타인으로부터 도전받도록 하면서, 또는 단순히 자신에게 부과된 의무를 묵묵히 수행하면서 살아간다. 인간답게 살아간다는 것은 바로 이런 것이다. 지루한 감이 있지만 강조하는 의미에서 한 번 더 말하면 건강이란 오직 하나의 조건일 뿐이다. 조금 고상하게 말하면 인생을 아름답게 펼쳐나가기 위한 조건일 뿐이다. 총천연색의 아름다운 그림을 그리기 위해서는 무엇보다도 하얀 백지와 물감이 갖춰져야 하듯 우리의 인생도 의미 있기 위해서는 그 바탕이 되는 건강이 갖춰져야 한다. 그리고 미술에서 백지나 물감은 아름다운 그림을 창작해 내기 위한 조건일 뿐이지 그 자체가 목적일 수 없듯이, 건강은 우리의 인생을 의미 있는 것으로 만드는 하나의 필수적 조건일 뿐이지 그 자체가 독립적인 삶의 목적이 될 수는 없다.

참고문헌

국내서

강준호(2001). 체육학의 미래는 있는가? 『서울대학교 사범대학부설 체육연구소보』. Vol. 44, 1-7.

고광헌(1988). 『스포츠와 정치』. 푸른나무.

고기채 외(2000). 『스포츠를 생각한다』. 도서출판 홍경.

곽형기 외(1994). 『한국체육사』. 지식산업사.

교수신문(2004년 10월 11일). 논문생산 强勸 시대 … 'Publish or Perish': 전국 146개 4년제 대학 교원인사·업적평가 규정분석.

권오찬(1989). 제95차 IOC총회: 철저한 반도핑 활동 결의. 『월간 체육』, Vol. 255, No. 1, 32-22.

김건열(1992). 92바르셀로나 올림픽③ 도핑: 승리를 추구하는 선수들의 금지된 '유혹'. 『월간 체육』, Vol. 282, No.1, 20-25.

김건열(1996). 아틀란타올림픽 도핑문제: 새로운 도전, 「도핑」과의 전쟁은 안전한가? 『월간 체육』, Vol. 316, No. 1, 26-31.

김건열(1999). 세계도핑금지 국제정상회의 세계 「도핑」 금지 국제기구(WADA)발족의 의의. 『월간 체육』, Vol. 330, No. 1, 50-57.

김건열(2002). 도핑문제로 얼룩진 동계올림픽. 『월간 체육』, Vol. 338, No. 1, pp. 36-38.

김기웅(1995). 한국체육학 발전을 위한 제언. 『체육학회보』, 제63호, pp. 1-3.

김기호(1988). 의학자들이 보는 약물부작용: 스포츠인, 반도핑의지가 우선

돼야. 『월간 체육』, Vol. 242, No. 1, 30-35.
김덕영(2001). 『주체 · 의미 · 문화: 문화의 철학과 사회학』. 나남출판.
김동규(2002). 체육학에 있어서 인문학 연구의 자생적 패러다임. 『움직임의 철학 : 한국체육철학회지』, 제10권 2호, 261-278.
김복희(2004). 『고대 올림픽의 세계』. 살림.
김상용 편(1994). 『스포츠 철학과 윤리학』. 금광.
김성규(1988). IOC의 향후 도핑대책: 도핑으로 인한 올림픽정신 위기론에 강력대처. 『월간 체육』, Vol. 242, No. 1, 42-45.
김성도(2003). 『하이퍼미디어 시대의 인문학』. 생각의 나무.
김영환(1998). 체육학에서 철학분야의 중요성이 퇴색되고 있는 이 시대에 즈음하여. 『체육학회보』, 제72호, 2-4.
김정명(1989). 체육학과 과학주의. 미간행 발표문: 한국체육사 · 체육철학독서회.
김정명(1995). 진정한 체육학과 그 방법론. 『체육학회보』, 제62호, 9-11.
김정명(1997). 체육학의 정체성과 그 방법론에 관한 초방법론적인 고찰. 『한국체육학회지』, 제36권, 제4호, 38-56.
김종엽(1998). 쿠베르탱 남작의 현대 올림픽 창설, 이동연 외. 『스포츠, 어떻게 읽을 것인가』. 삼인.
나현성(1985). 『한국체육사연구』. 교학연구사.
남수영(1988). 국제스포츠계의 도핑규제: 「비열한 속임수」로 추방위기에 직면. 『월간 체육』, Vol. 239, No. 1, 108-109.
노르베르트 엘리아스(박미애 역, 1996). 『문명화과정 I』. 한길사.
노르베르트 엘리아스(박미애 역, 1999). 『문명화과정 II』. 한길사.
동아일보(2002년 11월 28일자 기사). 우리시대의 인문학자 김우창.
레이몽 토마(이규식 역, 2000). 『스포츠의 역사』. 한길사.
로버트 부르베이커(나재민 역, 1985). 『합리성의 한계』. 법문사.
로버트 L. 시몬(여인성, 함정혜 공역, 1995). 『스포츠와 사회가치』. 서울: 보경문화사.
리디아 엘릭스(박정자 역, 1995). 『미셸푸코: 만화로 읽는 삶과 철학』. 도서출판국제.
막스 베버(전성우 역, 2002). 『'탈주술화' 과정과 근대: 학문, 종교, 정치』. 나남 출판.
문화체육부(1997). 『국민생활체육 참여실태조사』. 서울대학교 사범대학 체육연구소.
미카엘 란트만(허재윤역, 1993). 『철학적 인간학 -인간의 자기해석의 역사와 현황-』. 형설출판사.
박 현(1985). 『도핑과 도핑컨트롤의 제반문제에 대한 고찰』. 서울대학교대학원 석사학위청구논문.
박순영(1986). 『현대인의 건강관리』. 밝은사회문제연구소.
박정희(1962). 『우리 겨레가 나갈 길』.
박현우(1997). 체육학에서 스포츠학에로. 『한국체육학회지』, 제36권, 제4호, 57-71.
박현우 · 김부찬(2005). 『스포츠의 인문학적 탐색』. 전남대학교출판부.
박홍규 · 정홍익 · 임현진 공편(1992). 『스포츠사회학』. 나남.
발터 리제 쉐퍼(이복남 역, 2002). 『니클라스 루만의 사회 사상』. 백의.
백낙청 편(2000). 『현대 학문의 성격』. 민음사.
송건호(1979). 『한국근대사론』. 한길사.
송형석(1999). 건강의 목적에 대한 철학적 소고. 『동서문화』, Vol. 32, 207-220.
송형석(1999). 서울대학교 체육교육과 대학원 교과과정 세분화 운영방안 : 독일의 대학원 사례를 중심으로. 『'99학년도 제1학기 서울대학교대학원 체육교육과 야외세미나 자료집』, 1-11.
스티븐 케페너(1998). 『동양무도수련관의 변천과 현대적 의미』. 서울대학교 대학원 박사학위청구논문.
스포츠조선(2005년 5월 13일자 기사). 경기직후 30대 이종격투기선수 사망 충격.
신현군(1999). 체육학의 새로운 이론적 패러다임으로서의 Somatic Education의 진단. 『움직임의 철학 : 한국체육철학회지』, Vol. 7, No. 1, 195-214.
안병철 · 반기봉(1992). 『운동과 건강』. 태근문화사.

안세권(2004). 마음 밖의 세계, 마음 안의 세계. 계명대학교 개교 50주년 및 철학과 창설 50주년 기념 학술세미나 자료집 『관념론과 21세기 철학』, 9-14.
안톤 지더벨트(윤원일 역, 1989). 『추상적 사회』. 서울: 종로서적.
엘리스 캐시모어(정준영 역, 2001). 『스포츠, 그 열광의 사회학』. 한울아카데미.
연합뉴스: 2003. 01. 25; 2003. 03. 06; 2003. 05. 11; 2003. 08. 09.
오정석(1994). 『체육적 앎에 관한 연구』. 서울대학교대학원 박사학위청구논문.
울리히 벡(홍성태 역, 1997). 『위험사회-새로운 근대(성)를 향하여』. 새물결.
유 진(1996. 9). 한국체육학회의 발전 방향을 위한 몇 가지 고찰. 『체육학회보』, Vol. 66, 15-17.
이동연 외(1998). 『스포츠, 어떻게 읽을 것인가』. 삼인.
이상운(1967). 『유교윤리와 근대화. 한국근대화의 이념과 방향』. 동국대학교.
이상조 · 육조영(1998). 『운동과 건강』. 홍경.
이왕주(1997). 『철학풀이, 철학살이』. 민음사.
이종영(1997). 체육학 연구와 과학의 목적. 『체육학회보』, Vol. 68, 18-23.
이진수(1990). 동·서양의 스포츠: 한국의 전통경기와 서양 스포츠의 수용. SOAC편집위원회. 『화합을 통한 하나의 세계 2』. 서울올림픽대회 1주년 기념 국제학술회의 자료집. 풍남.
이진수(1996). 『한국고대스포츠연구』. 교학연구사.
이학래(1990). 한국근대체육사연구. 지식산업사.
장기권 역(1973). 『퇴계집』. 대양서적.
장상호(1997). 『학문과 교육(상)』. 서울대학교출판부.
전태원(1997). 체육계학과 명칭 정립의 필요성. 『체육학회보』, Vol. 71, 4-10.
정대현 외(2004). 『표현 인문학』. 생각의 나무.
정범모(1993). 국민체육진흥과 국가발전. 제12회 국민체육진흥세미나 자료집.

정응근(1987). 체육학의 학문성과 그 문제점. 『서울대학교 사범대학 체육연구소보』, Vol. 19, 5-7.
정응근(1992). 체육학의 새로운 접근. 『서울대학교 사범대학 체육연구소보』, Vol. 28, 1-4.
정종훈(1996). 윤리적 측면에서 본 운동수행중의 도핑에 관한 연구. 『동아대학교 스포츠 과학연구논문집』, Vol. 14, 15-22.
정준영(2003). 『열광하는 스포츠 은폐된 이데올로기』. 책세상.
정철수(1995). 『사회심리학』. 법문사.
정철수(1996. 6). '체육'이란 학문 명칭 재정립에 관한 소고. 『체육학회보』, Vol. 65, 10-12.
제임스 레이첼스(김기순 역, 1989). 『도덕철학』. 서광사.
조남규 · 최덕구 · 정일규 · 이준수 · 윤진환(1997). 『인간과 건강』. 서울 : 홍경.
조동일(1997). 『인문학문의 사명』. 서울대학교출판부.
조한무(1989). 올림픽과 도핑(Doping)에 관한 연구. 『월간 체육』, Vol. 23, No. 1, 259-281.
조형근(1997). 근대 의료 속의 몸과 규율. 서울 사회과학 연구소. 『근대성의 경계를 찾아서』. 샛길, 201-248.
주디스 스와들링(김병화 역, 2004). 『올림픽 2780년의 역사』. 효형출판.
진교훈(1984). 철학적 인간학에서 본 정신건강의 의미. 『정신건강연구』, Vol. 2, 53-66.
체육부(1984). 『체육 한국』. 체육부.
체육부(1986). 『국민체육진흥장기계획』. 서울대학교 사범대학 체육연구소.
체육부(1986). 『체육연감』. 체육부.
체육청소년부(1992). 『제7차 경제사회발전 5개년계획 체육부문계획 1992-1996』. 체육청소년부.
최덕묵(2002). 스포츠에서의 약물복용과 치료를 위한 전략 모색. 『성결신학연구』, Vol. 7.
최재희(1986). 『서양윤리사상사』. 서울대학교출판부.
최종덕(2003). 『인문학-어떻게 공부할 것인가』. 휴머니스트.

카토쿠니히코(1995). 『스포츠는 몸에 나쁘다』. 예예원.
캐롤라인 E. 토마스(이진수 역, 1995). 『스포츠 철학』. 교학연구사.
콘라드 로렌츠(송준만 역, 1996). 『공격성에 관하여』. 이화여자대학교출판부.
한국사회체육센타(1994). 한국 사회체육센터 개관 10주년기념 심포지엄 자료집. 『사회체육운동과 사회발전(Social Development through Sport for All movement)』.
한국스포츠사회학회(1993). 『1993년도 한국스포츠사회학회 세미나 자료집』.
한국체육학회. 제11회, 제12회, 제13회, 제14회, 제15회 『국민체육진흥세미나자료집』.
한전숙 · 손동현 · 이정호(1987). 『철학개론』. 한국방송통신대학.
황 렬(2000). 드러난 도핑사례-스포츠무대의 불공정행위 이젠 그만. 『월간체육』, Vol. 333, No. 1, 52-61.

| 외국서

Adami, N. R.(1983). Geistervorstellungen im traditionellen Korea. in: 『Kulturmagazin Korea』, No. 4.
Alkemeyer, T.(1995). Sport, die Sorge um den Körper und die Suche nach Erlebnissen im Kontext gesellschaftlicher Modernisierung. in: J. Hinschling/F. Borkenhagen (Ed.). 『Modernisierung und Sport』, Sankt Augstin: Academia Verlag, 29-64.
Åstrand, P.O.(1973). Physiological Basis for Sport at Different Ages. in: O. Grupe, et al.(ed.). 『Sport in the Modern World』, New York.
Bain, L.(1991). Further reactions to Newell: Knowledge as contested terrain. in: 『Quest』, Vol. 43, 214-217.
Beck, U.(1986). 『Risikogesellschaft. Auf dem Weg in eine andere Moderne』, Frankfurt a.M.: Suhrkamp.
Bernett, H.(1971). 『Sportpolitik im Dritten Reich-Aus den Akten der Reichskanzlei』,

Schorndorf.

Bernett, H,(1992), Sport History: Sport and National Socialism - A Focus of Contempory History. in: H. Haag/O. Grupe/A. Kirsch(ed.). 『Sport Science in Germany』, Berlin/Heidelberg.

Bette, K.-H.(1989). 『Körperspuren. Zur Paradoxie moderner Körperlichkeit』, Berlin.

Bette, K.-H.(1992). 『Theorie als Herausforderung』, Meyer & Meyer Verlag.

Bette, K.-H.(1999). 『Systemtheorie und Sport』, Frankfurt a.M.: Suhrkamp.

Bette, K.-H./Schimank, U.(1994). Sportlerkarriere und Doping. in: K.-H. Bette(ed.). 『Doping im Leistungssport: sozialwissenschaftlich beobachtet』, Stuttgart: Verlag Stephanie Naglschmid, 29-48.

Bette. K.-H/Schimank. U. (1995). 『Doping im Hochleistungssport』, Frankfurt a. M.: Suhrkamp.

Blair, S. N., Kohl, H. W., Paffenbarger, R. S., Clark, D. G., & Cooper, K. H.(1989). Physical fitness and all-cause mortality. in: 『Journal of American Medical Association』, No. 262, 2395-2401.

Brown, W. M.(1984). Paternalism, Drugs, and the Natur of Sports. in: 『Journal of the Philosophy of Sport』, Vol. XI, 14-22.

Buber, M.(1962). Das Problem des Menschen. in: 『Werke. Erster Band. Schriften zur Philosophie』, München/Heidelberg.

Cashmore, E.(2000). 『Making sense of Sport』, New York: Routledge.

Conant, J.(1963). 『The Education of American Teachers』, New York: McGraw-Hill.

Court. J.(1992). Warum Doping unmoralisch ist - oder die praktische Aufgabe der Sportphilosophie. in: 『AGORA』(1992)Juli, 14-18.

Court. J.(1995). 『Kritik ethischer Modelle des Leistungssports』, Köln: Bundesinstitut für Sportwissenschaft.

Der Bundesminster des Innern.(ed.)(1978). 『Vierter Sportbericht der Bundesregierung』, Bonn.

Der Kultusministerium des Landes Nordrhein-Westfalen(1989). 『Richtlinien Sport』, Band I. Allgemeiner Teil. Düsseldorf: Verlagsgesellschaft Ritterbach.

Dieter, N.(1991). 『Wörterbuch Staat und Politik』, Bonn: Bundeszentrale für politische

Bildung.

Dietrich, K./Heinemann, K./Schubert, M.(1990). 『Kommerzielle Sportanbieter - Eine empirische Studie zu Nachfrage, Angebot und Beschaftigungschancen im privaten Sportmarkt』, Schorndorf.

Digel, H.(1988). 『Sport im Verein und Verband』, Schorndorf.

Digel, H.(Hrsg.)(1995). 『Sportwissenschaft Heute. Eine Gegenstandsbestimmung』, Darmstadt: Wissenschaftliche Buchgesellschaft.

Digel, H. & Fornoff, P.(1989). 『Sport in der Entwicklungszusammenarbeit』, Darmstadt.

DSB(1983). 『Trimming 130』, Frankfurt a.M.

Dworkin, G.(1983). Paternalism: Some Second Thoughts. in: Rolf Sartorius(Ed.). 『Paternalism』, Minneapolis: University of Minnesota Press.

Edsman, C. M.(1957). 『Buddhismus. Die Religion in Geschichte und Gegenwart』, Bd. 1, Tübungen.

Eliade, M.(1975). 『Schamanismus und archaische Ekstasetechnik』, Frankfurt a.M.

Elias, Norbert(1986). 『Sport im Zivilizationsprozeß』, Münster: Lit-Verlag.

Feiden, K./Blasius, H.(2002). 『Doping im Sport: wer - womit - warum』, Sturrgart.

Fraleigh, W.(1966). The perplexes progressor. in: 『Quest』, Vol. 7, 7-14.

Fromm, E.(1976). 『Haben oder Sein. Die seelischen Grundlagen einer neuen Gesellschaft』, Tübingen.

Frunkfurt Rund-schau 1989.9.5.

Gallahue, D. L./Werner, P. H./Luedke, G. C.(1981). 『A Conceptual Approach To Moving and Learning』, New York: John Wiley & Sons, Inc.

Gardamer, H. G.(1965). 『Wahrheit und Methode』, 2.Aufl., Tübingen.

Gebauer, G.(1996). Von der Körpertechnologisierung zur Körpershow. in: 『Gewerkschaftliche Monatshefte』, Vol. 7.

Gehlen, A.(1986). 『Der Mensch: Seine Natur und seine Stellung in der Welt』, Wiesbaden: AULA-Verlag.

Gerstmeyer, Th.(1995). Doping-der Name der Tat und ihre sportphilosophische Realdefinition zur Schaffung einer praktisch handbaren Rechtsgrunglage. in:

『Sportwissenschaft』, Vol. 3, 292-298.

Gieseler, K. H.(1988). Grundung, Entwicklung und Strukturen der Sportselbstverwaltung, in: H. Digel(ed.): 『Sport im Verein und Verband』, Schorndorf.

Gillet, B.(1948). 『Histoire du sport』, Ed. PUF.

Grupe, O.(1992). Das Doping-Problem. Leistunsmanipulation als ethische Frage. in: D. Clasing u.a.(Hg.). 『Doping - verbotene Arzneimittel im Sport』, Stuttgart, 167-179.

Guttmann, A.(1979). 『Vom Ritual zum Rekord: Das Wesen des modernen Sports』, Schorndorf: Hofmann.

Guttmann, A.(1996). 『The Erotic in Sport』, New York: Columbia University Press.

Hecker, G.(1987). Sport und Gesundheit - Reflexionen zu gesundem Sporttreiben, in: H. Allmer/N. Schulz(Hrsg.). 『Gesundheitserziehung - Wege und Irrwege』, Sankt Augustin, 67-81.

Heinemann, K.(1995). 『Einführung in die Ökonomie des Sports』, Schorndorf.

Heinemann, K.(1999). 『Sport Clubs in Various European Countries』, Hofmann Verlag.

Heinemann, K./Horch, H. D.(1981). Soziologie der Sportorganisation. in: 『Sportwissenschaft』, Vol. 11.

Heinemann, K./Horch, H. D.(1991). 『Elemente einer Finanzsosiologie freiwilliger Vereinigungen』, Stuttgart.

Heinemann, K./Schubert, M.(1994). 『Der Sportverein - Ergebnisse einer repräsentativen Untersuchung』, Schorndorf: Verlag Karl Hofmann.

Heinze, R. G(1981). 『Verbändepolitik und Neokorporatismus』, Opladen.

Henry, F. M.(1964). Physical Education : Academic Discipline. in: 『Journal of Health, Physical Education, and Recreation』, Vol. 35, 32-33.

Hitler, A.(1998). 『Mein Kampf』, Mariner Books.

Hoberman, J.(1988). Sport and the technological image of man. in: W. J. Morgan, K. V. Meier(Ed.). 『Philosophic Inquiry in Sport』, Human Kinetics, 319-327.

Hoberman, J.(1995). 『Mortal Engines: Human engineering and the transformation of sport』, Free Press.

Hoberman, J.(1996). Das Dopingkonzept und die Zukunft des Olympischen Sports. in: G. Gebauer(Ed.). 『Olympische Spiele - die andere Utopie der Moderne Olympia zwischen Kult und Droge』, Frankfurt a. M.: suhrkamp, 197-222.

Hoberman, J./Yesalis, C. E.(1995). The history of synthetic testosterone. in: 『Scientific American』, Vol.272, No. 2.

Hollmann(1985). Unheilsamer Drang. in: 『Der Spiegel』, April 8.

Huizinga, J.(1938). 『Homo Ludens』. London: Routledge & Kegan Paul.

Hurrelmann, K.(1990). Sozialisation und Gesundheit. in: R. Schwarzer(Hg.). 『Gesundheitspsychologie』, Göttingen. 93-101.

Hyland, D. A.(1990). 『Philosophy of Sport』, New York: Paragon House.

Institut fuer Sport und seine Didaktik der Universitaet Dortmund(1999). 『Sport - Lehrer - Studium: Bewaehrtes Erhalten und Neues Tun』, Dortmund: SFT-Verlag Erlensee.

IOC(2004). 'Olympic Charter: In force of from 1 September 2004' from Homepage of IOC(http://www.olympic.org).

Jeu, B.(1979). 『Histoire du sport, histoire de la culture, Sports et sciences, sous la dir. de R. Thomas』, Ed. Vigot.

Kant, I.(1965). 『Grundlegung zur Metaphysik der Sitten』, Hamburg: Felix Meiner.

Kaschuba, W.(1989). Sportivität: Die Karriere eines neuen Leitwertes. in: 『Sportwissenschaft』, Vol. 19, 154-171.

Kim, J.-M.(1989). 『Physical Education as "Artful Knowing"』, Unpublished doctoral dissertation, the Ohio State University.

Kim, J.-M.(1982). 『Die Krisensequenzen und der Wandel des politischen Systems im Modernisierungsprozess - dargestellt am Beispiel suedkoreas』, Frankfurt a.M.

Kim, K.-S.(1988). 『Curriculare Realität und Absichten des Schulsports in Korea』, Hamburg: Czwalina.

Kleinmann, D.(1988). 『Laufen ist Medizin』, Düsseldorf.

Knoche, U.(Hg.)(1950). 『D. Junius JUVENALIS -Saturae』, München.

König, E.(1996). Kritik des Dopings: der Nihilismus des technologischen Sports und die Antiquiertheit der Sportethik. in: G. Gebauer(ed.). 『Olympische Spiele

- die andere Utopie der Moderne Olympia zwischen Kult und Droge』, Frankfurt a.M.: Suhrkamp, 223-244.

König, E.(2004). Ethik und die Zweckrationalitaet des technologischen Sports. in: C. Pawlenka(Hrsg.). 『Sportethik: Regeln-Fairness-Doping』, Paderborn: mentis, 199-211.

Krockow, C. V.(1972). 『Sport und Industriegesellschaft』, München.

Kunzmann, P. u. a.(1993). 『dtv-Atlas zur Philosophie』, 3.Auflage. München.

Langenfeld, H.(1988). Wie sich der Sport in Deutschland seit 200 Jahren organisatorisch entwickelt hat.. in: H. Digel(ed.). 『Sport im Verein und Verband』, Schorndorf.

Lausanne Declaration(1999). in: 『Olympic Review』, Vol. XXVI-25, 17-18.

Lemberg, E.(1964). 『Nationalismus II. Soziologie und politische Pädagogik』, Hamburg.

Lemberg, E.(1971). 『Ideologie und Gesellschaft. Eine Theorie der ideologischen Systeme, ihrer Struktur und Funktion』, Stuttgart.

Locke, L.(1990). Conjuring kinesiology and other political parlor tricks. in: 『Quest』, Vol. 42, 323-329.

Ludlan, J.(1978). 『Informed Consent』. Chicago: American Hospital Association.

Luhmann, N.(1997). 『Die Gesellschaft der Gesellschaft』. Frankfurt a.M.: Suhrkamp.

Lüschen, G.(1976). Cheating, in: D. Landers. 『Social Problems in America』, Illinois: University of Illinois Press.

Lüschen, G.(1994). Doping als abweichendes Verhalten: Methodologische und inhaltliche Aspekte. in: K.-H. Bette(ed.). 『Doping im Leistungssport: sozialwissenschaftlich beobachtet』, Stuttgart: Verlag Stephanie Naglschmid, 7-28.

Luther, H. U.(1981). 『Südkorea (K)ein Modell für die Dritte Welt? - Wachstumsdiktatur und abhägige Entwicklung』, München.

McBride, F.(1975). Toward a non-definition of sport. in: 『Journal of the Philosophy of Sport』, Vol. II, 4-11.

McCloy, C. H.(1936). How About Some Muscle? in: 『The Journal of Health and Physical Education』, Vol. 7, 302-305.

Meinberg, E.(1991). 『Die Moral im Sport: Bausteine einer neuen Sportethik』, Aachen: Meyer und Meyer.

Morgan, W. J./Meier, K. V.(1988). 『Philosophic Inquiry in Sport』, Human Kinetics.

Morris, D.(1981). 『The Soccer Tribe』, London: Jonathan Cape.

Mrazek, J.(1986). Psyche, Gesundheit und Sport. in: E. Franke(Hg.). 『Sport und Gesundheit』, Reinbek, 109-126.

Newell, H. N.(1990a). Kinesiology: The label for the study of physical activity in higher education. in: 『Quest』, Vol. 42, 269-278.

Newell, H. N.(1990b). Physical activity, knowledge types, and degree programs. in: 『Quest』, Vol. 42, 243-268.

Newell, H. N.(1990c). Physical education in higher education. in: 『Quest』, Vol. 42, 269-278.

Opaschowski, H. W.(2000). 『Xtrem - Risikosport als Zeitphänomen』, Hamburg: B. A. T. Freizeit-Forschungsinstitut GmbH.

Paffenbarger, R. S., Hyde, R. T., Wing, A. L., & Steinmetz, C. H.(1984). A natrual history of athleticism and cardiovascular health. in: 『Journal of American Medical Association』, Vol. 252, 491-495.

Papst, U.(1980). 『Sport -Medium der Politik』, Berlin.

Parsons, T.(1974). Religion in Postindustrial America. The Problem of Secularization, in: 『Social Research』, Vol. 41, 193-225.

Pawlenka, C.(2004). Doping im Sport Spannungsfeld von Natürlichkeit und Künstlichkeit. in: C. Pawlenka(Hrsg.). 『Sportethik: Regeln-Fairneß-Doping』, Paderborn: mentis, 292-308.

Pilz, G. A.(1991). Sport und Gesundheit : Anmerkungen aus soziologischer Sicht. in: D. Küpper/L. Kottmann. 『Sport und Gesundheit』, Schorndorf: Hofmann, 109-126.

Pilz. G. A.(1994). Dopingsünder - die Avantgarde eines neuen Identitaetstyps? in: K.-H. Bette(ed.). 『Doping im Leistungssport: sozialwissenschaftlich beobachtet』, Stuttgart: Verlag Stephanie Naglschmid, 45-66.

Pound, R. W.(2004). Anti-Doping Code in WADA homepage(http://www.

wada-ama.org).

Powell, K. E., Thompson, P. D., Caspersen, C. J., & Kendrick, J. S.(1987). Physical activity and the incidence of coronary heart disease : The karelia project, in: 『Annual Review Public Health』, Vol. 8, 250-287.

Rarick, (1967). The Domain of Physical Education as a Discipline. in: 『Quest』, Vol. 9. 1-10.

Ries, H./Kriesi, H.(1974). Scientific model for a theory of physical education and sportsciences. in: U. Simri(Ed.). 『Concepts of physical education and Sport sciences』, 112-124.

Rittner, V.(1982). Krankheit und Gesundheit. Veränderungen in der sozialen Wahrnehmung des Körpers. in: D. Kamper und C. Wolf. 『Die Wiederkehr des Körpers』, Frankfurt a.M., 40-51.

Rittner, V.(1984). Änderung der Sportmoral im modernen Sport komplexer Gesellschaften. in: Führungs-und Verwaltungs-Akademie Berlin des Deutschen Sportbundes e.V.(Hg.). 『Menschenwürde und Sportethos』, Berlin, 43-59.

Rittner, V.(1985). Sport und Gesundheit. Zur Ausdifferenzierung des Gesundheitsmotives im Sport. in: 『Sportwissenschaft』, Vol. 15, 136-154.

Rittner, V.(1986). Veränderungen der Gesundheitsvorstellungen und des Sports im gesellschaftlichen Kontext. in: E. Franke(Hg.). 『Sport und Gesundheit』, Reinbek, 62-74.

Röthig u. a.(1992). 『Sportwissenschaftliches Lexikon』, Schorndorf: Verlag Karl Hofmann.

Scheler, M.(1991). 『Die Stellung des Menschen im Kosmos』, Bonn: Bouvier.

Schimank, U./Volkmann, U.(2000). 『Soziologische Gegenwartsdiagnosen. Eine Bestandsaufnahme』, Opladen: Leske+Budrich.

Schulz, W.(1976). 『Philosophie in der veränderten Welt』, Weinsberg: Neske.

Schwab, J. J.(1964). Problems, topics, and issues. in: Fifth Annual Phi Delta Kappa Symposium on Educational Research, 『Education and the Structure of Knowledge』, Chicago: Rand McNallly & Company, 4-43.

Sehling et. al.(1989). 『Doping im Sport: medizinische, sozialwissenschaftliche und juristische Aspekte』, München.

Siedentop, D.(1990). 『Introduction to physical education, fitness, and sport』, Mountain View, CA: Mayfield.

Simmel,G.(1990). 『Philosophie des Geldes』, Frankfurt a.M.

Simmel, G.(1956). 『Soziologie. Untersuchungen über die Formen der Vergesellschaftung』, Berlin.

Simon, R. L.(1984). Good Competition and Drug-Enhanced Performence. in: 『Journal of the Philosophy of Sport』, Vol. XI, 6-13.

Simon, R. L.(1985). 『Sports and Social Values』, New Jersey: Prentice-Hall.

Swaddling, J.(2004). 『Die Olympischen Spiele der Antike』, Stuttgart: Reclam.

Tangen, J. O. /Breivik, G.(2001). Doping Games and Drug Abuse. 『Sportwissenschaft』, Vol. 31.

Thomas, C. E.(1983). 『Sport in a Philosophic Context』, Philadelphia: Lea&Febiger.

Timm, W.(1979). 『Sportvereine in der Bundesrepublik Deutschland Teil ll: Organisations, Angebots-und Finanzstruktur』, Schorndorf.

Ulmer, H.-V.(1991). Sport und Präventivmedizin : Mens sana in corpore sano. in: D. Küpper/L. Kottmann. 『Sport und Gesundheit』, Schorndorf: Hofmann. 77-90.

Ulrich, C. & Nixon, J.(1972). 『Tones of Theory』, VA: AAHPERD.

Wade, M. G.(1991). Further reactions to Newell: Unravelling the Larry and Darryl magical mystery tour. in: 『Quest』, Vol. 43, 207-213.

Weber, W.(1995). 『Die wirtschaftliche Bedeutung des Sports』. Schorndorf.

Williams, J. F.(1930). The Great Debate: Education through the Physical. in: 『Journal of Higher Education』, Vol. 1, 297-282.

Yang, J.-B.(1996). 『American conceptualization of asin martial arts an interpretive analysis of the narrative of Taekwondo participants』. Doctoral dissertation. University of North Carolina. Zeigler, E. F./McCristal, K. L.(1967). History of the Big Ten Body of Knowledge Project in Physical Education. in: 『Quest』, Vol. 9. 79-84.

▌지은이 **송 형 석**

1962년 충북 증평에서 태어나
1981년부터 서울대학교와 동 대학원에서 체육학을 공부하고,
1991년부터 1995년까지 독일의 킬대학(Universität zu Kiel) 및 쾰른체육대학(Deutsche Sporthochschule Köln)에 유학하여 박사학위를 받았다.
1996년부터 3년 동안 부산대, 서울대, 한양대 등지에서 강사로 근무한 뒤,
1999년부터 계명대학교에서 교수생활을 시작했다.

저서로 『Zur Sportentwicklung in Südkorea』(Czwalina, 1996), 『스포츠의 철학적 이해』(1999), 『스포츠 사회철학 담론』(2000), 『스포츠와 인간』(2001), 『오늘에 다시 보는 태권도』(2002), 『근대성, 몸, 그리고 스포츠』(2005), 『태권도사 강의』(2005), 『태권도란 무엇인가?』(2005) 등이 있고, 역서로 『현대 독일스포츠철학의 흐름』(2004), 『문화로서의 스포츠』(2004), 『이것이 스포츠철학이다』(2006) 등이 있다.

함께 읽는 체육·스포츠 이야기

초판1쇄 발행 | 2006년 3월 5일
초판2쇄 발행 | 2009년 3월 2일
지은이 | 송형석
펴낸이 | 신일희
펴낸곳 | 계명대학교출판부
704-701 대구시 달서구 달구벌대로 2800
전화 053-580-6233 팩스 053-583-5213
등록 | 1970. 9. 1. (신고번호 제347-1998-1호)
ISBN 89-7585-358-6 93690
값 14,000원